수 안에서 부자로 살기 원하는 분의 책

부자되는법 예수안에서

강요셉 지음

"우리 주 예수 그리스도의 은혜를 너희가 알거니와 부요하신 이로서 너희를 위하여 가난하게 되심은 그의 가난함으로 말미암아 너희를 부요하게 하려 하심이라"(고후 8:9)

성령

부자되는 법
예수 안에서

성령

들어가는 말

예수님을 믿으면 부자가 됩니다. 믿지 못하시겠습니까? 믿지 못하는 부정적인 생각을 가지신 분들은 이 책을 읽을 필요가 없을 것입니다. 그러나 예수님을 믿으면 하늘의 시민권이 있는 성도로 바뀌니까, 예수님 안에서 부자가 된다는 믿음이 있는 분들이 읽으면 부자가 된다는 믿음이 활성화되고 믿음대로 실행하니 반드시 부자가 될 것입니다. 부자되세요. 왜냐하면 예수님께서 분명하게 말씀하셨기 때문입니다. "우리 주 예수 그리스도의 은혜를 너희가 알거니와 부요하신 이로서 너희를 위하여 가난하게 되심은 그의 가난함으로 말미암아 너희를 부요하게 하려 하심이라"(고후 8:9).

그리고 구약의 하나님은 어떻습니까? "네가 네 하나님 여호와의 말씀을 삼가 듣고 내가 오늘 네게 명령하는 그의 모든 명령을 지켜 행하면 네 하나님 여호와께서 너를 세계 모든 민족 위에 뛰어나게 하실 것이라. (2) 네가 네 하나님 여호와의 말씀을 청종하면 이 모든 복이 네게 임하며 네게 이르리니 (3) 성읍에서도 복을 받고 들에서도 복을 받을 것이며 (4) 네 몸의 자녀와 네 토지의 소산과 네 짐승의 새끼와 소와 양의 새끼가 복을 받을 것이며 (5) 네 광주리와 떡 반죽 그릇이 복을 받을 것이며 (6) 네가 들어와도 복을 받고 나가도 복을 받을 것이니라. (7) 여호와께서 너를 대적하기 위해 일어난 적군들을 네 앞에서 패하게 하시리라. 그들이 한 길로 너를 치러 들어왔으나 네 앞에서 일곱 길로 도망하리라"(신 28:1-7).

믿을 만한 증거가 분명하지 않습니까? 그래서 아브라함이 믿고 순종하여 복을 받아서 거부가 되었습니다. 이삭이 하나님의 말씀에 순종하여 이방사람이 두려워하는 부자가 되었습니다. 지팡이만 들고 집을 떠난 야곱이 두 떼나 이루는 축복을 받았습니다.

분명하게 하나님은 복을 주시는 축복의 하나님이십니다. 예수님을 주인으로 모시고 온전하게 성령의 지배와 장악을 받고 성령의 인도를 받아 거부가 되어 하나님의 영광을 나타내면서 하늘나라 확장에 물질을 사용하시면 되는 것입니다. 절대로 부정적으로 말하는 사람의 소리에 귀를 기우리고 믿음을 상실하면 아무리 교회생활 열심히 하고 성경말씀 많이 알아도 부자가 될 수 없습니다. 사람(아담) 말에 현혹되었기 때문입니다. 예수를 믿고 성령으로 거듭난 성도는 하늘에 속한 영의 사람입니다. 하나님의 직접적인 음성을 듣고 순종해야 합니다. 그래서 아브라함과 같이 거부가 되어 하나님의 영광을 드러낼 수가 있습니다.

이 책에는 가난을 청산하고 부자가 되는 영적인 원리들이 소개되고 있습니다. 이 책을 정독하시는 분들마다 하나님의 뜻대로 부자가 되시어 세상 사람에게 자랑하면서 내가 믿고 복 받은 예수님을 믿으라고 전도하시기를 바랍니다.

주후 2017년 10월 10일
충만한 교회 성전에서
저자 강요셉목사

세부적인목차

들어가는 말 -3

1부 부자 되기 원하시는 예수님

1장 예수님 믿으면 부자 되는 이유 -7

2장 부요하게 하시는 은혜의 예수님 -21

3장 물질은 과연 누가 만들었을까 -34

4장 가난은 어느 누구의 뜻일까 -46

5장 부자 되기 원하시는 하나님 -60

6장 불러서 부자 되게 하는 하나님 -73

2부 택한 사람 부자 되게 하는 하나님

7장 부름에 순종하여 복 받은 사람 -87

8장 이방사람이 인정하는 복 받은 사람 -100

9장 하나님을 대면하는 복은 받은 사람 -112

10장 영안열고 갑절의 복을 받는 사람 -126

11장 늙도록 부하고 존귀했던 사람 -140

3부 왜 예수 믿고 부자되지 못할까

12장 자신이 주인으로 살고 있어서 -153

13장 세대에 역사하는 악령을 끊지 못해 -166

14장 예수님의 평안을 실증하지 못해서 -179

15장 세속적인 기도를 함으로 -193

16장 하늘나라가 되지 못함으로 -205

17장 사람을 귀하게 여기지 않아서 -218

4부 부자 되려면 이렇게 하라

18장 모든 소유를 하나님께 돌려라 -231

19장 성령으로 영적인 기초를 다지라 -245

20장 부자 되려면 창문 앞 기도로 바꾸라 -256

21장 보물을 마음 하늘에 쌓으라 -268

22장 세상적인 것을 찾아 제거하라 -282

5부 가난청산 부자 되는 영적비결

23장 부자가 되기 위한 영적인 조치 -295

24장 가난의 원인을 입체적으로 찾아내라 -308

25장 가난의 원인을 적극적 해결하라 -320

26장 가난의 근원을 정화하고 배출하라 -333

27장 받은 축복 관리를 바르게 하라 -344

28장 이렇게 사업해야 부자가 된다 -356

1부 부자 되기 원하시는 예수님

1장 예수님 믿으면 부자 되는 이유

(고후 8:9)"우리 주 예수 그리스도의 은혜를 너희가 알거니와 부요하신 이로서 너희를 위하여 가난하게 되심은 그의 가난함으로 말미암아 너희를 부요하게 하려 하심이라"

예수 그리스도는 영원히 부요하시며 영화로우시고 높이 계신 분이십니다. 그러나 "그는 부요하신 자로서 우리를 위하여 가난하게 되셨습니다." 부자 성도가 그 재산을 가지고 가난한 형제의 필요를 채워 주지 않는 한, 그 가난한 형제와 참 교제를 나눈다고 볼 수 없습니다. 이와 같은 원리는 머리와 지체 사이에 적용되는 것과 똑같은 원리입니다. 거룩하신 우리 주님도 자신의 풍성한 재산을 우리에게 나주어 주시고 우리를 부요케 만들기 위해 가난해지시지 않는 한 우리와 참 교제를 나누실 수 없었습니다.

만일 주님이 그 영광의 보좌에 그냥 계셨다면 그래서 우리가 그의 구원을 받지 못하고 타락의 멸망 속에 그대로 있었다면, 주님과 우리 사이의 교제는 불가능했을 것입니다. 우리는 타락했기 때문에 은혜 언약 없이 하나님과 대화를 나눈다는 것은 불가능합니다. 그것은 마치 벨리알이 그리스도와 하나 될 수 없는 것과 같은 이치입니다. 따라서 그 교제가 다시 회복되려면 부유한 친족이 그 재산을 가난한 우리에게 주어야만 했습니다. 의로운 구주께서 죄 범한 형제인 우리에게 그의 온전하심을 주어야 했으며 가난하고 죄 지은 우리는 그의 충만하신 은혜를 받아야 했습니다. 이렇게 주고받는 속에서 주님은 높은 곳에서 낮은 곳으로 우리는 낮은 곳에서 높은 곳으로 올라가 서로 포옹한 가운데 참되고 진실한 교제를 나누는 것이 필요했습니다.

그런데 무한한 보물을 그 안에 갖고 계신 주님이 먼저 가난한 우리를 부요케 해주셔야 비로소 교제가 이루어질 수 있습니다. 먼저 주님의 의가 우리에게 전가되어 우리의 죄책이 없어져야 비로소 우리 영혼이 정결해져 주님과 교제를 나누고 동행할 수 있습니다. 예수님이 그의 백성들에게 자신의 옷을 먼저 입혀 주셔야 합니다. 그렇지 않으면 주님은 우리를 그의 영광의 궁전으로 받아들일 수 없습니다. 그리고 주님 자신의 보혈로 우리를 씻겨 주셔야지, 그렇지 않으면 우리가 너무 더러워 주님과 교제를 나눌 수 없을 것입니다. 바로 여기에 사랑이 있습니다. 주 예수님은 귀하의 지위를 높여 그와 함께 교제를 나눌 수 있게 하시려고, "가난하게 되셨습니다."

만왕의 왕이요, 만주의 주이신 주 예수 그리스도께서는 우리를 사랑하신 것뿐만 아니라 우리를 오히려 부요하게 하시기 위해 친히 가난을 택하셨습니다. "너희가 우리 주 예수 그리스도의 은혜를 알거니와 부요하신 분이 너희를 위하여 가난하게 되신 것은 그 가난함으로 인하여 너희를 부요하게 되도록 하심이라"(고후 8:9). 예수님께서 아담의 죄악으로 말미암은 가난의 저주를 친히 십자가에서 죽으심으로 감당하셨습니다. 다시 사신 예수님은 부요하신 분입니다. 예수를 믿을 때 죽고 다시 예수로 태어나 성령으로 거듭난 우리는 부요한 자들입니다. 더 이상 가난의 저주 속에서 살지 않습니다. 부자 되는 것이 바로 예수님의 뜻입니다. 바로 이것이 바울 서신 곳곳에서 발견되는 주 예수 그리스도의 은혜입니다. 우리는 하나님의 사랑과 자비를 받을 만한 그 어떤 행위나 조건도 갖춘 적이 없었습니다. 오히려 하나님을 자신의 마음 가운데 두기를 싫어하고(롬 1:28), 그분을 대적하는 죄들만 일삼았을 뿐입니다(롬 1:29-32). 하지만 하나님께서는 그런 우리를 먼저 사랑하심으로 예수 그리스도께서 친히 화목제물이 되셨습니다(요일 4:10).

   그로 인해 우리는 은혜로 구원받은 하나님의 자녀들이 된 것입니다. "너희가 믿음으로 말미암아 은혜로 구원을 받았으니 이것은 너희에게서 난 것이 아니요, 하나님의 선물이라"(엡 2:8). 예수 그리스도께서는 온 우주만물의 영광과 존귀를 받으셨던 분이고, 그분 안에는 부와 명예와 생명이 있으며 모든 지혜와 지식의 보화가 있습니다(잠 8:18, 골 2:3). 반면에 우리는 실로 초라하기 그지없는 하찮은 미물들입니다. 어떻게 보면 전혀 사랑으로 묶여질 수 없는 상황이었습니다. 하지만 예수 그리스도께서는 그런 우리를 그분의 은혜 가운데 부요하게 하시고자 친히 우리와 같은 모습으로 나타나셔서 죽음에까지 순종하심으로 하나님의 사랑을 몸소 실천하신 것입니다. "너희 안에 이 마음을 품으라. 곧 그리스도 예수의 마음이니 (6) 그는 근본 하나님의 본체시나 하나님과 동등 됨을 취할 것으로 여기지 아니하시고 (7) 오히려 자기를 비워 종의 형체를 가지사 사람들과 같이 되셨고 (8) 사람의 모양으로 나타나사 자기를 낮추시고 죽기까지 복종하셨으니 곧 십자가에 죽으심이라"(빌 2:5-8).

이것이 바로 하나님께서 베풀어 주시는 은혜이고 이 은혜를 받은 성도들은 세상 그 누구도 누릴 수 없는 영생의 소망과 풍성한 복을 갖게 된 것입니다. 주님은 바로 우리를 사랑하셔서 그런 부요한 은혜를 주시고자 우리처럼 가난한 상태가 되셨습니다. 이 얼마나 놀라운 은혜입니까? 온 우주 만물의 그 어떤 존재도 하나님의 이러한 은혜를 결코 흉내 낼 수 없는 것입니다.

아직도 예수 그리스도를 구주로서 소유하지 못한 사람들은 그들이 아무리 교회를 열심히 다니고 스스로 아무 부족한 것이 없다고 생각한다 할지라도 우리 주님 보시기에는 "비참하고, 가련하며, 가난하고, 눈멀고, 헐벗은 것을 알지 못하는 소경들"일 뿐입니다(계 3:17). 진정으로 풍성한 삶을 사는 사람은 예수 믿으면서 하나님의 복을 받으면서 재물을 풍족하게 소유하는 것뿐만이 아니라, 성경대로 믿고 거듭나 주님의 풍성한 은혜를 향유하고 썩지 아니할 하늘의 유업을 소유한 사람들입니다(엡 1:7-12).

하나님의 은혜를 헛되이 받지 말고 예수 그리스도를 성경대로 믿고 거듭나도록 해야 합니다. "너희가 만일 내가 전한 그 말을 굳게 지키고 헛되이 믿지 아니하였으면 그로 말미암아 구원을 받으리라 (3) 내가 받은 것을 먼저 너희에게 전하였노니 이는 성경대로 그리스도께서 우리 죄를 위하여 죽으시고 (4) 장사 지낸 바 되셨다가 성경대로 사흘 만에 다시 살아나사"(고전 15:2-4). 예수님이 저주를 청산하시고 다시 사셨습니다. 우리는 희망이 있는 사람들입니다. 교회에 다니면서도 이 사실을 믿지 않고 예수 그리스도를 소유하지 못한 사람들은 쓸데없는 종교행위에 인생을 허비하지 말고 주님을 성경대로 믿고 구원받아야 합니다. 그럴 때에 예수 그리스도 안에서의 풍성한 삶이 열리게 되며, 우리를 부요하게 하시려고 스스로 낮아지신 만왕의 왕이신 주 예수 그리스도와의 성경적인 교제가 시작되는 것입니다.

첫째, 예수 믿으면 모두 부자가 될 수 있느냐? 그러면 예수 믿으면 모두 부자가 될 수 있느냐? 이런 질문을 할 것입니다. 물론 백만장자가 되는 것은 하나님의 특별하신 뜻이 있어야 되는 것입니다만, 누구든지 구주를 믿고 죄악의 애굽에서 나온 사람은 하나님이 젖과 꿀이 흐르는 땅으로 인도하시기 때문에 주님께서 한 사람도 가난해지기를 원하지 않으십니다. 성경에는 부족함이 없는 삶을 살도록 주님께서 약속하신 것입니다. 시편 23편 1절에 보면 "여호와는 나의 목자시니 내게 부족함이 없다"고 했는데 예수께서 친히 말씀하기를 "나는 선한 목자라 선한 목자는 양을 위하여 목숨을 버린다"고 했습니다. 그러므로 성도들은 주님을 선한 목자로 모시고 있는 이상 생활 속에 부족함이 없는 삶을 살기를 원하시고 계신 것입니다. 늘 부족해서 절절매는 생활 이런 생활은 정상적인 예수 믿는 생활이 아닌 것입니다.

또 나아가서 예수님께서는 우리가 마태복음 6장 11절처럼 "일용할 양식을 구하라"고 하셨습니다. "오늘날 우리에게 일용할 양식을 주옵시고" 일용할 양식이란 매일매일 하루 세끼 먹어야 합니다. 먹고살기 위해서는 옷이 있어야 되고 신발이 있어야 되고 숙식할 집이 있어야 되고, 그리고 우리 일을 움직여 나가야할 자본이 있어야 되고, 이 모두가 일용할 양식입니다. 하나님께서 우리에게 굶주리지 않는 삶, 일용할 양식을 매일 공급받는 삶을 살기 원하셔서 예수님이 이것만은 우리의 권리이기 때문에 주기도문에서 당당히 하나님께 구하라고 말씀하고 있는 것입니다. 또 하나님은 필요한 것은 채워 주시겠다고 하셨습니다. 빌립보서 4장 19절에 "나의 하나님이 그리스도 예수 안에서 그 영광 가운데 더 풍성한 대로 너희 모든 쓸 것을 채우시리라"고 말씀하시는 것입니다. 거기에만 머무르지 않고 하나님께서는 넉넉한 삶을 얻기를 원하신다고 하셨습니다.

고린도후서 9장 8절로 10절에 "하나님이 능히 모든 은혜를 너희에게 넘치게 하시나니 이는 너희로 모든 일에 항상 모든 것이 넉넉하여 모든 착한 일을 넘치게 하게 하려 하심이라" 넉넉해야 남에게 나누어주는 착한 일을 할 수 있습니다. 주님은 우리에게 착한 일을 하라고 말씀하셨습니다. 아무 것도 없는데 무엇을 나누어줍니까? 나도 먹을 것, 입을 것이 없는데 누구에게 먹을 것, 입을 것을 제공해 줄 수 있어요? 성경에는 "심는 것을 주가 풍성하게 하시고 너희 의의 열매를 더하게 하시리니 항상 모든 것이 넉넉하여 모든 착한 일을 넘치게 하게 하려 하심이라"고 성경은 말씀하고 있는 것입니다.

크리스천은 모두 거부가 된다는 성경의 약속은 없습니다. 그러나 누구를 불구하고 부족함이 없는 삶, 일용할 양식을 얻는 삶, 필요함이 채워지는 삶, 넉넉한 삶을 얻어서 사는 것이 하나님의 뜻입니다. 하나님은 남에게 꾸어 줄지라도 꾸지 않는 삶을 살아가기를 원하십니다. 그래서 믿는 자들이 주변 사람들에게 축복기도를 해주고 믿음을 주고, 소망을 주고 사랑을 주고 물질까지라도 나누어 줄 수 있는 그런 삶에 살아가기를 하나님은 원하시고 계신 것입니다. 이것을 우리가 반드시 알아야 됩니다. 가난해야 좋은 신자가 된다, 물질은 죄악이다, 이것은 하나님이 준 생각이 아닙니다. 이것은 마귀 도적이 준 생각인 것입니다. 성경에 보면 "도적은 도적질하고 죽이고 멸망시키는 것뿐이요. 내가 온 것은 양으로 생명을 얻되 더 풍성히 얻게 하려 왔다"고 말씀하신 것입니다.

우리가 생각 하나 잘못 먹으면 하나님이 축복을 해 주실 수 없으십니다. 하나님께서는 우리에게 온갖 구하는 것이나 생각하는 것에 능히 넘치게 하신다고 했는데 우리 생각이 가난해야 잘 믿는 것이다, 물질은 죄악이다. 이와 같은 부정적인 마음이 들어와 있으면 그만 물질에 대해서는 죄책감을 느끼고 가난에 대해서는 찬미의 생각을 가지고 있으면 하나님께서 아무리 축복을 해 주려고 해도 벌써 그 생각이 잘못되어 있기 때문에 축복하실 수가 없으십니다. 나는 성경 전체를 보아도 어느 성경에서 가난은 미덕이며 물질은 죄악이라는 것은 찾아볼 수 없습니다. 우리 하나님께서 가난하게 만들어 놓고 기뻐하시고 물질을 다 빼앗아 버리시고 난 다음에 즐거워하신다는 것을 성경에서 찾아볼 수 없습니다.

그러면 그런 생각이 어디에서 나왔을까요? 가난이 미덕이며 잘 믿으려면 가난해야 되고 물질은 죄악이란 이런 생각은 어디서 왔을까요? 성경은 그렇게 가르치고 있지 않습니다. 하나님도 그렇게 말씀하고 있지 않습니다. 그렇다면 마귀가 우리로 하여금 착한 일을 넘치게 할 수 없게 하기 위해서 잘못된 생각을 우리 마음속에 집어

넣은 것입니다. 오늘날 얼마나 착한 일을 넘치게 할 것이 필요합니까? 예수 믿는 사람들이 부자가 되어서 세상에 나가 예수님을 자랑해야 합니다. 부자가 되어 전도함으로 교회를 부흥 시켜야 되고, 더 많은 성경을 찍어야 하고, 더 많은 영적인 서적을 출간해야 되고, 더 많은 전도를 해야 되고, 더 많은 라디오와 TV를 통하여 기독교를 방영해야 되고, 더 많은 선교사를 보내야 되고, 주님 오실 때까지 천하 만국에 복음을 전하기 위해서 얼마나 많은 물질적인 자원이 필요합니까? 이러한 일을 하지 못하게 하기 위해서 마귀가 와서 "가난은 미덕이다, 가난해야 잘 믿는다, 물질은 죄악이다." 그렇게 해서 성도들에게서 물질을 빼앗아 버림으로 말미암아 하나님의 교회 사업이 전진하지 못하게 하는 것은 하나님의 성령의 일이 아니라 이것은 사탄의 일인 것입니다. 마귀의 일인 것입니다.

둘째, 하나님을 주인으로 삼고 살아가면 부자가 될 수 있다. 진리 안에서 성령의 지배와 장악된 가운데 성령의 인도를 받으면서 진실하게 신앙생활을 하는 사람은 부자가 될 수 있습니다. 진실하게 예수 믿는 생활을 하면서 가난해 질 수 없습니다. 왜냐하면 독일의 유명한 경제윤리학자요, 독일 부흥의 아버지라고 말하는 아르 리스트는 말하기를 "정신적인 자원 없이는 물질의 부흥은 없다"고 말했습니다. 예수를 믿고 그 마음에 영적이고 정신적인 자원을 얻는 사람은 물질적인 부요가 안 따라올 수 없습니다. 막스 웨버 같은 유명한 경제학자도 구라파나 미국의 물질적인 부흥은 기독교 정신에서 왔다고 말했습니다.

영국의 감리교 운동을 일으킨 요한 웨슬레는 자기의 요한 웨슬레 운동에 참여해서 예수를 믿고 구원을 받은 사람 중에 점점 부자가 많이 되어가고 있기 때문에 걱정을 했다고 합니다. 너무 돈을 많이 벌어 부자가 됨으로 말미암아 신앙을 잃어버릴까 싶어서 걱정하는 것을 그 수기에 기록했었습니다. 왜냐하면 부를 가져오는 내적 자원이 예수를 믿음으로 생기는 것입니다.

예수 믿음으로 말미암아 정직하고 성실하고 근면하게 일하며 절약하고 저축하게 되는 것입니다. 옛날에 술 먹고 음란하고 방탕하고 도박하고 세속적으로 살고 게으르게 살던 것 다 청산하고, 주님 안에서 근면하고 성실하고 부지런하고 절약하고 저축하는 그런 사람이 잘 사는 것입니다. 저는 20년 동안 목회 하면서 예수를 믿고 이렇게 근검절약하면서 성실하게 인생을 살면서 가난해지는 사람을 본 적이 없습니다. 이러므로 예수를 믿으면 부에 이르는 내적인 심령의 자원을 가지고 있기 때문에 그 사람은 잘 살게 됩니다.

그뿐 아니라 예수님은 십자가를 통하여 우리의 환경을 속량해 주셨습니다. 사람들은 이렇게 말합니다. "예수님께서 공중에 나는 새도 들어갈 집이 있고 여우도 들어갈 굴이 있는데 인자는 머리 둘 곳이 없다고 해서 굉장히 가난하게 살았는데 예수 믿는 우리도 예수님을 본받아야 된다"고 말하는데 이것은 예수님의 마음을 진실하게 이해하지 못하고 하는 말입니다.

성경 고린도후서 8장 9절에 "우리 주 예수 그리스도의 은혜를 너희가 알거니와 부요하신 자로서 너희를 위하여 가난하게 되심은 그의 가난함을 인하여 너희로 부요케 하려 하심이니라"고 말씀하고 있는 것입니다. 예수께서 그렇게 적빈하고 뼈에 사무치도록 가난하게 산 것은 예수님 자신을 위해서 그런 것이 아니라, 우리의 가난, 우리의 그 적빈한 가난을 청산해 버리기 위해서 주께서 그렇게 하신 것입니다.

이러므로 오늘 예수님이 가난했으니 우리도 가난하자는 것은 예수님의 고생을 무로 돌리고 예수님의 대속의 은총을 파괴하는 역사인 것입니다. 예수님이 우리를 위해서 가난해졌으므로 우리는 예수 그리스도를 의지하고 축복을 받아서 그리스도의 이름을 온 세계에 나타내도록 물질을 사용하는 사람이 되어야 예수께 영광을 돌리게 되는 것입니다.

그뿐 아니라 갈라디아서 3장 13절에서 14절 말씀을 보십시오. 저주가 어디에 있습니까? "그리스도께서 우리를 위하여 저주를 받은바 되사 율법의 저주에서 우리를 속량하셨으니 기록된바 나무에 달린 자마다 저주 아래 있는 자라 하였음이라 이는 그리스도 예수 안에서 아브라함의 복이 이방인에게 미치게 하고"라고 말씀하셨습니다.

예수 같이 하나님의 복 받은 아들이 저주를 받아 십자가에 못 박힌 것은 당신 자기의 저주가 아닙니다. 신명기 28장의 저주 보셨지요. 들어가도 나가도 저주받아 개인이 실패하고 가정이 실패하고 사업이 실패하고 생활에 실패하는 저주, 이 저주는 예수께서 저주를 받은 분이 아님에도 불구하고 우리를 대신해서 저주를 받아 율법의 저주에서 속량하셨습니다. 값 주고 사버렸습니다. 그래서 아브라함의 복이 우리에게 임하게 했는데 아브라함의 복은 무엇입니까? 우양과 은금이 풍부하다고 말한 것입니다. 이렇기 때문에 오늘날 우리가 예수 그리스도를 믿고 나오면 영원히 구원받아 죄사함을 받고 천국 가는 것은 말할 필요 없거니와 현실적인 삶 속에서 가난과 저주가 속량되고 청산되어 버렸다는 것을 알게 되시기를 바랍니다.

　마음의 생각을 바꾸십시오. 너무나 많은 사람들이 오랜 세월 동안 "예수 믿으면 가난해진다, 가난해야 좋은 신자가 된다, 물질은 죄악시하라, 물질은 던져버려라." 그러나 물질은 자체가 나쁘지 않습니다. 물질은 사용하는 사람이 나쁘면 그 물질이 나쁘게 사용되고 물질을 사용하는 사람이 좋은 사람이면 물질이 좋게 사용되는 것입니다. 우리 하나님께서는 예수 그리스도를 통하여 분명하게 가난과 저주를 그 몸에 걸머지고 속량했기 때문에 예수를 믿고 사랑하는 사람이면 예수를 위해서라도 몸에서 가난과 저주를 벗어버려야 합니다. 누가 무슨 소리를 해도 저 하늘이 무너지고 이 땅이 꺼져도 하나님 말씀은 절대적으로 일점일획도 변함이 없습니다.

　예수님은 이미 십자가에 못 박히시고 피 흘려서 청산하고 성경에 그렇게 선언해 놓은 것을 누가 어떻게 부인하겠습니까? 우리가 대속의 깨어진 몸과 흘리신 피를 우리가 먹고 마시는 이것이 증거입니다. 예수님이 나를 위해서 몸이 깨어지고 나를 위하여 피 흘리신 것은 십자가에 못 박혀 죽었다는 증거요. 그것은 바로 거기에서 우리의 가난을 제하고 우리의 저주를 속량해버렸다는 확증을 하는 것입니다. 이러므로 우리는 예수를 잘 믿고 착실한 신앙생활을 하면 가난해질 권리가 없고 저주 아래서 실패할 권리가 없습니다. 성도들은 의무적으로라도 가난을 벗어나고 저주를 벗어나서 모든 일에 항상 모든 것이 넉넉하여 모든 착한 일을 넘치게 해야 할 책임이 있는 것입니다. 또 나아가서 착실한 신앙생활은 가난을 퇴치할 수밖에 없는 십일조의 언약이 있기 때문인 것입니다.

말라기 3장 10절로 12절에 "만군의 여호와가 이르노라 너희의 온전한 십일조를 창고에 들여 나의 집에 양식이 있게 하고 그것으로 나를 시험하여 내가 하늘 문을 열고 너희에게 복을 쌓을 것이 없도록 붓지 아니하나 보라 만군의 여호와가 이르노라 내가 너희를 위하여 황충을 금하여 너희 토지소산을 멸하지 않게 하며 너희 밭에 포도나무의 과실로 기한 전에 떨어지지 않게 하리니 너희 땅이 아름다워지므로 열방이 너희를 복되다 하리라 만군의 여호와의 말이니라" 성경에는 하나님을 시험치 말라 하였는데 여기에 하나님께서 당신 자신을 내어놓고 말씀하시기를 "나를 시험하라 십일조와 헌물을 하나님께 드리고 나를 시험해 보라 내가 너희 손으로 하는 모든 일을 축복해 주어서 곡식을 심으면 황충을 금하게 하고 포도원을 만들면 기한 내에 떨어지지 않게 하고 병들지 않게 한다." 아무리 우리가 열심히 애를 써도 우리 손으로 하는 것이 자꾸 가시 채에 말려 들어가고 이리 얽히고 저리 설키면 안 됩니다.

될 듯 될 듯 안 되는 것입니다. 모든 소유를 하나님께 돌린 크리스천을 하나님께서 축복을 해 주시면 우리가 손대는 것마다 자꾸 부흥하고 발전하여 열방이 우리를 복되다고 말씀하셨으니 십일조의 언약이 있는 이상 예수 믿는 사람이 가난해질 염려도 없고 필요도 없는 것입니다. 이러므로 우리 예수 믿는 사람들은 가난이 미덕이라고 하지 말아야 됩니다. 물질이 죄악이라고 하지 말아야 됩니다. 우리가 우리 마음을 다하고 뜻을 다하고 정성을 다하고 목숨을 다하여 주 하나님을 사랑하고, 그 나라와 그 의를 먼저 구하며, 우리 모든 것을 하나님 발 앞에 내려놓고 하나님은 주인이요, 나는 그 관리자로서 겸허하게 하나님을 섬기기 위해서 사는 사람에게는 물질이 아무리 많아도 올무에 걸리지 않습니다.

물질을 탐욕으로 추구하고 물질이 우상이 되면 이것이 자기에게 올무가 되어서 오히려 물질이 영혼을 잃어버리게 하는 저주가 될 수 있지만, 그렇지 않고 하나님 중심으로 살고 그 나라와 그 의를 먼저 구하며 내가 관리자로서 겸허한 인생을 살아가며, 하나님 앞에 십일조와 헌물을 도둑질하지 아니하며, 언제나 시간 내어 몸 드려 물질 드려 착한 일을 넘치게 하며, 주는 삶을 살고 있을 때 우리 하나님께서는 하늘 문을 여시고 우리에게 끊임없이 부어주시는 것입니다. 아브라함의 하나님은 부요의 하나님이셨습니다. 이삭의 하나님은 창대케 하는 하나님이십니다. 야곱의 하나님은 한 떼 두 떼 모래사장같이 많은 짐승을 주는 하나님이셨습니다.

그리고 이 아브라함의 하나님, 이삭의 하나님, 야곱의 하나님이 예수 안에서 우리의 하나님이 되신 것을 믿게 되시기를 주님의 이름으로 소원합니다. 이 하나님께서 이 시간에 두 손을 활짝 내밀고 여러분을 향하여 "수고하고 무거운 짐진자들아, 다 내게로 오라 내가 너희를 쉬게 하겠다"고 말씀하신 것입니다.

세상에 살 동안 잘못 생각한 것, 예수 믿고 들어와서도 잘못 믿은 것 다 청산하고 회개하고 예수 그리스도 안에서 우리는 가난과 저주를 벗어서 내어 던지고 부족함이 없는 삶, 필요를 채워 주는 삶, 그리고 넉넉한 삶을 하나님께 받아서 주는 자가 받는 자보다 복이 있다는 말씀대로 주면서 살게 되시기를 주의 이름으로 소원합니다.

  가난한 것이 하나님의 뜻이 아닙니다. 가난을 탈출하여 전인적인 부자가 되는 것이 하나님의 뜻입니다. 가난으로 고생하십니까? 말씀과 성령으로 원인을 찾아 해결하십시오. 그리고 하나님의 편에 서십시오. 그러면 당신에게 와있는 가난은 서서히 물러갈 것입니다. 날마다 성령으로 기도하여 아브라함의 복을 받는 모두가 되시기를 바랍니다.

2장 성도들을 부요하게 하시는 예수님

(고후 8:9) "우리 주 예수 그리스도의 은혜를 너희가 알거니와 부요하신 이로서 너희를 위하여 가난하게 되심은 그의 가난함으로 말미암아 너희를 부요하게 하려 하심이라."

하나님은 우리를 부요하게 하시는 분입니다. 광고에서 "부자 되세요!" 라는 말을 많이 들었을 것입니다. 아무리 많이 들어도 사람들이 싫어하지 않는 말이지요. 이처럼 사람은 누구나 부자가 되고 풍요로운 삶을 살고 싶어 합니다. 하지만 세상 사람들이 모두 다 부요하게 살아가고 있는 것은 아니며, 적지 않은 수의 사람들이 가난과 빚에 힘들어 하고 있습니다.

그것은 비단 우리 이웃의 일만이 아닙니다. 때로는 예수님 믿는 우리 자신도 생활의 어려움을 겪으며 삶의 작은 희망조차 가질 수 없을 정도로 혹독한 궁핍함을 겪기도 합니다. 그러나 오늘 이 순간에도 하나님은 우리에게 말씀합니다. "나는 너희를 부요하게 하는 하나님이다." 그렇습니다. 하나님은 우리를 부요하게 하시는 분이십니다. 이 사실을 어떻게 알 수 있습니까? 먼저 신명기 8장 18절에서는 여호와께서 그 백성에게 재물 얻을 능(能)을 주셨다고 말씀합니다. "네 하나님 여호와를 기억하라 그가 네게 재물 얻을 능을 주셨음이라 이같이 하심은 네 열조에게 맹세하신 언약을 오늘과 같이 이루려 하심이니라."(신 8:18). 우리의 하나님 여호와께서 우리에게 재물 얻을 능을 주셨다고 말씀합니다. 즉 모든 부는 하나님께로부터 말미암으며 우리는 부요하게 될 수 있다는 것입니다.

하나님은 부요하신 분입니다. 학개 2장 8절 말씀입니다. "은도 내 것이요 금도 내 것이니라 만군의 여호와의 말이니라."(학 2:8). 부와 귀도 하나님께로 말미암고 은과 금도 모두 하나님의 것입니다. 이 하나님께서 우리에게 재물 얻을 능을 주셨다는 것입니다. 그러므로 하나님은 우리가 가난하게 사는 것을 원하지 않으시며, 그분의 자녀인 우리는 부요하게 될 수 있습니다.

또한 예수님은 어떤 분이십니까? 그분은 하나님의 본체시요 하나님과 동등 된 분이십니다(빌 2:6). 하나님과 함께 천지 만물을 지으시고 다스리는 만물의 주인이십니다(요 1:2-3). 그럼에도 육신으로 이 땅에 오실 때는 말구유에 누이실 정도로 초라하고 가난한 모습으로 태어나셨고(눅 2:7), 평생을 목수의 아들로 가난하게 사셨습니다.

그 이유가 무엇입니까? 고린도후서 8장 9절입니다. "우리 주 예수 그리스도의 은혜를 너희가 알거니와 부요하신 자로서 너희를 위하여 가난하게 되심은 그의 가난함을 인하여 너희로 부요케 하려 하심이니라." 우리의 가난을 대신 담당하시고 우리를 부요하게 하시기 위해 부요하신 자로 가난하게 되셨다는 것입니다. 하나님의 뜻이 예수님을 믿고 성령으로 거듭난 사람들이 부자되는 것입니다.

그러므로 예수 그리스도를 믿는 사람은 마땅히 부요해야 할 권리를 가진 자들입니다. 지금 혹 가난으로 힘겨우십니까? 낙심하여 세상을 돌아보거나 누구를 원망하지 마십시오. 하나님은 우리에게 이미 재물 얻을 능을 주셨습니다. 뿐만 아니라 예수님은 우리를 부요하게 하시기 위해 이미 우리의 가난을 짊어지셨습니다. 이 사실을 믿으시고 부요하게 하시는 하나님을 전심으로 의지하시기를 주님의 이름으로 축복합니다.

물론 예수님 믿고 교회 나오자마자 곧바로 우리를 부요하게 하시지는 않습니다. 출애굽의 여정에서도 하나님은 이스라엘 백성을 이끄실 때 광야의 길로 들어서자마자 물이 풍부하고 쉴 만한 엘림으로 인도하시지 않으셨습니다. 오히려 제일 먼저 마라로 인도하셔서 쓴물을 만나게 하셨습니다. 그리고 그곳에서 치료하시는 여호와를 가르치신 후에, 물 샘 열둘과 종려나무 칠십 주가 있는 풍요로운 엘림으로 이끄셨던 것입니다.

마찬가지로 하나님은 분명 우리를 부요하게 하시는 분입니다. 그러나 우리가 예수님을 믿고 교회에 나왔다고 해서 곧바로 우리를 부요하게 하시지는 않습니다. 먼저 쓴물을 만나게 하시고 그 쓴물을 성령의 인도로 이기고 나오게 하십니다. 그런 연후에 부요하게 하시는 하나님을 만나게 하십니다.

그러므로 혹 지금 여러 가지 어려운 일들로 힘겨우십니까? 그 쓴물들로 염려하지 마시고 하나님께서 지시하시는 말씀에 순종함으로 쓴물을 달게 하시는 하나님을 만나시기 바랍니다. 그리할 때 이스라엘 백성을 마라에서 엘림으로 이끄신 하나님께서 반드시 귀하의 삶을 풍요롭게 만들어 주실 것입니다.

필자가 주일학교 부장을 하면서 아이들에게 이런 질문을 던졌습니다. "예수님이 왜 가난하게 태어나셨을까요?" 당연한 질문이라고 생각했건만, 초등부 한 여자 아이가 대답했습니다. "가난한 이들의 처지를 이해하기 위해서입니다." 너무나 뜻밖의… 그러나 정확한 답변에 순간 멈칫했습니다. 초등학교 3학년 아이에게서 그런 대답을 들으리라고는 기대하지 못했습니다. 오히려 필자가 어떻게 예수님을 제대로 설명할 수 있을까 망설이고 있었으니까요. 성령께서 그 아이에게 예수님을 보여주시고 입술로 시인하게 하신 것이었습니다.

바울 사도는 이렇게 묘사했습니다. "그는 근본 하나님의 본체시나 하나님과 동등 됨을 취할 것으로 여기지 아니하시고 오히려 자기를 비워 종의 형체를 가지사 사람들과 같이 되셨고"(빌 2:6-7). 인간을 사랑하셔서 그 인간과 같은 조건과 같은 처지를 취하신 주님이십니다. 가련한 인간을 사랑하셔서 가련한 처지로 오신 주님이십니다. 그것도 가련한 인간 그 어느 누구보다도 더 가련하게 오신 예수님이십니다. 오히려 인간의 측은지심을 불러일으키실 정도로 철저하게 인간 가난을 선택하신 주 예수님이십니다. 가련한 생활을 하는 목동들보다도 더 가난하게 오셔서, 목동들의 위로를 받으셔야 했던 예수님이십니다. 가난한 이들조차 자신의 가난을 부유하다고 느끼게 해주셨던 주 예수님이십니다. "우리 주 예수 그리스도의 은혜를 너희가 알거니와 부요하신 이로서 너희를 위하여 가난하게 되심은 그의 가난함으로 말미암아 너희를 부요하게 하려 하심이라." (고후 8:9).

주님은 우리를 부요케 하시는 분이십니다. 이 말은 많은 이들의 귀를 솔깃하게 할 수 있는 그런 말일지 모르겠지만 물질적인 것, 현세적인 것뿐만이 아니라, 영적인 것, 저 하늘에 쌓아 둘 것이란 것을 알면 적잖이 실망할 수도 있습니다. 1차적으로 영적 부요함이지만, 2차적으로 물질적 부요함을 선택적으로 포함합니다. 성도는 '부요한 자들이다, 부족함이 없는 자들이다.'라고 감히 담대하게 선포할 수 있습니다.

가난함에도 불구하고 부족함이 없고, 없는 것 같아도 모든 것을 소유한 이들이 크리스천들입니다. 성도들은 "헤아릴 수 없는 주의 부요함"을 찬양하고 그것을 선포하는 이들입니다. "모든 성도 중에 지극히 작은 자보다 더 작은 나에게 이 은혜를 주신 것은 측량할 수 없는 그리스도의 풍성함을 이방인에게 전하게 하시고"(엡 3:8). 우리의 영-혼-육을 부자 되게 하시어 이방인들에게 자랑하며 전하게 하십니다.

주님의 은혜가 부요하다는 사실을 우리는 몸소 경험한 증인들입니다. 구원받은 성도라면, 주의 은혜가 풍성할 뿐 아니라, 무한하다는 사실을 잘 압니다. 그리스도의 부요하심, 풍성하심은 무한대입니다. 얼마나 부요한지 아무리 써도 줄어들지 않습니다. 주의 은혜, 주의 능력, 주의 성령, 주의 선물들은 쓰면 쓸수록 더 풍성해집니다. 주의 기쁨, 주의 평강, 주의 능력, 주의 즐거움 이런 것들은 고갈될 수 없습니다. 귀하는 무한하신 주님의 풍성하심, 부요하심에 대해서 아십니까? 은혜를 아는 만큼, 우리는 자라납니다.

첫째, 주님은 자신을 부르는 자들에게 부요케 하십니다. "같은 주께서 모든 사람의 주가 되사 자신을 부르는 모든 사람에게 부요하시나니"(롬10:12). 구원에 관한한 주님의 은혜는 무한합니다. 누구든지 주를 부르는 자는 구원을 받습니다. 제한이 없습니다. 또한 기도로 무엇을 요청해도 주님은 다 들어주실 수 있으며, 필요한 것을 다 얻어도 주님의 부요하심은 조금도 줄어들지 않습니다. 이 세상에는 많은 성도들이 만유의 창조주이시며, 모든 것의 주인이신 부요한 아버지를 두고도 항상 가난하고 궁핍하게 사는 성도들이 있습니다. 이분들은 성령과 진리를 잘못 깨달은 연고입니다.

둘째, 하나님의 지혜와 지식이 부요합니다. "오 깊도다, 하나님의 지혜와 지식의 부요함이여! 그분의 판단은 헤아릴 수 없으며, 그분의 길은 찾지 못할 것이로다!"(롬11:33). 주님은 지혜와 지식이 얼마나 부요한지 누구든지 지혜가 부족하거든 구하라고 말씀하셨고, 구하는 자들에게 후히 주시겠다고 약속하셨습니다(약1:5). 한번 쓰면 없어지는 약처럼, 중요한 때에 쓰기 위해 주님은 무엇을 아껴 두시고 보관하셔야만 하는 분이 아니십니다. 하나님의 지혜와 지식은 무한합니다. 값없는 선물로 아무리 나누어주어도, 조금도 줄어들지 않습니다.

주님은 마르지 않는 무한한 부요함을 가지고 계십니다. 사람들은 희소가치가 있는 것을 귀한 것으로 여기고, 그 귀한 것은 부요(풍부)하지 않습니다. 즉 희소가치가 있습니다. 하지만 주님은 아주 귀한 것이라도 그 양이 작지 않습니다. 주의 은혜는 부요합니다. 주의 긍휼은 풍성합니다. 주의 능력은 큽니다. 주의 지혜는 헤아릴 수 없습니다. 주의 명철은 무한합니다.

셋째, 주님의 부요함은, 우리를 부요하게 하는 원천입니다. "근심하는 자 같으나 항상 기뻐하며 가난한 자 같으나 많은 사람을 부요하게 하고 아무것도 없는 자 같으나 모든 것을 소유한 자로다."(고후6:10). 성도들은 이 땅에서 가난한 자 같으나… 많은 사람을 부요하게 하는 사람들이요, 아무 것도 없는 자 같으나… 모든 것을 소유한 사람들입니다. 마음이 항상 부요해서, 자기 소유의 유무에 관계없이 항상 나누어 주려고 합니다. 물질 말고도, 은혜, 지혜, 사랑도 자꾸 나누어 주려고 합니다.

자신이 부요하다고 느끼기 때문입니다. 우리들은 지금 집도 없고, 땅도 없고, 재산도 많지 않다고 말할지 모르지만 우리에게는 현재 무형의 자산이 매우 많습니다. 저 하늘에는 주님이 친히 지으신 맨션이 있습니다. 우리를 위해 마련된 상급이 있고, 우리에게 주어질 상속이 있습니다. 똑같이 흔들리는 버스를 타도, 큰 부자 아들과 가난한 집 아들의 마음은 다릅니다. 우리는 이 세상에서, 큰 부잣집 아들처럼, 부요한 마음으로 살아야 합니다. 우리 아버지가 부요하시기 때문입니다.

넷째, 주님의 가난은 우리를 부요하게 합니다. "우리 주 예수 그리스도의 은혜를 너희가 알거니와 부요하신 이로서 너희를 위하여 가난하게 되심은 그의 가난함으로 말미암아 너희를 부요하게 하려 하심이라."(고후8:9). 주님은 성도들의 영-혼-육의 가난을 원치 않으십니다. 영이 가난한 자들에게 생명의 빵을 공급하시고, 의에 주리고 목마른 자들에게는 생수를 무한정 공급하십니다. 그래서 우리 안에 영적 생명이 차고 넘치게 하시며, 기쁨이 흘러넘치게 하시는 분이십니다.

주님은 결코 모자라거나 부족한 법이 없습니다. 주님께서 우리를 위하여 가난하게 되심은 우리를 부요하게 하려 하심이라고 말씀하십니다. 하늘과 땅의 모든 것의 소유주이며, 주권자이신 주님께서 가난하게 되셨던 것이 우리를 부유하게 하기 위해서였다는 것은 얼마나 놀라운 일입니까?

오늘날 우리도 마찬가지입니다. 내가 가난하게 되지 않고는… 결코 타인을 부요하게 할 수 없습니다. 내가 낮아지지 않고는… 결코 타인을 높일 수 없습니다. 주님은 그런 자기 비움의 삶을 몸소 실행으로 우리에게 보여 주셨습니다. 그리고 "나를 따르라"고 초청하십니다.

①예수님이 집이 없으셨던 것은 우리가 저 하늘에 집을 갖게 하기 위해서입니다. ②예수님이 주리신 것은 우리를 주리지 않고 배불리 먹게 하기 위함입니다. "우리 주 예수 그리스도의 은혜를 너희가 알거니와 부요하신 이로서 너희를 위하여 가난하게 되심은 그의 가난함으로 말미암아 너희를 부요하게 하려 하심이라."(고후8:9). 여기서 〈부요〉가 뜻하는 바는 1차적으로 영적인 부요함을, 2차적으로 물질적 부요함을 선택적으로(optional) 뜻한다고 봅니다. 신약 성경 전반적 흐름상 그렇습니다.

③예수님은 목마르신 것은 우리에게 생명의 샘을 주시기 위함입니다. 우리의 배에서 생수의 강이 흘러넘치게 하기 위해서입니다. 주님께서 "내가 목마르다" 말씀하심으로 우리는 생수의 근원

을 얻었습니다. ④예수님이 지치신 것은 우리에게 쉼을 주시기 위함입니다. ⑤예수님이 벗겨지신 것은 우리에게 의의 옷을 입혀 주기 위함입니다. ⑥예수님이 상처를 입으신 것은 우리의 상처를 치유해 주기 위함입니다. ⑦예수님이 사람들에게 버림받으신 것은 우리를 하나님께 받아들여지게 하기 위함입니다.

⑧예수님이 결박당하신 것은 우리의 결박을 풀어 자유를 주기 위함입니다. ⑨예수님이 죄가 되신 것은 우리에게 의를 주시기 위함입니다. ⑩예수님이 지옥으로 가신 것은 우리를 하늘로 들어 올리시기 위함입니다. 이런 예수님을 깊이 생각해 보십시오. 주님이 자신의 몸으로 행하신 일은 모두 우리를 위해서 한 일들입니다. 부요하신 주님께서 우리를 위해 가난하게 되신 것 그것이 바로 은혜입니다.

가난했던 주님의 일대기를 잠깐 살펴보겠습니다. 주님은 태어날 때 마구간에서 태어났는데, 객지의 남의 마구간이었습니다(눅2:7). 예수님은 태어날 때부터 사람들로부터 배척을 받으셨고, 그들 사이가 아닌 그들 밖에 계셨습니다. 나이 30살이 되었을 때 세례요한에게 물세례를 받으시고 성령의 이끌림을 받아 40주야를 주리시면서 마귀의 3번의 시험을 진리의 말씀으로 물리치셨습니다. 성령의 이끌림으로 천사들의 시중을 받으면서 주님은 회당에서 말씀을 전하실 때, 회당장이 건네주는 책으로 설교하셨고, 설교하실 때 강력한 성령의 역사로 귀신들의 정체가 폭로되었으며, 바닷가에서 가르치실 때는 어부들의 배를 빌어 쓰셨습니다(막4:1). 주님께서 베드로에게 배 삯을 주는 대신 구원을 주셨고, 깊은 데로 가서 그물을 내려

밤새 잡지 못한 고기를 잔뜩 잡게 하셨습니다. 광야에서 남자만 오천 명이 넘는 대규모의 집회를 여신 후에 그들을 먹인 음식 역시 주님의 도시락에서 나온 것이 아니라 어떤 소년의 음식(오병이어)을 받으신 것이었습니다(요6:9-11).

주님은 늘 음식을 얻어서 잡수셨고 자신이 물건을 매매로 구입하신 적이 없으셨기에 요즘 같은 세상에서는 욕을 먹기 십상이었을 것입니다. 주님은 가난하셨습니다. 왜 이렇게 가난하셨던 것입니까? 우리를 부요하게 위해서입니다. 주님은 남의 나귀를 타고 예루살렘에 입성하셨고(막11:2), 남의 집 다락방에서 최후의 만찬을 베푸셨습니다(마26:18). 자신의 것이 전혀 없었던 주님이셨습니다.

고난을 받으시던 밤에 주님은 입고 있던 옷마저 벗겨지고 남의 옷을 입은 채 조롱을 당하십니다. "그분의 옷을 벗기고 주홍색 긴 옷을 그분께 입히더라"(마27:28). 십자가를 지러 갈 때는 십자가를 질 힘이 없으셨던 지라 구레네 사람 시몬이란 남의 도움을 받으셨습니다(마27:32). 죽은 후에 묻힌 매장지는 어떻습니까? 그 역시 남의 땅, 남의 묘지였습니다. 아리마대 요셉은 자신의 묘지에 주님을 모셨습니다(마27:59-60).

다섯째, 주님의 부요하심은 영적인 것에만 그치지 않습니다. "우리의 필요를 공급하시는데도 부요"하십니다. "오직 내 하나님께서 그리스도 예수님을 통해 영광 가운데서 자신의 부요하심에 따라 너희의 모든 필요를 공급하시리라."(빌4:19). 주님이 공급하시는 기준이 무엇입니까? 예산입니까? 아닙니다. 우리의 능력입니까? 아닙니다. 주님의 공급기준은 "자신의 부요하심"입니다. 주님의 부요하심이 무한하시기에 우리는 모든 필요를 언제든지 공급받을 수 있습니다. 예수님을 주인으로 영접한 사람은 주님의 부요함을 소유한 사람들입니다.

우리는 부요하신 주님으로 인해 이 세상에서 육신의 정욕, 안목의 정욕, 인생의 자랑을 다 극복할 수 있는 것입니다. 가지고자, 얻고자 싸우는 삶이 아니라 나누어 주고자 애쓰는 삶을 살게 됩니다. "선을 행하게 하며 선한 일들에 부요하고 베풀기를 좋아하고 기꺼이 나누어 주게 하라."(딤전6:18). 이것이 무한하신 하나님의 공급을 받는 성도의 삶입니다.

마치 전원이 끊어질까 봐 건전지를 사두는 사람들이나 수돗물의 공급이 중단될까봐 식수통을 따로 준비하는 사람처럼, 우리는 주님의 공급이 중단될까봐, 따로 예금 통장을 만들어 둘 필요가 없습니다. 주님의 자원은 무한하시므로 파산도 없으시고, 공급의 단절도 없으시며, 감소나 고갈이 전혀 없습니다. 두려워하거나 걱정하지 마십시오. 내일 아침 여러분은 잠에서 깨어날 수 없거나 숨을 쉬지 못하는 일이 있을 수 있어도 하나님의 공급하심이 중단되는 일은 결코 없습니다.

여섯째, 지금 가난하다고 불평하지 마십시오. "가난한 자들에게 주님이 따로 준비하신 부요하심"이 있습니다. "내 사랑하는 형제들아, 들어 보라. 하나님께서 이 세상의 가난한 자들을 택하사 믿음에 부요하게 하시고 또 자신을 사랑하는 자들에게 약속하신 그 왕국의 상속자들로 삼지 아니하셨느냐?"(약2:5). 이것은 물질적 풍요보다 훨씬 더 가치가 있는 부요함이라 할 수 있습니다.

무한하신 하나님은 부족함이 없습니다. 다만 이 세상 사람들이 믿음이 없다는 것이 문제입니다. "사람의 아들이 올 때에 땅에서 믿음을 찾아보겠느냐?"(눅18:8)고 하신 말씀대로 믿음이 문제입니다. 성도들에게도 부족한 것은 돈이나 학벌이나 외모가 아니라 믿음입니다. 적은 믿음, 연약한 믿음은 하나님은 무한하신 하나님을 제한하기 때문입니다.

주님이 없어서, 모자라서, 적어서, 한 개 밖에 없기 때문에 훗날을 도모해서 못 주시는 그런 것은 없습니다. 주님이 부족해서 못 주시는 것도 없으십니다. 주님은 무엇이든지 충분하시며, 부요하십니다. 주님은 자신의 생명까지 우리에게 넘치도록 쏟아 부어 주셨습니다.

일곱째, 주님은 성령을 물 붓듯이 넘치게(부요하게) 부어 주시기 원하십니다. "너희가 악할지라도 너희 자녀들에게 좋은 선물을 줄 줄 알거든 하물며 하늘에 계신 너희 아버지께서 구하는 자에게 좋은 것을 더 주시지 아니하겠느냐?"(마7:11). 여기서 더 좋은 것이 무엇입니까? 성령입니다. "너희가 악할지라도 너희 자녀들에게 좋은 선물을 줄 줄 알거든 하물며 하늘에 계신 너희 아버지께서 구하는 자에게 성령을 더 주시지 아니하겠느냐?"(눅11:13)

이 두 구절의 비교를 통해서 우리는 쉽게 주님이 주시고자 하는 좋은 것이 〈성령〉이란 사실을 알 수 있습니다. 주님의 성령은 만물을 충만케 하고도 남음이 있습니다. 성령 충만을 통해 우리는 기쁨으로 충만해지고, 소망의 충만한 확신을 가질 수 있습니다. 사도 바울은 성도들이 이렇게 되기를 구했습니다. "지식을 뛰어넘는 그리스도의 사랑을 알아 하나님의 모든 충만하심으로 충만하게 되기를 구하노라."(엡3:19). 하나님이 우리를 가득 가득 채우고도 부족함이 조금도 없으십니다. 주님은 우리에게 모든 것을 주실 수 있으시며, 주시는 분이십니다. "또한 자신의 아들을 아끼지 아니하시고 우리 모두를 위하여 내어 주신 이께서 어찌 그 아들과 함께 모든 것을 우리에게 값없이 주시지 아니하겠느냐?"(롬8:32). 이것이 성경이 말하는 주님의 무한하신 은혜와 사랑입니다. 주님은 유한하거나 제한적인 것이 없으십니다. 예수님의 피는 제한적이지 않습니다. 예수 그리스도의 피는 영원무궁한, 무한한 대속과 은혜와 생명과 의로움을 주는 피 입니다.

결론적으로 예수님은 모든 것을 풍성하게 부요하게 주시기 원하십니다. 지혜와 지식, 권능, 부요 이런 것입니다. 의의 열매들, 성령의 열매들이 풍성하게 되기를 원하십니다. 주님의 은혜가 넘친다는 것은 이런 것들로 넘치는 것입니다. 우리 주 하나님께서 우리 속에 넘치게 하시기를 원하는 것들을 알고 그런 것들을 추구해 보시기 바랍니다. 주님의 부요케 하시는 은혜를 통해 믿음은 강하게 되고, 능력은 커지고 주의 일을 더욱 넘치게 할 수 있는 종들이 되어야 할 것입니다.

3장 물질은 과연 누가 만들었을까

(창1:11~13)"하나님이 가라사대 땅은 풀과 씨 맺은 채소와 각기 종류대로 씨가진 열매 맺는 과목을 내라 하시매 그대로 되어 땅이 풀과 각기 종류대로 씨 맺는 채소와 각기 종류대로 씨가진 열매 맺는 나무를 내니 하나님의 보시기에 좋았더라 저녁이 되며 아침이 되니 이는 셋째 날이니라"

하나님께서 시간과 공간과 물질을 만드셨습니다. "태초에 하나님이 천지를 창조하시니라"(창1:1). 성경의 첫 구절은 하나님의 창조부터 시작합니다. 하나님께서 보이는 것과 보이지 않은 것을 창조하셨습니다. 하나님을 알게 하는 것은 하나님은 창조주라는 사실입니다. 모든 것을 말씀으로 창조하셨습니다.

 1) 하나님께서 하늘을 창조하셨습니다. 천지를 창조하셨다는 것은 하늘과 땅을 창조하셨다는 말인데, 여기서 하늘은 공간을 창조하셨다는 것입니다. 사도바울은 셋째 하늘을 경험하였습니다. "내가 그리스도 안에 있는 한 사람을 아노니 십사 년 전에 그가 셋째 하늘에 이끌려 간 자라. 그가 몸 안에 있었는지 몸 밖에 있었는지 나는 모르거니와 하나님은 아시느니라"(고후12:2). 첫째 하늘은 우리 육안으로 보이는 하늘입니다. 우리가 눈을 들어 하늘을 보는 것은 바로 이 첫째 하늘입니다. 둘째 하늘은 별과 별 사이의 하늘 즉 우주 공간을 말합니다. 셋째 하늘은 우리 눈에 보이지는 않지만 반드시 있는 하나님이 계신 천국의 하늘을 두고 말합니다. 바울의 경험은

셋째 하늘을 보았습니다.

우리가 죽어서 올라가 보아야 볼 수 있는 하늘이 이 셋째 하늘입니다. 마지막 때에는 예수께서 다시 오심으로 죽은 자가 살아나서 셋째 하늘을 볼 수 있습니다. 산 자가 변화된 몸으로 셋째 하늘을 볼 수 있습니다.

2)하나님께서 땅을 창조하셨습니다. 하나님께서 땅을 창조하셨다는 것은 땅에 있는 모든 물질을 창조하셨다는 것입니다. 우리가 보이는 땅이 있고 보이지 않은 새 땅이 있습니다. 하나님께서 땅에 있는 흙을 가지고 사람을 만드셨습니다. 하나님께서 하나님의 형상을 따라 사람을 만드셨습니다. 사람만이 하나님의 형상을 닮았습니다. 그러나 오늘날 적그리도의 영은 짐승을 닮게 합니다. 적그리스도를 짐승이라 하였습니다. 짐승은 결코 천국 갈 수 없습니다.

사람은 하나님의 창조하신대로 하나님의 형상을 닮아야 하는 것입니다. 적그리스도는 짐승이라는 이름으로 짐승정부를 세우고 하나의 통치로 짐승의 표를 받게 하려고 합니다. "저가 모든 자 곧 작은 자나 큰 자나 부자나 빈궁한 자나 자유한자나 종들로 그 오른손에나 이마에 표를 받게 하고"(계13:16). 적그리스도는 의도적으로 짐승의 표를 받게 한다는 사실입니다.

그리스도인은 성령의 지배와 장악과 인도를 받으며 그리스도를 본받아 짐승의 표를 거부해야 합니다. 하나님의 형상을 닮은 사람은 영과 혼과 육으로 되어 있습니다. 하나님께서 흙으로 육체를 만드시고 육체의 코에 영을 불어 넣으시니 혼이 되었습니다. 하나님을 아는 지식은 사람이 하나님의 형상을 따라 영과 혼과 육체로 되어 있다는 지식을 가져야 하겠습니다.

　3)하나님께서 시간을 만드셨습니다. 사람은 시간 속에서 살아가고 있습니다. 사람에게는 과거와 현재와 미래가 있습니다. 지나간 과거를 기록하는 것은 역사입니다. "하나님이 가라사대 하늘의 궁창에 광명이 있어 주야를 나뉘게 하라. 또 그 광명으로 하여 징조와 사시와 일자와 연한이 이루라"(창1:14). 지구는 태양계에 속합니다. 태양을 중심으로 돌고 있습니다. 태양을 중심으로 1년 12달 365일이 있습니다.

　태양을 중심으로 나눈 달력을 양력이라 합니다. 달을 중심으로 나눈 달력을 음력이라 합니다. 태양이나 달이나 별이 없어도 살 수 있을까요? 창세기 1장을 읽고 보면 놀라운 사실을 발견합니다. 태양이나 달이나 별은 넷째 날에 창조된 것입니다. 태양이나 달이나 별이 창조 되기 이 전에 빛이 있었고 하늘이 있었고 하늘 위의 물이 있었고 하늘 아래의 물이 있었습니다. 태양이나 달이나 별이 있기 전에 땅과 바다가 있었습니다. 따져보면 태양보다 달보다 별보다 앞서는 것은 지구입니다. 태양이나 달이나 별이 없어도 이미 식물이 있었습니다.

　태양이나 달이나 별이 있기도 전에 하나님께서 먹는 식물과 먹는 과일을 셋째 날에 만드셨습니다. "하나님이 가라사대 땅은 풀과 씨 맺은 채소와 각기 종류대로 씨 가진 열매 맺는 과목을 내라 하시매 그대로 되어 땅이 풀과 각기 종류대로 씨 맺는 채소와 각기 종류대로 씨가진 열매 맺는 나무를 내니 하나님의 보시기에 좋았더라 저녁이 되며 아침이 되니 이는 셋째 날이니라"(창1:11~13). 태양과 달과 별이 없어도 낮과 밤이 있었습니다.

태양이 뜨는 것이 낮이고 달이 뜨는 것이 밤인 것이 상식인데 하나님의 창조의 놀라운 것은 태양과 달과 별이 없어도 분명하게 낮과 밤이 있었습니다. "빛을 낮이라 칭하시고 어두움을 밤이라 칭하시니라. 저녁이 되며 아침이 되니 이는 첫째 날이니라"(창1:5). 시간이 있기 전에 하나님은 계셨습니다. 어리석게도 진화론자들은 시간을 가지고 장난을 치고 있습니다. 시간을 길게 잡고 진화된 것처럼 주장하고 있습니다. 그러나 하나님의 시간은 길지 않았습니다. 성경의 시간을 다 계산 하여도 1만년을 넘지 않습니다. 시간을 만드신 분이 하나님이십니다. 예수님은 아브라함이 있기 전 내가(하나님) 있었다고 말씀하십니다. 그렇습니다. 하나님은 태초 전에도 계셨던, 스스로 계신 분이십니다.

첫째, 물질을 만드신 하나님. 물질이 과연 죄악시된다면 그 물질은 악마가 지은 것입니까? 하나님께서 지으신 것입니까? 악마가 지은 것이 좋은 것을 지을 수 없고 좋으신 하나님이 악한 것을 지을 수 없는 것을 우리는 알고 있습니다.

창세기 1장 1절에 보면 "태초에 하나님이 천지를 창조하시니라"고 말씀하셨고 그 다음 땅이 공허하며 흑암이 깊음 위에 있을 때 주의 신이 수면에 운행하시자마자 하나님이 빛을 지으시고 하나님이 궁창을 지으시고, 하나님께서 물속에 육지가 나고, 모든 열매 맺는 나무들이 나게 하시고, 하나님께서 해와 달과 별들을 지어 궁창을 비취게 하시고, 공중의 새와 물속에 있는 고기를 지으시고, 땅위에 기는 짐승과 곤충을 지으시고, 마지막에 하나님의 형상과 모양을 좇아 사람을 짓되 남녀를 지었다고 성경은 말씀하고 있는 것입니다.

그러므로 이 세상에 존재하는 만물 중에 하나님께서 짓지 아니하신 것은 전혀 없습니다. 천지만물은 하나도 남김없이 모두 다 우리 하나님이 지으신바 되었으므로 하나님이 지으신 물질이 죄악이 될 수 없습니다. 더구나 동방에 에덴동산을 지으시고 먹기에도 좋고 보기에도 좋은 나무가 나게 하시고 상함도 해함도 없고 부요와 풍부가 있게 하셨습니다. 그곳을 에덴 낙원으로 부르시고 아담과 하와가 거할 집으로 삼아 주셨습니다. 그리고 성경에 보면 에덴에서 발원한 강이 있는데 그 강중의 한 강은 비손 강인데 금이 있는 하윌라 온 땅을 두르고 거기에는 베델리엄과 호마노도 있는데 금과 은과 보석과 진귀한 돌들도 주님께서 모두 다 만들어 놓은 것입니다.

그 뿐만 아니라, 하나님께서 아담과 하와를 부르셔서 그에게 축복을 해 줄 때 우리가 생각하는 것처럼 빈곤하고 헐벗고 굶주리고, 그리고 말라서 죽으라고 말씀하지 않으시고 창세기 1장 28절로 29에 보면 "하나님이 그들에게 복을 주시며 그들에게 이르시되 생육하고 번성하며 땅에 충만 하라, 땅을 정복하라, 바다의 고기와 공중의 새와 땅에 움직이는 모든 생물을 다스리라 하시니라. 하나님이 가라사대 내가 온 지면의 씨 맺는 모든 채소와 씨가진 열매 맺는 모든 나무를 너희에게 주노니 너희 식물이 되리라" 이렇게 말씀하심으로 주께서 생육하고 번성하고 땅에 충만하고 땅을 정복하고 다스리는 왕으로 만들어 주신 것입니다.

이러므로 하나님께서 인간에 대한 근본적인 뜻은 선이요, 악에 있지 아니하고 의요, 불의에 있지 아니하고 창성이요, 패망에 있지 아니하고 부요요, 빈곤에 있지 않았다는 것을 우리는 너무나 잘 알 수 있습니다. 그러면 성도들 가운데 지금 우리가 보는 이 죄와 질병, 빈곤과 저주, 절망과 죽음은 왜 왔습니까? 그렇게 물을 수 있을 것입니다. 그것은 하나님께서 그렇게 하신 것이 아니라, 하나님이 지으신 아담이 하나님의 말씀을 의심하여 반역하고 범죄하고 마귀와 손을 잡음으로 말미암아 심판을 받아서 오늘날의 비극을 자초한 것입니다.

성경에는 인간의 빈곤과 곤고한 생활의 유일한 이유가 타락이라는 것을 뼈저리게 분명하게 보여주고 있는 것입니다. 창세기 3장 17절로 19절에 보면 "아담에게 이르시되 네가 네 아내의 말을 듣고 내가 너더러 먹지 말라 한 나무 실과를 먹었은즉 땅은 너를 인하여 저주를 받아 너는 종신토록 수고하여야 그 소산물을 먹으리라 땅이 네게 가시와 엉겅퀴를 낼 것이라 너의 먹을 것은 밭의 채소인즉 네가 얼굴에 땀이 흘러야 식물을 먹고 필경은 흙으로 돌아가리니 그 속에서 네가 취함을 얻었으리라 너는 흙이니 흙으로 돌아갈 것이라 하시니라" 여기에서 인간으로서 가장 슬프고 비극적인 사건이 생기게 된 것입니다.

이것은 아담이 하나님을 반역하고 죄를 지음으로 말미암아 에덴에서 쫓겨나서 땅이 저주를 받아 가시와 엉겅퀴를 내게 되었고 질병과 죽음이 그로 말미암아 연유하게 된 것입니다. 이러므로 우리가 하나님께 나아올 때 하나님은 축복의 근원이 되시지만 하나님을 반역하고 죄악으로 말미암아 거역한 그것이 오늘 이 세상에 횡행하는 죄와 불의, 추악과 저주, 절망과 죽음, 빈곤과 슬픔의 원인이 되었다는 것을 알아야 될 것입니다.

이제 하나님께서 이와 같은 버림받은 자식들을 모두 다 불러서 예수 그리스도로 말미암아 죄 사함을 주시고 구원을 주시는 이 마당에야 빈곤과 굶주림이 정상적인 신자의 모습이라 생각할 수 없습니다.

둘째, 하나님은 구약에 물질을 어떻게 하셨나요? 하나님께서 구약에서 하나님을 믿고 순종한 백성들을 하나님께서 어떻게 처리하셨는지 이것을 보면 우리가 분명히 알 수 있습니다. 구약 시대에 하나님께 가장 사랑을 받고 하나님께서 그를 통해서 위대한 섭리를 이루신 분이 아브라함입니다. 아브라함은 나이 75세에 영광의 하나님이 나타나셔서 그를 불러내실 때 상상할 수 없을만한 위대한 축복의 언약을 주셨습니다. 하나님께서는 저주의 언약을 주셔서 부르신 것이 아니라 축복의 언약을 주셔서 부르신 것입니다.

창세기 12장 1절로 3절을 보면 "여호와께서 아브람에게 이르시되 너는 너의 고향 친척 아버지의 집을 떠나 내가 네게 지시할 땅으로 가라. 내가 너로 큰 민족을 이루고 네게 복을 주어 네 이름을 창대케 하리니 너는 복의 근원이 될지라. 너를 축복하는 자에게는 내가 복을 내리고 너를 저주하는 자에게는 내가 저주하리니 땅의 모든 족속이 너를 인하여 복을 얻을 것이니라 하신지라" 하나님께서 아브람을 불러내실 때 그에게 인간으로 형언할 수 없을 만한 위대한 축복의 언약을 주셨습니다.

"너를 축복하는 자에게는 내가 축복하고 너를 저주하는 자에게는 내가 저주하겠다. 땅의 온 족속이 너를 인하여 복을 얻을 것이라" 그래서 아브라함이 하나님의 약속을 따라 나왔고 그가 나중에 애굽에서 가나안으로 다시 올라올 때 성경은 말하기를 "아브람에게 육축과 은금이 풍부하였더라."고 말한 것입니다. 오늘날 사람들은 말하기를 잘 먹고, 잘 입고, 잘살고, 그리고 풍부한 생활을 하는 사람은 세속적인 생활이요, 그것은 하나님을 잘 믿는 생활이 아니라고 말하는 사람이 있는데 그렇다면 아브라함은 믿음의 조상이요, 하나님의 친구라고 말하고, 그렇게 하나님 사랑을 받고 잘 믿는 사람이었는데, 성경은 말하기를 아브라함에게 육축과 은금이 풍부하였더라고 말한 것입니다. 성경은 말하기를 "아브라함과 같은 믿음을 가진 사람은 아브라함과 함께 복을 받느니라"고 말한 것입니다.

아브라함이 부름을 받을 때 축복을 받고 나온 것처럼 우리도 죄악의 세상에서 하나님의 부르심을 받아 예수께로 나아올 때 주님은 우리에게 축복을 해 주시는 것입니다. 하나님은 복의 근원이시요 축복을 주시는 분이신 것입니다.

하나님께서 아브라함의 아들 이삭에게 어떻게 하셨는가. 살펴봅시다. 창세기 24장 36절에 보면 "나의 주인의 부인 사라가 노년에 나의 주인에게 아들을 낳으매 주인이 그 모든 소유를 그 아들에게 주었나이다" 이삭은 태어날 때부터 거부가 되어서 태어났습니다. 아버지의 상속을 다 받았으므로 주체할 수 없는 재산을 얻었지만 창세기 26장 12절로 14절에 보면 "이삭이 그 땅에서 농사하여 그

해에 백배나 얻었고 여호와께서 복을 주시므로 그 사람이 창대하고 왕성하여 마침내 거부가 되어 양과 소가 떼를 이루고 노복이 심히 많으므로 블레셋 사람이 그를 시기하여" 이것 보십시오. 하나님께서 택하신 이삭은 빈곤하고 헐벗고 굶주려서 좋은 신자가 되었다고 말하지 아니하고 성경에 사람이 말로써 사용할 수 있는 최대의 축복의 말이 "창대하고 왕성하여 마침내 거부가 되었다"고 성경은 기록하고 있는 것입니다.

야곱을 보십시다. 야곱은 꾀가 많고 사기성이 있었지만 그가 20년 동안 외삼촌 집에서 머슴살이 하다가 돌아올 때 그는 창세기 32장 10절에 이렇게 기도했습니다. "나는 주께서 주의 종에게 베푸신 모든 은총과 모든 진리를 조금이라도 감당할 수 없사오나 내가 내 지팡이만 가지고 이 요단을 건넜더니 지금은 두 떼나 이루었나이다" 20년 전 지팡이만 짚고서 혈연단신으로 형을 피해서 외삼촌 집으로 피했던 소년이 이젠 잔뼈가 굵어 장년이 되어서 요단을 건너 올 때 한 떼 두 떼 바다의 모래 같은 짐승들을 거느리고 거부가 되어서 돌아오게 된 것입니다. 성경에 보면 하나님께서 하나님의 칭호를 일러서 말씀하시기를 아브라함의 하나님, 이삭의 하나님, 야곱의 하나님이라고 말씀한 것입니다.

그렇다면 아브라함의 하나님은 부르시고 훈련하여 거부를 만드는 하나님이요. 이삭의 하나님은 순종한 사람에게 부귀를 주시는 하나님이요. 야곱의 하나님도 모난 것을 다듬어서 부귀를 주는 하나님이신 것입니다. 성경에는 아브라함의 하나님, 이삭의 하나님, 야곱의 하나님은 죽은 자의 하나님이 아니요, 산 자의 하나님이라고 말씀하신 것입니다.

　바로 우리의 하나님이신 것입니다. 아브라함과 이삭과 야곱의 하나님은 변역치 아니하시는 하나님이요 사람을 외모로 취하지 아니하신다고 말씀하셨습니다. 이러므로 이 하나님께서 예수를 믿어 이 하나님을 의지하고 나오는 사람에게 헐벗고 굶주리고 빈곤해야 좋은 신자가 되며 너희가 부를 죄악시하라 이렇게 하겠습니까? 말도 안 되는 소리인 것입니다. 이스라엘 백성이 430년 동안 애굽에서 종살이하고 나올 때 하나님께서 그냥 나오라고 하셨습니까. 젖과 꿀이 흐르는 땅으로 가자. 젖과 꿀이 흐르는 땅으로 가자. 말만 들어도 배가 부를 것 같습니다. 젖이 흐르고 꿀이 흐르는 말만 들어도 마음이 흐뭇하고 마음이 긍정적이고 적극적이고 창조적이 되지 아니할 수 없습니다.

　사막에 바람 불고, 곡식은 안 되고, 물은 마르고, 사람마다 말라 죽는 가나안으로 가자. 그렇게 했더라면 따라서 나올 사람 한 사람도 없을 것입니다. 하나님께서 이스라엘 백성을 애굽에서 불러 낼 때는 젖과 꿀이 흐르는 땅으로 이끌어 내셨습니다. 우리가 애굽과 같은 죄악의 세상에서 예수를 믿어 나올 때 주님께서 젖과 꿀이 흐르는 땅으로 이끌어 내 주시는 것입니다. 이스라엘은 육의 선민이요, 우리는 영의 선민입니다. 이스라엘은 짐승의 피로써 언약을 맺은 사람이요, 우리는 하나님의 아들 예수 그리스도의 그 흘리신 생명의 피로 언약을 맺은 것이기 때문에 이스라엘보다 우리가 훨씬 더 중요한 것입니다.

　그러므로 이스라엘을 젖과 꿀이 흐르는 곳으로 인도하신 하나님께서 우리에게 그보다 못하게 해 주실 줄 압니까? 하나님께서 이스라엘이 가나안으로 들어왔을 때 주님께서 두 가지 언약을 주셨습니다. 축복과 저주의 언약을 주셨는데 믿고 순종하면 축복의 언약이 되고, 불신앙과 불순종할 때는 저주의 언약이 이루어지도록 하셨습니다.

신명기 28장 1절로 6절에 보면 "네가 내 하나님 여호와의 말씀을 삼가 듣고 내가 오늘날 네게 명하는 그 모든 명령을 지켜 행하면 내 하나님 여호와께서 너를 세계 모든 민족 위에 뛰어나게 하실 것이라. 네가 네 하나님 여호와의 말씀을 순종하면 이 모든 복이 네게 임하며 네게 미치리니 성읍에서도 복을 받고 들에서도 복을 받을 것이며, 네 몸의 소생과 네 토지의 소산과 네 짐승의 새끼와 우양의 새끼가 복을 받을 것이며, 네 광주리와 떡 반죽 그릇이 복을 받을 것이며, 네가 들어와도 복을 받고 나가도 복을 받을 것이니라"고 말씀하신 것입니다. 순종과 믿음은 하나님께서 반드시 이와 같은 하나님의 위대한 축복의 창고에서 기르실 것을 약속하신 것입니다.

그러나 불순종과 불신앙으로써 반역할 때는 신명기 28장 15절로 19절에 저주의 언약이 있습니다. "네가 만일 네 하나님 여호와의 말씀을 순종하지 아니하며 내가 오늘날 네게 명하는 그 모든 명령과 규례를 지켜 행하지 아니하면 이 모든 저주가 네게 임하고 네게 미칠 것이니 네가 성읍에서도 저주를 받으며 들에서도 저주를 받을 것이요. 또 네 광주리와 떡 반죽 그릇이 저주를 받을 것이요. 네 몸의 소생과 네 토지의 소산과 네 우양의 새끼가 저주를 받을 것이며 네가 들어와도 저주를 받고 나가도 저주를 받으리라" 그래서 이스라엘 백성이 하나님께 순종하고 믿을 때 창대하게 축복을 받았습니다만 이스라엘 백성이 하나님을 반역하고 거역했을 때는 아담과 하와가 하나님을 반역하고 거역하고 저주를 받았던 것처럼 저주를 받은 것입니다.

이러므로 오늘날 하나님께서는 우리 앞에 축복과 저주를 함께 두고 계십니다. 주의 택하심을 받고 부르심을 입은 사람들이 믿음과 순종으로 나갈 때는 축복을 우리가 받게 되어 있는 것입니다. 그리고 하나님께서는 축복이 반드시 죄라고 말씀하시지 않습니다. 빈곤은 축복이 아닙니다. 사람들이 헐벗고 굶주려서 인간의 존엄성조차 상실하고 남에게 늘 얻어먹겠다고 손을 내미는 사람이 어떻게 축복 받았다고 말할 수 있겠습니까? 성경에는 "주는 자가 받는 자보다 복이 있다"고 말하고 있는 것입니다. 그러므로 우리 구약의 아브라함의 하나님, 이삭의 하나님, 야곱의 하나님은 축복의 하나님이요, 그리고 하나님께서는 사람들에게 풍성하게 주시는 하나님이라는 것을 보여주고 있는 것입니다.

충만한 교회에서는 매주 목요일 밤 19:30-21:30 성령, 기도, 내적치유집회를 정기적으로 진행하고 있습니다. 성령세례와 체험을 원하시는 많은 분들이 찾아오셔서 성령세례를 받고, 방언기도를 분출시키며, 질병과 마음의 상처를 치유 받고 있습니다. 담임목사가 일일이 1시간이상 안수하여 성령으로 기도하며 성령의 강력한 역사가 일어나서 오시는 분들이 많은 은혜를 받고 있습니다.

4장 가난은 어느 누구의 뜻일까

(고후 8:9)"우리 주 예수 그리스도의 은혜를 너희가 알거니와 부요하신 이로서 너희를 위하여 가난하게 되심은 그의 가난함으로 말미암아 너희를 부요하게 하려 하심이라"

하나님은 우리를 축복하시는 하나님이십니다. 가난은 분명하게 마귀로 말미암은 것입니다. 진리의 말씀과 성령으로 가난하게 하는 마귀와 귀신을 몰아내면 부자가 되는 것입니다. 영적인 전쟁을 하여 자신이 하나님의 나라가 되어야 부자가 된다는 것입니다. 필자가 지금까지의 평신도 생활과 목회자 생활을 뒤돌아 볼 때 하나님은 성도들에게 복을 주시는 하나님이십니다. 필자가 그것을 눈으로 몸으로 체험하고 있습니다. 대대로 흐르는 가난의 고통을 서서히 청산하고 있기 때문에 이 글을 쓰는 것입니다. 필자가 가난을 청산하지 못하면서 어떻게 다른 사람들에게 이렇게 하라고 글을 쓸 수 있겠습니까? 이 책의 내용의 적용은 첫째 필자에게 적용하여 효과가 나타났고, 둘째 필자의 교회 성도들에게 적용하여 효과가 나타났고, 셋째 필자의 성령 내적치유센터에서 실시되는 가난탈출과 물질축복 세미나에 적용하여 오신 분들의 가난의 문제가 해결되는 임상적인 효과가 있기 때문에 책을 발간하여 성도들에게 조금이나마 도움을 드리고자 하는 것입니다.

하나님은 성도들에게 소원을 두시고 일을 행하시는 하나님이십니다. "너희 안에서 행하시는 이는 하나님이시니 자기의 기쁘신 뜻을 위하여 너희에게 소원을 두고 행하게 하시나니"(빌2:13). 하나님은 이 천지 만물을 초자연적으로 다스리시는 하나님이십니다. 지금도 하나님은 불꽃같은 눈으로 하나님의 마음에 합한 자를 찾고 계십니다. 하나님은 권세가 있으신 하나님이십니다. 고로 하나님은 지금 당하고 있는 불경제와 우리의 가난의 고통을 청산하여 주시고도 남는 권세가 있는 분이십니다. 지금 우리가 당하고 있는 세계적인 경제의 고통은 누구도 해결할 수가 없습니다.

하나님만이 가난과 불경제의 고통을 청산 할 수가 있습니다. 가난의 고통을 하나님에게 가지고 나와 해결 받으시기를 바랍니다. 오직 천지를 주관하시는 하나님만이 해결하실 수 있습니다. 지금 경제적인 고통을 당하고 계십니까? 고통을 가지고 하나님에게 나오시기를 바랍니다. 나와서 하나님을 만나 말씀과 성령으로 해결방책을 받아 믿음으로 행하면 하나님이 해결하여 주십니다. 성경에는 이런 불경기 속에서도 하나님의 말씀을 듣고 믿어 순종하여 복을 받은 교훈들이 많이 기록되어 있습니다. 구약에 나오는 믿음의 선진들처럼 하나님의 음성을 듣고 순종하여 세계적인 불경제의 광풍을 물리치시기를 바랍니다. 우리가 믿은 하나님은 이런 경제의 광풍을 물리치시고도 남을 만한 힘과 권세가 있으십니다. 믿음을 가지시기를 바랍니다.

하나님은 우리를 축복하시는 하나님이십니다. 하나님은 우리에게 소원을 두고 하나님의 일을 이루어 가십니다. 그런데도 우리는 왜 예수를 믿노라 하면서도 가난한가? 가난한 것은 과연 좋은 것인가? 가난하게 사는 것이 하나님의 뜻인가? 마귀의 저주인가? 이와 같은 의문들이 저의 머리를 복잡하게 해주었습니다. 그래서 신약과 구약의 성경을 보니 성경에 기근이나 물질적 궁핍이나 절망 상태에 빠진 사람들이 하나님의 은혜로 기적적인 도움을 받은 사건들이 여러 곳에 기록되어 있었습니다. 그래서 오늘 저는 여러분과 함께 가난한 것은 하나님의 뜻인가? 그렇지 않은가?를 확실히 살펴보고 가난문제에 대한 우리의 분명한 입장을 정리하고자 하는 것입니다.

첫째, 하나님께서 우리의 현실 문제의 해답이 된다. 우리가 깨달아 알아야 할 것은 하나님께서는 우리의 현실 문제의 해답이 되신다는 것을 알아야 되는 것입니다. 어떤 사람들은 말하기를 하나님은 우리의 물질적인 현실 생활에 관하여는 무관심하시다고 가르칩니다. 그것은 크게 잘못된 것입니다. 왜냐하면 현재 우리가 살고 있는 이 물질적인 우주와 만물은 하나님이 직접 지으셨습니다. 물질 그 자체가 악이요 죄라면 왜 하나님이 왜 악이요 죄를 지으셨겠습니까? 물질 그 자체는 악도 아니고 죄도 아닙니다. 그 물질을 쓰는 사람이 나쁜 사람이면 나쁘게 쓰고 악하게 쓰면 악하게 쓰고 선한 사람이면 선하게 쓰는 것이지 물질 자체가 죄도 아니고 악도 아닌 것입니다.

물질은 하나님이 지으신 좋은 것입니다. 우리 하나님께서는 이 만유를 옷 입고 계십니다. 만유 안에 계시고 하나님은 만유를 초월해서 계십니다. 그러므로 하나님께서 물질세계를 떠나 있다고 생각하면 대단한 오해인 것입니다. 하나님이 이 시간 내 안에 계시고 이 공간 안에 계시고 이 물질 안에 계십니다. 그러면서도 또 이 물질을 초월해서 하나님은 계시는 것입니다. 그리고 하나님은 이 물질 세계를 운영하고 계시기 때문에 물질세계에 관해서 무관심하다고 생각하는 것은 대단히 잘못된 오해인 것입니다. 그리고 하나님은 우리들의 삶의 흥망성쇠의 열쇠를 친히 손에 쥐고 계십니다.

성경 신명기 28장 1절로 8절에 기록된 말씀을 한번 들어 보십시오. "네가 네 하나님 여호와의 말씀을 삼가 듣고 내가 오늘날 네게 명하는 그 모든 명령을 지켜 행하면 네 하나님 여호와께서 너를 세계 모든 민족 위에 뛰어나게 하실 것이라 네가 네 하나님 여호와의 말씀을 순종하면 이 모든 복이 네게 임하며 네게 미치리니 성읍에서도 복을 받고 들에서도 복을 받을 것이며 네 몸의 소생과 네 토지의 소산과 네 짐승의 새끼와 우양의 새끼가 복을 받을 것이며 네 광주리와 떡반죽 그릇이 복을 받을 것이며 네가 들어와도 복을 받고 나가도 복을 받을 것이니라. 네 대적들이 일어나 너를 치려하면 여호와께서 그들을 네 앞에서 패하게 하시리니 그들이 한 길로 너를 치러 들어왔으나 네 앞에서 일곱 길로 도망하리라 여호와께서 명하사 네 창고와 네 손으로 하는 모든 일에 복을 내리시고 네 하나님 여호와께서 네게 주시는 땅에서 네게 복을 주실 것이며" 이 말씀의 하나님은 복의 근원이 되시고 하나님께서는 당신을 순종하는 백성들에게 복을 주는 하나님이라고 분명히 성경에 기록하고 있는 것입니다.

그러므로 우리가 복을 받으려면 하나님을 찾아가야 되며 하나님께서는 만복의 근원이 되신다는 사실을 우리는 마음속에 깊이 깨달아 알아야만 되는 것입니다. 신명기 8장 18절에 "네 하나님 여호와를 기억하라 그가 네게 재물 얻을 능을 주셨음이라 이같이 하심은 네 열조에게 맹세하신 언약을 오늘과 같이 이루려 하심이니라"고 말한 것입니다. 우리 하나님께서는 우리에게 재물 얻을 능을 주시겠다고 말씀을 하신 것입니다. 이러므로 하나님께서 물질적인 것에 관해서 관심이 없다고 생각하는 것은 대단히 잘못된 생각인 것입니다.

그러면 우리가 오늘 물질적으로 경제적으로 고통과 좌절과 절망에 처했을 때에 어떻게 해야 될 것입니까? 이것은 우리 하나님을 먼저 찾아야만 되는 것입니다. 우리가 하나님 앞에 잘못 했기 때문에 오늘 이런 일이 생겼으므로 우리가 다른 데 가서 방황하지 말고 하나님을 찾아야만 합니다.

요엘서 1장 14절로 20절에 "너희는 금식 일을 정하고 성회를 소집하여 장로들과 이 땅의 모든 주민들을 너희 하나님 여호와의 성전으로 모으고 여호와께 부르짖을지어다. 슬프다 그 날이여 여호와의 날이 가까왔나니 곧 멸망 같이 전능자에게로부터 이르리로다. 먹을 것이 우리 눈앞에 끊어지지 아니하였느냐 기쁨과 즐거움이 우리 하나님의 성전에서 끊어지지 아니하였느냐, 씨가 흙덩이 아래에서 썩어졌고 창고가 비었고 곳간이 무너졌으니 이는 곡식이 시들었음이로다. 가축이 울부짖고 소 떼가 소란하니 이는 꼴이 없음이라 양 떼도 피곤하도다. 여호와여 내가 주께 부르짖으오니 불이 목장의 풀을 살랐고 불꽃이 들의 모든 나무를 살랐음이니이다. 들짐승도 주를 향하여 헐떡거리오니 시내가 다 말랐고 들의 풀이 불에 탔음이니이다" 이와 같이 우리가 경제적으로 물질적으로 어려운 곤핍한 시대에 도달했을 때에는 하나님께 나와서 부르짖어 회개하고 통회하며 기도하라고 성경은 말하고 있는 것입니다. 온 교회가 온 나라가 다 금식하며 회개하고 주님께 나와서 부르짖고 복의 근원 되시는 주님을 간절히 찾으라고 성경은 말하고 있습니다.

그렇게 하나님을 찾으면 어떤 결과가 생길까요? 요엘서 2장 21절로 26절에 "땅이여 두려워하지 말고 기뻐하며 즐거워할지어다. 여호와께서 큰일을 행하셨음이로다. 들짐승들아 두려워하지 말지어다. 들의 풀이 싹이 나며 나무가 열매를 맺으며 무화과나무와 포도나무가 다 힘을 내는 도다. 시온의 자녀들아 너희는 너희 하나님 여호와로 말미암아 기뻐하며 즐거워할지어다. 그가 너희를 위하여 비를 내리시되 이른 비를 너희에게 적당하게 주시리니 이른 비와 늦은 비가 예전과 같을 것이라. 마당에는 밀이 가득하고 독에는 새 포도주와 기름이 넘치리로다. 내가 전에 너희에게 보낸 큰 군대 곧 메뚜기와 느치와 황충과 팥종이가 먹은 햇수대로 너희에게 갚아 주리니 너희는 먹되 풍족히 먹고 너희에게 놀라운 일을 행하신 너희 하나님 여호와의 이름을 찬송할 것이라 내 백성이 영원히 수치를 당하지 아니하리로다"

우리가 회개하고 주님께 부르짖고 주의 얼굴을 간절히 찾으면 주님께서 다시 복을 내리시사 수치와 곤욕을 당하지 않고 영혼이 잘 되고 범사가 잘 되며 강건하게 만들어 주시는 하나님이라고 성경은 말하고 있습니다. 이러므로 우리가 곤고하고 어려울 때에 하나님을 찾아야 되는 것입니다. 하나님께 부르짖어야 됩니다. 교회마다 성도들이 모여서 "주여! 우리를 불쌍히 여기소서. 주여! 어떻게 해야 이 곤고와 가난에서 탈출할 수 있겠습니까? 알려주시옵소서. 깨닫게 해주시옵소서." 라고 외치면서 기도해야 되는 것입니다. 하나님이 능치 못할 일이 어디에 있습니까? 하나님은 죽은 자를 살리시며 없는 것을 있게 만드신 하나님이신 것입니다.

이러므로 오늘 우리가 경제적인 심한 고통과 괴로움에 처하고 있을 때에 하나님을 찾고 복의 근원 되시는 하나님 앞에 나오면 하나님이 우리의 기도를 들어주시고 그 전능의 손을 펼쳐서 우리를 위해서 역사하시면 흑암은 변하여 광명이 되고 무질서는 변화하여 질서가 되고 죽음은 생명으로 가난은 부요로 추는 아름다움으로 변화되고 말 것입니다.

둘째, 하나님의 음성을 들으라. 우리가 어려움을 처할 때에 하나님의 음성에 귀를 기울여야 되는 것입니다. 하나님께서 우리에게 묻는 것은 네 집에 무엇이 있는지 내게 고하라고 주님께서 물으시는 것입니다. 너희 나라에 무엇이 있는가, 그것을 내게 고하라. 하나님의 도우심은 내게 없는 것을 다른 곳에서 빌려 와서 도우심이 아닌 것입니다.

하나님은 네가 가지고 있는 것이 무엇이냐 물으십니다. 그것을 통하여 축복하시기 위해서입니다. 절대 하나님은 남의 것을 빌려서 사업을 하라고 하지 않으십니다. 성경에 보면 선지자의 생도의 과부도 집에 있는 기름 한 병으로 하나님께서 복을 주셨습니다. 그 과부에게 가서 돈을 많이 빌려라. 이웃에 빚을 많이 내어서 살아라. 그렇게 말하지 않았습니다. 네 집에 무엇이 있는 것을 고하라. 기름 한 병이 있습니다. 그것으로 주님이 축복해 주셔서 빚을 다 갚고 먹고 살게 해 주셨습니다.

사르밧 과부도 집에 있는 밀가루 한 움큼과 조금 남는 기름으로 3년 6개월 동안 흉년을 지내게 했습니다. 다른 부자 집에 가서 금이나 은이나 빌려온 것도 아니고 돈을 빌려 온 것도 아닙니다. 집에 있는 밀가루 한 움큼과 조금 남은 기름 그것에 하나님이 복을 주어서 기근을 면할 수가 있었습니다. 뱃세다 광야에서도 남자가 5천명 부녀자가 기만 명이었는데 주님께서 저 다른 동네에 가서 쌀을 빌려오라 밀을 빌려 오라 기름을 빌려 오라 그렇게 말씀 하셨습니까? 너희 가운데에 무엇이 있는지 내어 놓아라. 어린 소년이 보리떡 다섯 개와 물고기 두 마리를 가져오니 이것에 복을 주어서 기만 명을 먹이고 12바구니에 남게 한 것입니다.

소년 다윗을 기억하시지요. 다윗이 골리앗과 싸우러 갈 때에 사울이 자기의 번쩍 번쩍 빛나는 투구를 씌워주고 어마어마한 갑옷과 날카로운 검을 빌려주었습니다. 다윗은 그 투구를 쓰고 그 갑옷을 입고 검을 차고 왔다 갔다 하더니 도로 투구를 벗어 놓았습니다. 이제 갑옷을 벗어 놓고 칼도 주었습니다. 그리고 그는 왕의 투구나 갑옷이나 칼을 빌려서 내가 골리앗과 싸우지 않고 내가 가지고 있는 목자의 옷과 목자의 도구 그대로 가지고 가겠다고 했습니다.

다윗과 골리앗과 싸우러 나갈 때에 빌려서 싸우러 간 것이 아니라 자기가 가지고 있는 것을 가지고 싸우러 나갔습니다. 하나님이 다윗이 입고 있는 목자의 도구와 그 물매와 물맷돌에 같이 계심으로 사울이 그 금 투구와 그 어마어마한 갑옷과 칼로써 죽이지 못한 골리앗을 돌멩이 하나로 죽였습니다.

문제는 얼마나 많이 빌려 오는 가가 문제가 아닌 것입니다. 하나님은 내게 있는 것 그것을 가지고 복을 주시는 것입니다. 다윗이 얼마든지 사울의 투구와 갑옷과 칼을 빌려 갈 수 있습니다. 그러나 하나님께서는 사울이 가지고 있는 투구나 갑옷이나 칼을 다윗이 빌려 가기를 원치 않았습니다. 다윗에게 있는 그것으로 가라고 했습니다. 어림도 없는 소리 같지만 목자의 도구에 그는 물맷돌을 가지고서 어마어마한 골리앗을 대결해 나가서 골리앗을 쳐서 이긴 것입니다.

이러므로 오늘 하나님께서 우리에게 묻는 질문에 우리는 귀 기울여 들어야 합니다. 네 집에 무엇이 있는지 내게 고하라. 우리는 우리의 집에 있는 그것으로써 복을 받아야 됩니다. 우리나라에 있는 그것으로써 우리가 사업하고 복을 받아야 되는 것입니다. 지금도 자꾸 남의 돈을 빌리려고 눈에 혈안이 되어 있는데 빌려오면 빌려올

수록 채무는 많아지고 이자도 많아지는 것입니다. 저는 사업이 잘 되었는데 채무가 많아서 도산하고 만 사업가들을 많이 만났습니다. 이분들이 하는 말이 장사는 잘되었습니다. 그러나 채무가 많아서 망했습니다. 채무가 많아서 망했다는 것입니다.

하나님께서는 그 빌려오는 것에 복을 주겠다고 하지 않았습니다. 네 집에 무엇이 있느냐? 기름 한 병이 있어도 좋다, 밀가루 한 움큼이 있어도 좋다, 보리떡 다섯 개와 물고기 두 마리가 있어도 좋다. 네게 있는 것으로 내가 복을 주겠다. 빌려온 것에 내가 복을 주지 않는다는 것입니다. 그러므로 빌려서 장사하고 빌려서 사업하고 빌려서 먹고 살려고 하지 마십시오. 없는 것은 없는 대로 있는 것으로부터 하나님의 축복을 받아서 사는 우리가 되시기를 바랍니다.

셋째, 먼저 하나님께 내어 놓아라. 잠언 3장 5절로 10절에 "너는 마음을 다하여 여호와를 의뢰하고 네 명철을 의지하지 말라 너는 범사에 그를 인정하라 그리하면 네 길을 지도하시리라 스스로 지혜롭게 여기지 말지어다. 여호와를 경외하며 악을 떠날지어다. 이것이 네 몸에 양약이 되어 네 골수로 윤택하게 하리라 네 재물과 네 소산물의 처음 익은 열매로 여호와를 공경하라 그리하면 네 창고가 가득히 차고 네 즙틀에 새 포도즙이 넘치리라" 먼저 우리가 하나님께 내어놓고 하나님을 먼저 공경하고, 그리고 하나님의 축복을 받아서 우리가 살아야 되는 것입니다. 사르밧 과부의 희생을 보십시오. 사르밧 과부는 마지막에 남은 밀가루 통의 한 움큼 밀가루와 적은 기름으로 떡 하나 구워서 자식하고 먹고 죽으려고 생각했습니다.

그런데 건장한 엘리야가 와서 여호와의 이름으로 물 한 그릇하고 그 과자를 구워서 자기에게 가져오라고 했습니다. 이야말로 너무나 가혹한 요구인 것입니다. 불쌍한 과부와 그 아들의 사정을 전혀 무시한 것 같습니다. 그러나 요지부동입니다. 너는 그것으로 과자를 만들어 먼저 내게 가져오너라. 사르밧 과부가 물 한 그릇과 그 과자를 구워 오니 엘리야는 떡 달라고 우는 어린아이를 밀치고 무정하게 혼자 다 먹고 물을 다 마셨습니다. 그렇게 하나님의 이름으로 온 주의 종에게 물 한 그릇 하고 과자를 만들어 바친다는 것은 거대한 희생입니다. 그 나라와 그 의를 사르밧 과부가 먼저 구한 것입니다. 그 결과 하나님이 뭐라고 말했습니까? 이 가뭄이 지날 때까지 밀가루 통에 밀가루가 떨어지지 아니하고 기름병에 기름이 사라지지 아니하리라.

먼저 하나님께 내어놓는 희생이 필요한 것입니다. 뱃세다의 소년의 희생도 보십시오. 하루종이 예수님 따라 다니다가 점심 먹을 것을 잊었는데 저녁이 되어 배가 꼬르륵 거리고 고픕니다. 많은 사람들에게 빼앗길까 싶어서 구석에 숨어서 아침에 엄마가 싸준 점심 도시락을 혼자 먹으려고 했는데 마침 하나님의 사업을 위해서 그 도시락을 내어놓으라고 안드레가 보고서 사정을 했습니다. 이 어린아이가 왜 내 도시락을 내가 먹는데 왜 잔소리가 많습니까? 나는 먹을래요. 그렇게 할 수 있는데도 불구하고 그 도시락을 예수님께 내어놓으면 많은 사람이 먹을 수 있다는 것을 듣고 그는 희생을 해서 도시락을 내어놓았습니다. 그 결과로 기만명의 사람이 배불리 먹고 12바구니가 남게 하는 기적이 일어나게 된 것입니다. 이러므로 먼저 하나님 앞에 희생적으로 내어놓아야 하나님이 역사하는 것입니다.

넷째, 네 입을 넓게 열라 내가 채우리라. 성경에는 네 입을 넓게 열라 내가 채우리라고 시편 81편 10절에 말했었습니다. 우리가 아무리 환경이 어수선하고 어렵더라도 꿈을 잃어버리면 안 됩니다. 우리가 꿈을 잃어버리고 그만 땅을 바라보고 탄식하고 에라 아파트에서 뛰어 내려 버리자! 온 가족들 다 모여 가지고 농약 먹고 자살해 버리자. 그저 될 대로 되라 있는 것 다 써버리고 나중에는 죽어 버리자. 이렇게 하면 안 됩니다. 우리가 하나님께 축복을 받으려면 어떠한 어려운 환경 가운데도 하나님을 바라보고 꿈을 키워야 되는 것입니다. 적은 밀가루와 조금 남은 기름으로 엘리야와 과부와 그 아들이 3년 이상 먹을 것을 꿈꾸고 믿어야만 하는 것입니다. 이 사르밧의 과부는 꿈이 있는 여자입니다. 인간적으로 생각해 보십시오.

그 마지막 남은 한 움큼 밀가루와 조금 남은 기름 가지고 어떻게 3년 6개월 동안 먹을 수가 있습니까? 그러나 엘리야가 그렇게 말하니 그것을 그대로 받아들여서 믿고 그 꿈을 가졌었던 것입니다. 우리는 우리가 현재 있는 것을 가지고 절망해서는 안 됩니다. 우리가 아무 것도 없고 빚 투성이니 이젠 죽었다고 생각하면 안 됩니다. 우리에게 무엇이 있는가를 알아야 합니다. 우리에게는 하나님이 계신 것입니다. 물질이 있는 것이 아니라 하나님이 계십니다. 하나님이 계시면 우리 하나님 안에서 하나님 말씀을 따라갈 때에 무한대의 큰 꿈을 가질 줄 알아야 되는 것입니다. 내일은 오늘보다, 다음 달은 금번 달보다, 명년은 금년보다 나아질 꿈을 가져야 되는 것입니다.

우리가 이 경제 한파의 어려움을 당할 때에 가장 두려운 것은 이 어려움보다도 국민들이 꿈을 잃어버리는 것이 가장 두려운 것입니다. 낙심해 버리고 좌절해 버리고 될 대로 되라는 것입니다. 먼저 우리를 이끌어 가는 지도자들이 꿈을 가지고 살 수 있도록 꿈을 심어 주어야 합니다. 낙심하지 말라 살 수 있다. 할 수 있다. 하면 된다. 꿈을 보여 주어야 합니다. 우리를 이끌어 가는 지도자들 자체가 그 꿈을 짓밟아 버리면 서민들은 무엇을 보고 살며 어떻게 사는 것입니까? 이게 가장 중요한 것입니다. 성경은 말하기를 꿈이 없는 백성은 망하리라고 말했습니다. 지도자 자체가 꿈이 없으면 나라가 망하고 마는 것입니다. 밀가루 한 움큼과 조그마한 병의 기름을 가지고도 3년 6개월 동안 살아갈 꿈을 가진 사렙다의 과부를 우리가 보아야 되는 것입니다.

선지자의 생도 과부가 이웃으로부터 그릇을 많이 빌려 그 많은 그릇에 기름이 가득 찰 것을 꿈꾸었습니다. 기름 한 병 밖에 없는데 선지자 엘리사가 빈 그릇을 많이 빌려 와서 그곳에 기름을 부으라고 했습니다. 웃기는 소리 아닙니까? 그 많은 대야, 큰 독 빌려 와서 조그마한 병의 기름으로 기름 붓는다고 거기에 기름이 가득 찰 턱이 있습니까? 그럼에도 불구하고 성도의 과부는 엘리사의 말을 듣고 믿고 그 꿈을 가졌습니다. 부푼 꿈을 가졌습니다. 그래서 실천한 결과로 기름을 가득히 얻어서 빚을 갚고 살아갈 수가 있었습니다.

생각해 보십시오. 남자만 5천명 부녀자기만 명을 먹일 꿈을 가지고 있다는 것 놀라운 일 아닙니까? 빌립은 그 꿈을 갖지 못했습니다. 빌립은 도대체 돈도 없고 떡 살 곳도 없는데 어떻게 이 많은 사람 먹인다는 말입니까? 그러나 안드레는 꿈이 있었습니다. 돈도 없고 떡 살 곳도 없지만 보리떡 다섯 개와 물고기 두 마리로 주님이 같이 계시면 먹일 수 있다는 엄청난 꿈과 믿음을 가졌습니다. 그 꿈과 믿음을 통하여 예수님은 그들을 먹이고 12바구니 남게 한 것입니다.

우리에게 하나님이 함께 계신 것입니다. 예수님이 우리와 함께 계십니다. 그렇다면 주를 의지하고 그 나라와 그 의를 구하면서 우리는 꿈을 가져야 되는 것입니다. 내일은 오늘보다 다음 달은 금번 달 보다 명년은 금년보다 나아질 것이라는 꿈을 꾸어야 되는 것입니다. 영혼이 잘됨 같이 범사에 잘 되며 강건할 것을 꿈꾸어야 되는 것입니다. 꿈과 믿음을 가지고 우리가 하나님께 부르짖어 나갈 때에 하나님은 그러한 사람은 결코 버리지 않고 붙들어 주시는 것입니다. 고린도 후서 9장 8절에 "하나님이 능히 모든 은혜를 너희에게 넘치게 하시나니 이는 너희로 모든 일에 항상 모든 것이 넉넉하여 모든 착한 일을 넘치게 하게 하려 하심이라"고 말씀하신 것입니다.

5장 부자 되기 원하시는 하나님

(갈 6:9) "우리가 선을 행하되 낙심하지 말지니 포기하지 아니하면 때가 이르매 거두리라"

사람들은 말합니다. 예수님께서 가난하셨고, 가난한 이들에게 복음을 전했다고… 이러한 주장은 가난한 사람을 가난한 상태로 그냥 머물러 있게 하기 위한 하나의 음모라고 말하는 사람들도 있습니다. 여하튼 그분은 가난하셨을까요? 빵 한 덩어리를 들어 그것으로 3천명을 먹게 하시고, 또 5천명을 먹게 하신 그분이 가난하셨을까요? 가나의 신혼부부는 가난했습니다. 그들은 술이 충분치 않아서 손님 대접을 제대로 못했습니다. 그러나 그분이 가난하셨을까요? 그분은 말씀하셨습니다. 모든 항아리를 맹물로 채우라고, 그리고 그분은 그 물을 손가락으로 가리키셨습니다. 순간 모든 물이 최고의 술로 변했습니다. 그러한 그분은 과연 가난했을까요?

세금을 내라고 하니까, 근처 호수에서 헤엄치는 물고기를 가리키셨고, 시몬이 물고기를 잡아 오자 그 물고기의 입을 여시니 그 입에서 그들이 원하는 돈이 쏟아지게 하신 그분이 가난하셨을까요?

그분의 재정 담당자인 유다가 몇 푼을 슬쩍했어도 들킬 염려가 별로 없었다는데 그분이 가난하셨을까요? 돌아가실 때에는 솔기 하나 없는 최고급의 옷을 걸친 그분이 가난하셨을까요? 그러나 그분은 외양간에서 태어나지 않았던가? 정말 그랬습니다. 그러나 모든 시민이 등록을 해야 할 때, 여름휴가 때 가는 곳마다 만원이어서 호

텔에서 자지 못했다고 해서 그것이 돈 한 푼 없었다는 얘기는 아닙니다.

그러나 그분은 밤에 머리를 쉴 돌멩이 하나 없지 않았던가요? 우리는 그 얘기를 믿는가요? 가는 곳마다에서 생명을 가져오고 기적을 행하시는 그분이 그 손으로 잠자리하나 만들지 못했다고 우리는 정말 믿는가요? 문을 열어 그분을 영접할 집이 하나도 없었다고 정말 생각하는가요? 아마 그분은 어느 집에 가서 잠을 잘까 결정하기가 어려우셨을 것입니다.

정녕 그분은 가난하지 않았습니다. 적어도 이런 식으로 가난하지는 않으셨습니다. 풍성한 물고기와 풍성한 포도주와 풍성한 빵과 많은 친구가 그분에게는 있었습니다. 그분은 영양실조에 걸린 것도 아니었고, 그분은 병고로 고생하시지 않으셨고, 그분은 굶주린 것도 아니었고, 그분은 헐벗은 것도 아니었고, 그분은 머무를 곳이 없었던 것도 아니었습니다. 굶주림, 영양실조, 머물 곳 없음, 안정 없음, 어떻게 먹을까, 어떻게 마실까, 어떻게 연명할까가 확실치 않은 것이 가난이라면 그분은 그렇지 않았습니다.

그것은 온 인류가 모두 함께 대항해서 싸워야 할 것입니다. 사람들이 그분을 "가난하다"고 한 것은 다른 이유에서였습니다. 우리가 말하는 가난에 맞서서 싸웠기 때문에 그분은 가난하셨습니다. 사도 바울로는 그 이유를 이렇게 적고 있습니다. "지금도 있고, 앞으로도 있을 모든 것의 창조주 하나님의 아들인 주 예수 그리스도는 자신이 가진 모든 것과 자신의 모두를 혼자 간직하지 않으시고 자신의 생명과 자신의 권능을 우리와 나누시기 위해 이 세상에 내려오셨습니다." 이런 까닭으로 해서 그분이 어디를 가든지 가난한 사람, 굶주린 사람, 병든 사람 모두가 풍요로움을 누릴 수 있었습니다. 그분이 오시는 곳마다에서 그분은 내어줌과 나눔의 중심이었고, 자신의 힘이 다른 이들에게로 넘쳐흐르게 하셨습니다. 그리고 그분은 두 팔을 활짝 벌리고 알몸으로 아무것도 감출 수 없이 십자가 위에서 죽으셨습니다.

십자가 아래서 그분을 쳐다보며 "자신의 목숨을 구해 보시지 그러면 우리가 믿겠네!… 자신이나 돌보지 그래 그러면 우리가 따르겠네."라고 외치는 사람들에게조차 그분은 모든 것을 내어주셨습니다. 이렇게 해서 그분은 세상을 구원할 수 있는 유일한 삶의 방식, 가난과 비참과 굶주림과 목마름과 모든 이의 아픔과 슬픔을 물리칠 수 있는 유일한 삶의 방식을 보여주시며 은총의 해를 선포하셨습니다.

그렇습니다. 그분은 결코 가난하지 않으셨습니다. 그분은 결코 가난을 원하지도 않으셨습니다. 그분이 이 세상에 오신 것은 가난한 사람에게 복음을 전하고 묶인 사람을 풀어주고 눈먼 사람을 보게 하고 억눌린 사람에게 자유를 주기 위해서였습니다. 만약 우리도 예수님처럼 내어줌과 나눔을 통해 이 길을 선택한다면 성경의 말씀이 오늘 이 자리에서도 이루어질 것입니다. 가진 것 없음이 가난은 아닙니다. 가지고 있으면서도 나누지 못하는 것이 가난입니다. 우리는 가난한 사람인가요? 아니면 예수님처럼 가난한 이들에게 기쁜 소식을 전하는 사람인가요? 복음을 바르게 해석하여 적용해야 합니다.

첫째, 하나님은 우리가 평생 가난과 빚의 고통 속에 살아가기를 원치 않습니다. 우리가 부요하여 하나님께 드리고 가난한 자를 도우며 살기를 원합니다. 창세기1장 28에 하나님이 그들에게 복을 주시며 그들에게 이르시되 생육하고 번성하여 땅에 충만 하라, 땅을 정복하라, 바다의 고기와 공중의 새와 땅에 움직이는 모든 생물을 다스리라 하시니라 고 했습니다. 하나님은 인간을 창조하시고 땅의 모든 것을 누리기를 원하셨습니다. 이스라엘 백성에게도 아브라함 때부터 언약적 축복을 주셨는데 그 안에는 미래의 구원자 뿐 아니라 실제적인 자손 번성과 땅의 확장과 물질적 풍요가 들어 있었습니다(창12:1-3). 그 언약적 축복은 이삭과 야곱과 요셉 이후까지 점차적으로 이루어졌습니다.

그래서 애굽에서 나온 이스라엘 백성들에게 이루어졌습니다(신명기8:18). 예수님 오신 것도 가난한 자로 부요케 하기 위함이기도 했습니다(사61:1, 눅4:18, 고후8:9). 그는 병든 자의 병을 고치시고 가난한 자에게 먹을 것을 풍성히 주었습니다(마14:14-21). 도적이 오는 것은 예수님이 오신 것은 도적질하고 죽이고 멸망시키려는 것이지만 예수님이 온 것은 생명을 얻게 하고 더 풍성히 얻게 하려는 것이라고 했습니다 (요10:10).

둘째, 하나님은 부요의 주권을 가지고 있습니다. 지난해 12월 9일 밤 10시에 서울 서강대 남단 교각 위에서 각각 38세와 35세 되는 부부가 투신자살을 했습니다. '아이들을 잘 부탁한다.'는 유서를 남겨 놓고 투신했습니다. 1998년에 퇴사한 후 부부는 과일 장사와 분식점 운영 등으로 힘들게 버텨 왔지만 억대의 빚을 감당하지 못했습니다. 원금은 고사하고 이자 갚기에도 역부족이었습니다. 이들이 능력이 없거나 불성실해서 자살해야 하는 지경에 이른 것은 아니라고 생각합니다. 최선을 다했음 직하지만 결국 이렇게 되었습니다. 부요가 자기가 원한다고 해서 얻어지는 것만은 아닙니다.

전도서9장 11절에 "내가 돌이켜 해 아래서 보니 빠른 경주자라고 선착하는 것이 아니며 유력자라고 전쟁에 승리하는 것이 아니며 지혜자라고 식물을 얻는 것이 아니며 명철자라고 재물을 얻는 것이 아니며 기능자라고 은총을 입는 것이 아니니 이는 시기와 우연이 이 모든 자에게 임함이라" 고 했습니다.

부요의 주권은 하나님께 달려 있습니다. 현재 자신이 직면해 있는 금전적인 문제를 돌파하지 못했다고 해서 하나님이 우리를 부요케 할 수 없다고 생각하는 것은 어리석은 생각입니다. 그것은 마치 자신의 비행기가 이륙하지 못하거나 추락했다고 해서 모든 비행기가 날 수 없다고 하는 것과 같습니다. 추락한 비행기가 있다면 그것은 이상 기온이나 기체 결함이나 조종사의 부주의 등 여러 원인이 있을 것입니다. 그런데 비행기 추락사고의 98%가 조종사의 과실이라는 사실을 아십니까?

하나님이 이 세상을 지었습니다. 뿐만 아니라 이 세상사를 주관합니다. 개인의 삶을 주관하기도 합니다. 그러므로 하나님은 가난하게도 하시고 부요하게도 하실 수 있는 분입니다. 사무엘상2장 7-8절에 "여호와는 가난하게도 하시고 부하게도 하시며 낮추기도 하시고 높이기도 하시는 도다 가난한 자를 진토에서 일으키시며 빈

핍한 자를 거름더미에서 드사 귀족들과 함께 앉게 하시며 영광의 위를 차지하게 하시는 도다 땅의 기둥들은 여호와의 것이라 여호와께서 세계를 그 위에 세우셨도다" 고 했습니다.

　신명기8장 18절에 "네 하나님 여호와를 기억하라 그가 네게 재물 얻을 능을 주셨음이라 이같이 하심은 네 열조에게 맹세하신 언약을 오늘과 같이 이루려 하심이니라" 고 말씀했습니다. 재물이 사람의 능력으로 얻어지는 것 같이 보일 것입니다. 그러나 그 능력을 누가 주시는지 생각해야 합니다. 그 능력에 따라 소득이 얻어지도록 하는 분이 누구인지 알아야 합니다. 그 능력으로 얻어진 재물을 지켜 주는 이가 누구인지 알아야 합니다. 그러므로 재물을 얻으려면 재물 자체에 소망을 두지 말고 그 재물을 있게 하시는 하나님께 소망을 두어야 합니다. 디모데전서6:17에 네가 이 세대에 부한 자들을 명하여 마음을 높이지 말고 정함이 없는 재물에 소망을 두지 말고 오직 우리에게 모든 것을 후히 주사 누리게 하시는 하나님께 두며 라고 했습니다.

셋째, 하나님은 부정적 요인들을 제거하기를 기다립니다. 하나님이 우리에게 부요의 복을 주시기를 원하지만 주시지 않은 것은 우리가 그것을 받을 만한 자세가 되어 있지 않기 때문입니다. 그릇이 깨끗이 닦여 있지 않기 때문에 그릇에 곡식을 채워 주시지 않는 것입니다. 그러므로 하나님 앞에 합당하지 않는 것을 생활을 청산해야 합니다. 자신이 가난을 해결하지 못하는 원인을 찾아 제거해야 합니다. 자신의 부정적인 요인을 제거해야 합니다. 하나님은 그 때를 기다리고 계시는 것입니다.

부정적인 요인의 첫 번째는 죄입니다. 인생의 생사화복이 하나님의 주권 하에 있습니다. 물질적 풍요도 하나님께 달려 있습니다. 그러므로 하나님과 관계가 통해야 합니다. 그런데 하나님과 우리 사이를 죄가 가로막고 있습니다. 이사야59장 1-2절에 "여호와의 손이 짧아 구원치 못하심도 아니요 귀가 둔하여 듣지 못하심도 아니라 오직 너희 죄악이 너희와 너희 하나님 사이를 내었고 너희 죄가 그 얼굴을 가리워서 너희를 듣지 않으시게 함이니"고 했습니다. 특히 방탕하고 연락하고 술취함으로 대표되는 타락한 생활에서 떠나야 합니다.

이 시대가 얼마나 타락했는지 모릅니다. 술 소비량이 세계 1위입니다. 한국사회보호연구원(선인연구원 노인철)이 2008년 9월 발표한 음주로 인한 사회적 비용과 정책 과제 에 따르면, 2005년 기준으로 볼 때, 음주로 인한 사망이나 질병이나 사고 등으로 인한 비용을 빼고 순수 술값으로 날려 보낸 돈이 4조 5백 56억 원(주세 제외)이라고 합니다. 한국보건사회연구원에서 보고한 것을 보면 2013년도에 여성 알코올 의존증 환자가 55만 명이라고 합니다. 3년 전에 비해 3배 오른 숫자라고 합니다. 지금이 2017년도라는 것을 감안하면 겁나는 숫자입니다.

술은 재물과 인성과 영성을 모두 파괴합니다. 지하실의 술 창고에서, 마개 빠진 브랜디를 마신 쥐가 비틀거리고 있었답니다. 이리 비틀, 저리 비틀, 흡사 사람이 취했을 때처럼 돌아다니더니, 갑자기 큰 소리로 외쳐댔습니다. "야~ 이놈들아! 날 뭘로 아는 거야. 고양이든 총이든 얼마든지 덤벼라!" 이렇게 방탕하고 연락하고 술 취하는 생활을 하는 자는 부요하게 되지 못하고 가난과 궁핍이 찾아온다고 했습니다(잠언21:17, 23:20-21, 28:19). 방탕하고 연락하고 술 취하는 데에 돈을 허비하기 때문에 궁핍하게 되기도 하겠지만 근본적으로 하나님이 기뻐하시지 않기 때문에 궁핍하게 된다는 것입니다. 그래서 디모데전서5장 6절에는 "일락을 좋아하는 이는 살았으나 죽었느니라" 고 했습니다. 죄를 고백하여 회개하고 죄적 생활을 떠나야 합니다.

부정적인 두 번째 요인은 불순종하는 마음입니다. 하나님은 복을 주시려 할 때 그 복을 받게 하기 위해 요구하시는 것이 있습니다. 그럴 때는 성령께서 마음을 감동시킵니다. 하나님 앞에 옳지 못한 것을 생각나게 하기도 하고 하나님 앞에 해야 할 것을 생각나게도 합니다. 다른 사람과 상관없이 그것을 하지 않으면 안 되겠다는 불같은 마음이 일어나게 합니다. 그것을 하지 않으면 양심에 가책이 되어 견딜 수 없습니다. 그것을 행할 때 하나님이 준비한 것들을 주십니다.

그런데 그 양심의 감동을 순종하지 않으므로 그 뒤에 있는 복을 얻지 못하는 것입니다(왕상3:4-13, 요일3:17). 하나님께 감동받은 것을 하지 못하도록 가로막는 것이 복을 얻을 기회를 놓치게 하는 것입니다. 문제를 해결할 기회를 놓치는 것입니다.

넷째, 하나님은 끝까지 포기하지 않기를 원합니다. 하나님이 우리에게 복 주시기를 원하고 우리가 복 받기를 원한다 할지라도 복이 현실로 나타나는 것이 지연될 수 있습니다. 금전적인 문제가 극복될 것을 바라지만 우리의 생각보다 늦어질 수 있습니다. 그것은 악한 영들이 방해를 하기 때문입니다. 악령들은 직접적으로 방해하기도 하고 우리 부패한 성품을 이용하여 방해하기도 합니다.

다니엘10장 1-14절에 보면 다니엘이 기도한 내용이 나옵니다. 다니엘은 하나님의 이상을 깨닫기 위해 응답이 올 때까지 21일을 금식기도를 했습니다. 하나님은 다니엘이 기도하는 첫날 기도 응답을 계시전달 사역을 맡은 가브리엘 천사에게 전달했습니다. 그런데 가브리엘 천사가 하나님의 응답내용을 가지고 내려오는 도중에 바사국 군(君)으로 묘사된 사단이 가로막았습니다. 그래서 영적 전투 사역을 맡은 미가엘 천사가 가서 싸웠습니다. 결국 미가엘 천사가 사단을 이기고 물리쳤습니다. 그 때서야 가브리엘 천사가 기도하는 다니엘에게 전달하여 깨닫게 했습니다. 그 때가 기도 마지막 날인 21일째 천사가 기도의 응답을 가지고 오니 다니엘이 기도를 마쳤습니다. 작정기도라는 것은 성경에 없습니다. 기도는 응답이 올 때까지 하는 것이 맞습니다. 다니엘을 기도응답이 올 때까지 21일을 기다리며 기도했습니다.

그러므로 금전상의 문제가 속히 해결되지 않는다고 해서 포기해서는 안 됩니다. 부요에 대한 축복이 속히 현실화 되지 않는다고 해서 포기해서는 안 됩니다. 우리가 하나님 앞에 바른 생각을 하고 하나님께 소원을 둔 때부터 영계에서 이미 이루어진 것입니다. 그러나 현실적으로 나타나는데 있어서 지연되는 것은 중간에 사단과 마귀와 귀신들이 방해를 하기 때문입니다. 영계에서 전쟁이 붙고 있기 때문입니다. 이 때 우리가 포기한다면 영계에서 천사들이 악령들에게 지고 맙니다. 다니엘의 상황을 볼 때 21째 응답이 내려왔는데 21일 되기 전에 응답이 없다고 포기했다면 어떻게 되었겠습니까?

사람들이 의외로 문제가 해결될 시점 바로 앞에서 포기합니다. 복을 받을 시점 앞에서 포기합니다. 우리는 황금문 앞에 서 있습니다. 그 문을 열기만 하면 됩니다. 사단은 바로 그 앞에서 우리를 속입니다. 우리의 마음에 최악의 상황에 왔다고 생각하게 합니다. 응답되지 않을 것이라는 생각이 들게 만듭니다. 하나님께서 잔인할 정도로 돌아보지 않는다는 생각이 들도록 합니다. 하나님을 원망하도록 유도합니다. 스스로 무력한 자라는 인식을 가지게 합니다. 이제는 아무 것도 할 수 없다는 생각이 들게 합니다. 그럴 때에라도 포기하지 말아야 합니다. 본문에 우리가 선을 행하되 낙심하지 말지니 피곤하지 아니하면 때가 이르매 거두리라 고 했습니다.

하나님은 일하실 때 마음에 소원을 우리들에게 두시고 일하십니다(빌2:13). 바른 소원을 가지십시오. 바른 소원을 가졌다면 그것이 현실이 되도록 노력하며 기도하십시오. 응답이 올 때까지 기다리십시오. 비록 도중에 실현 가능성이 없어 보이더라도 포기하지 마십시오. 설사 자신이 생각하는 것보다 적게 그리고 늦게 이루어지더라도 포기하지 마십시오. 수십 년 후에 되어질 것이라 해도 포기하지 마십시오. 사단이 우리가 받아야 할복을 가로막는 것은 우리가 포기하기 때문입니다. 하나님이 우리에게 주고자 하는 복을 주시지 못하는 것은 능력이 없어서가 아니라 우리가 거절하기 때문입니다.

우리만 포기하지 않는다면 하나님은 원하시는 때에 일을 이루시고 맙니다.

다섯째, 하나님은 부자 되기 원하십니다. 크리스천들이 하나님의 뜻에 관하여 가장 혼돈하고 있는 부분은 머니해도 돈 문제입니다. 수백 년간의 핍박을 거치고 나서야 일반 크리스천들이 방언과 성령 세례가 하나님께로부터 오는 선물임을 받아들이기 시작하자, 그 다음 차례로 질병으로 고통 받는 것이 하나님의 뜻이 아니라는 성경적 진리를 기독교의 선구자들이 또 한 번 따돌림과 비방을 받으면서 보급해야만 했습니다. 그러나 이런 것들도 돈 문제 앞에서는 뒷전으로 물러나야 합니다. 물질적 번영을 가르쳐왔던 설교자들은 예나 지금이나 전례 없는 비난과 박해를 피할 수가 없습니다.

크리스천들은 하나님과 돈을 전혀 관계없는 것으로 간주하려는 경향이 있습니다. 혹 관계가 있다면 하나님의 자녀들은 될 수 있으면 돈을 적게 소유해야 한다는 점이라고나 할까요? 다시 말해서 일용할 양식이 떨어지지 않고 점잖게 몸을 가릴 만한 옷을 입고 잠잘 때 누우면 별이 보이지 않을 정도라면 그것으로 만족하는 것이 경건한 삶을 사는데 유리하다는 것입니다.

그러나 이 세상에 부모만큼 자식이 잘되기를 바라는 사람이 없습니다. 당신이 하나님의 자녀라면 다른 사람들이 하는 말을 믿기 전에 당신의 아버지 되신 하나님께 사실 여부를 확인해야 하지 않을까요? 당신의 삶은 당신의 것입니다. 당신의 삶의 목적은 당신이 성경에 나타난 하나님 아버지의 뜻이 무엇이냐를 발견하는 것이며,

이 땅에서 그것을 최선을 다해 성취하는 것입니다. 그 뿐 아니라 당신이 천국에 가서 어떤 보상을 받고 어떤 삶을 누리느냐 하는 것은 다름 아니라 이 땅에서 얼마나 진리를 구하고 행하였느냐에 따라 정해진다는 사실입니다.

"히스기야가 부와 영광이 지극한지라 이에 은금과 보석과 향품과 방패와 온갖 보배로운 그릇들을 위하여 창고를 세우며 곡식과 새 포도주와 기름의 산물을 위하여 창고를 세우며 온갖 짐승의 외양간을 세우며 양 떼의 우리를 갖추며 양 떼와 많은 소 떼를 위하여 성읍들을 세웠으니 이는 하나님이 그에게 재산을 심히 많이 주셨음이며"(역대하 32:28). 이와 같이 성경에 보면 하나님께서 그에게 충성하는 자들에게 부귀를 누리게 하신 예가 수없이 많이 나와 있습니다.

그 뿐 아니라 하나님은 우리가 간신히 먹고 살 만큼, 혹은 적당히 먹고 살 만큼만 주시는 분이 아니라 먹고 남을 정도로 많이 주시는 분입니다. 히스기야에게 하신 것처럼 만족하게 먹고, 남은 것이 너무 많아서 쌓아놓아야 할 때까지 주십니다. 자신이 돈을 많이 버는 것이 하나님의 뜻인지, 조금 버는 것이 하나님의 뜻인지, 아니면 빈털터리로 사는 것이 하나님의 뜻인지 지금까지 알쏭달쏭하셨습니까? 성경에서 해답을 얻으십시오. 그리고 난 후에는 이리저리 들려오는 사람들의 소문에 흔들리지 마십시오. 당신은 생활비를 감당하고도 너무 많이 남아서 쌓아두고 계십니까? 그렇지 않다면 지금부터 그렇게 되기를 원하지 않으십니까? 오늘 성경을 열어 당신이 부자가 되기를 원하시는 하나님께 그 비결과 능력을 구하십시오.

결론적으로 창세기에 나오는 아브라함과 이삭과 야곱, 그리고 요셉은 물질이동을 하는 하나님과 관계가 열린 사람들입니다. 그 당시에 거부가 될 수 있었던 것은 하나님과 친밀한 교제도 있었지만, 물질을 받을 수 있는 자리에 서 있었던 것입니다. 아브라함이 하나님의 부르심을 받아서 갈대아 우르를 떠나면서 아브라함의 육체에다 소명에 필요한 모든 것을 부어주신 것입니다. 하나님께서 원하시는 부자가 되는 것은 하나님의 소명을 올바르게 깨달아야만 그 육체 안에 부어주시는 것입니다.

돈이 필요합니까? 그러면 하나님께서 무엇을 요구하시는지 깨달아야만 부어주시는 것입니다. 육체 부어질 소명을 잃어버리면 그때 마귀사탄이 시험하는 것입니다. 아니 넘어지게 만듭니다. 따라서 내게 주어진 소명을 무엇인지 잃어버리면 안 됩니다. 왜 이 땅에서 숨을 쉬고 살아가고 있는지 현재 하고 있는 일이 초라해 보이고 한심하게 생각하지 마시기를 바랍니다. 하나님께서 주시려고 하는 물질을 담을 수 있는 그릇이나 부대를 마련하지도 않고 무작정 달라고 어떻게 주체하시려는지, 마침내 거부가 되는 것이 창세기에 등장하는 족장들의 삶에서 발견해야 합니다. 하나님과 친밀한 관계를 가졌기 때문에 거부가 된 것입니다. 즉 영적인 삶을 추구해왔던 그들의 본보기에서 찾아야 합니다.

6장 불러서 부자 되게 하는 하나님

(빌2:13)"너희 안에서 행하시는 이는 하나님이시니 자기의 기쁘신 뜻을 위하여 너희에게 소원을 두고 행하게 하시나니"

하나님은 부르시고 훈련하시어 복을 주십니다. 복주시고 사용하시기 위하여 부르신 것입니다. 하나님은 우리를 축복하시기를 원하십니다. 하나님의 축복을 받으려면 믿음과 꿈을 가지고 하나님의 인도를 따라가시기를 바랍니다. 그러면 이루어집니다. 꿈은 반드시 이루어집니다. 꿈을 이루려면 어떻게 해야 합니까? 우리가 꿈을 갖고 믿은 것을 입으로 시인하고, 행해야만 되는 것입니다. 마가복음 11장 22-23절에 "예수께서 그들에게 대답하여 이르시되 하나님을 믿으라. 내가 진실로 너희에게 이르노니 누구든지 이 산더러 들리어 바다에 던져지라 하며 그 말하는 것이 이루어질 줄 믿고 마음에 의심하지 아니하면 그대로 되리라"

시인하는 말을 해야 되는 것입니다. 입을 다물고는 우리가 믿을 수 없어요. 꿈꾸고, 기도하고, 믿은 사실을 입으로 시인해야 되는 것입니다. 현재 이루어지지 아니해도 하나님은 죽은 자를 살리시며 없는 것을 있는 것같이 부르시는 하나님인 것입니다. 지금 없어도 있는 것처럼 내가 꿈꾸고, 믿고, 입으로 시인해야 되는 것입니다. 왜냐하면 입으로 시인하는 말씀은 하나님의 창조적인 수단이었습니다. 하나님은 우주와 만물을 지었을 때 친히 손으로 지은 것이 아니라 말씀으로 지으신 것입니다. 말씀하심이 이루어진 것입니다. 그러므로 우리는 성령의 충만한 모습을 내 마음 속에 꿈꾸어보고 이것을 믿어야 되는 것입니다. 마음에 꿈꾸어보고 믿습니다.

이렇게 된 줄 믿습니다, 라고 감사하며 행할 때, 하나님의 성령은 그대로 이루어지게 만들어 주시는 것입니다. 또한 우리는 십자가 밑에 나와서 우리의 물질의 문제가 고침을 받고 치료하여 부요하게 된 나의 모습을 보고 꿈을 꾸고 믿어야 되는 것입니다. 우리 모두 하나님의 부요의 축복을 다 누리시기를 소원합니다. 모든 것에는 하나님이 정해 놓으신 성경의 원리가 있습니다. 이 원리를 적용해야 가난도 떠나가고, 질병도 치유되는 것입니다. 영적인 눈을 열어 영적인 원리를 적용하여 가난을 청산하고 복을 누리는 모두가 되시기를 바랍니다. 하나님께 부름 받아 부자가 되려면 이렇게 하시기를 바랍니다.

첫째, 하나님을 바르게 알라. 하나님은 성도들을 저주하는 하나님이 아닙니다. 하나님은 성도들을 통하여 이 땅에 하나님의 나라를 만들어야 하기 때문에 성도들이 잘되기를 원하시는 것입니다. 하나님은 빌립보서 2장 13절에서 이렇게 말씀하십니다. "너희 안에서 행하시는 이는 하나님이시니 자기의 기쁘신 뜻을 위하여 너희에게 소원을 두고 행하게 하시나니" 하나님의 소원은 우리에게 있습니다. 하나님은 성도들이 잘되기를 소원하십니다. 그런데 왜 고통을 당하느냐. 그것은 다름이 아니라. 성도들의 옛사람이 남아있기 때문에 하나님이 주시는 복을 받지 못하는 것입니다. 하나님은 예수를 믿었다고 아무에게나 복을 주시는 분이 아닙니다. 하나님이 원하시는 영적인 수준이 된 성도에게 복을 주시는 것입니다. 하나님은 우리가 하나님이 원하시는 수준이 될 때까지 기다리십니다.

그러므로 부자가 되려면 하나님이 원하시는 영적인 수준에 도달하는 것이 급선무입니다. 왜냐하면 하나님은 영이시기 때문에 육적인 사람과는 상관할 수가 없기 때문입니다. 성령으로 세례를 받고, 자신이 어머니 뱃속에서부터 현재까지 받은 상처를 말씀과 성령으로 치유해야 합니다. 그리고 자아를 부수어야 합니다. 그러면 혈통을 타고 역사하던 귀신들이 떠나가기 시작을 합니다. 이때부터 하나님이 원하시는 영적인 수준이 되어가는 것입니다. 빨리 영적인 수준을 높이려면 영성훈련을 많이 하면 됩니다. 우리 하나님의 역사로 가난을 탈출하고 물질의 복을 받기 위하여 성령의 인도를 받으시기를 바랍니다.

둘째, 하나님과의 관계를 열어라. 자신 안에 하나님과 영의 통로가 열려야 축복의 길에 들어갈 수 있습니다. 영의 통로라 함은 하나님과 나와의 관계를 말합니다. 영의 통로를 연다는 것은 저 하늘나라에 계신 하나님과 영의 통로가 열리는 것이 아니라, 내 마음 안에 와 계신 하나님과 영의 통로가 열리는 것을 말합니다. 그러면 왜 영의 통로가 막히는가? 그것은 마음의 상처와 자신의 자아 버릇, 그리고 혈통을 따라 대물림되는 영적인 문제로 막히는 것입니다. 말씀과 성령으로 자신의 심령을 치유하여 하나님과 영의 통로를 여시기를 바랍니다. 가난을 청산하고 복을 받으려면 인간적인 욕심을 부리지 말고 먼저 하나님과 영의 통로를 여시기를 바랍니다. 내안에서 역사하면서 하나님과 관계를 막고 있는 요소들을 성령의 임재 가운데 찾아내어 회개도 하시고 용서도 하시어서 심령을 깨끗하게 하시기를 바랍니다.

그리고 뱃속에서 올라오는 기도를 하시기를 바랍니다. 장구한 내용으로 머리 써서 기도하지 말고 단순하게 기도하시기를 바랍니다. 숨을 들이쉬고 내쉬면서 주여! 주여! 주여! 를 반복해서 하시기를 바랍니다. 방언으로 기도를 하시더라도 꼭 숨을 들이쉬고 내쉬면서 뱃속으로 기도하시기를 바랍니다. 제가 지금까지 성령치유 사역을 인도하면서 개인별 안수를 해보면 많은 분들이 기도는 열심히 하고 있지만 육적인 기도를 하므로 영의 통로가 막힌 기도를 하고 있습니다. 그래서 기도는 배워야 하는 것입니다. 뱃속에서 올라오는 영의 기도를 하시기를 바랍니다. 그래야 심령에서 잠을 주무시고 계시던 주님이 깨어 일어나셔서 능력으로 역사하시니 영의 통로가 열리기 시작하는 것입니다. 성령의 역사가 일어나 막힌 영의 통로가 뚫리는 것입니다. 막힌 영의 통로가 뚫릴 때 여러 가지 영적인 현상이 일어날 수가 있습니다. 머리가 어지러울 수도 있습니다. 나도 모르는 서러움이 올라올 수가 있습니다. 기침이 사정없이 나오기도 합니다. 방언기도가 터지기도 하고요, 온몸이 불이 붙은 것같이 뜨거워질 수도 있습니다. 그리고 두려움이 올수도 있습니다. 여러 가지 말로 표현 못하는 영적인 현상이 일어날 수 있습니다. 이러한 현상이 일어날 때 절제하지 말고 참고 인내해야 영의 통로가 열립니다. 기도하시다가 성령의 감동이 오면 그대로 행하시기를 바랍니다. 무조건 기도만 한다고 재정의 문제가 풀어지는 것이 아닙니다. 기도하시다가 성령께서 감동하시는 대로 믿고 순종하고 행해야 가난의 문제가 풀어지는 것입니다.

셋째, 성령의 감동에 순종하라. 하나님은 믿는 우리에게 복을 주시는 하나님이십니다. 하나님의 말씀은 변하지 않습니다. 하나님은 거짓말은 못하시는 분입니다. 그러므로 가난의 문제 뒤에는 마귀가 역사하고 있다고 보아야 합니다. 마귀는 우리의 힘만으로는 어찌할 수 없는 강한존재입니다. 그러므로 마귀를 몰아내려면 성령의 역사가 있어야 합니다. 성령의 역사를 일으키려면 먼저 불같은 성령으로 세례를 받아야 합니다. 성령의 세례를 받으려면 예수를 마음으로 영접해야 합니다. 많은 분들이 교회에 다니는 사람들은 모두 예수를 영접하고 다니고 있는 줄 착각하고 있는 분이 있습니다. 그러나 제 성령치유 사역을 하면서 체험한 바로는 많은 분들이 예수를 마음으로 영접하지 않고 교회에 다니는 분들이 있습니다. 이런 분들은 성령의 세례가 임하지 않습니다. 이런 분은 예수를 마음으로 영접을 해야 합니다. 그래서 먼저 성령으로 세례를 받고 성령의 충만함을 받으면 그 때부터 성령의 인도를 받을 수가 있는 것입니다.

성령이 감동할 때 순종하는 것이 중요합니다. 그래야 성령님과 인격적인 관계가 되어 성령이 알려주시는 레마에 따라 행동에 옮길 때 가난의 고통을 청산할 수가 있는 것입니다.

무엇보다도 성령님과 인격적인 관계가 중요합니다. 모든 문제를 해결하려면 성령의 도우심이 없이는 불가능하기 때문입니다. 성령님과 인격적인 관계가 되려고 노력해야 합니다. 성령님과 인격적인 관계가 되려면 성령의 감동에 순종해야 합니다. 그래서 하나님께서 성령의 음성을 들려주실 때 한 번 두 번, 계속해서 불순종을 하게 되면 성령의 음성이 점점 흐려지고 성령님과 관계가 멀어지는 것입니다. 계속 불순종하면 성령의 음성이 완전히 들리지 않게 됩니다. 이는 성령의 소욕을 좇아 순종하려는 마음보다 육신의 정욕을 좇는 마음이 더 많기 때문입니다. 성령께서 감동을 주실 때 순종하시기를 바랍니다. 하나님에게 헌금을 드릴 때도 억지로 하지 말고 성령의 감동이 오면 하시기를 바랍니다. 헌금은 은혜 받고, 치유 받고, 또 사모하는 마음으로 성령의 감동이 오면, 증거로 드리는 것이 헌금입니다. 이렇게 드려야 마귀가 틈타지 않습니다. 그래야 성령의 역사로 만 배로 돌려받는 역사가 나타납니다.

넷째, 하나님이 말씀하신 약속 위에 심어라. 하나님은 예수를 믿는 우리가 잘되기를 소원하고 계십니다. 축복하시는 하나님으로 믿으시기를 바랍니다. 하나님의 축복의 원리를 적용하여 가난을 탈출하시고 물질의 축복을 받기를 바랍니다. 이것이 하나님의 소원이십니다. 하나님은 성도에게 사상 유래를 찾아볼 수 없는 축복 프로그램을 제공하십니다.

성도의 투자에 대해 하나님께서 넘치게 돌려주시는 것을 읽어보십시오. "이것이 곧 적게 심는 자는 적게 거두고 많이 심는 자는 많이 거둔다 하는 말이로다 각각 그 마음에 정한 대로 할 것이요 인색함으로나 억지로 하지 말지니 하나님은 즐겨 내는 자를 사랑하시느니라 하나님이 능히 모든 은혜를 너희에게 넘치게 하시나니 이는 너희로 모든 일에 항상 모든 것이 넉넉하여 모든 착한 일을 넘치게 하게 하려 하심이라 기록된 바 그가 흩어 가난한 자들에게 주었으니 그의 의가 영원토록 있느니라 함과 같으니라 심는 자에게 씨와 먹을 양식을 주시는 이가 너희 심을 것을 주사 풍성하게 하시고 너희 의의 열매를 더하게 하시리니 너희가 모든 일에 넉넉하여 너그럽게 연보를 함은 그들이 우리로 말미암아 하나님께 감사하게 하는 것이라"(고후 9:6-11).

이제, 하나님의 은행에 예금을 하면서, 하나님께서 모든 필요와 그 이상의 것을 공급하신다고 보장하는 하나님의 약속을 통해 되돌려 받기를 기대할 수 있습니다. 주님의 이름으로 드릴 때, 내 돈이 나가는 것이 아니라, 주님이 받아서 이자를 불려서 주실 것이기 때문에 하나님에게 드린 물질이 나에게 다시 돌아오는 것입니다. 우리가 매번 헌금을 드릴 때마다, 하나님은 그 갑절로 불려서 돌려주실 것입니다. 땅의 은행들이 세상의 부요에 대한 비밀을 아는 것처럼, 실제적으로 믿음의 사람들은 하나님의 하늘 창고, 은행과 그분이 친히 말씀하신 약속 위에 예금을 하는 것입니다. 하나님은 하늘과 이 땅 위에 있은 재산을 넉넉한 것 이상으로 갖게 되는 것을 보게 할 것입니다.

다섯째, 십일조와 헌금을 꼭 드려라. 십일조는 저의 모든 소유가 하나님의 것입니다. 이렇게 인정하고 아낌없이 드리는 것입니다. 당신은 예수를 믿을 때 옛 사람은 죽었습니다. 다시 예수로 다시 태어난 것입니다. 하나님은 갈라디아서 2장 20절에서 "내가 그리스도와 함께 십자가에 못 박혔나니 그런즉 이제는 내가 사는 것이 아니요 오직 내 안에 그리스도께서 사시는 것이라 이제 내가 육체 가운데 사는 것은 나를 사랑하사 나를 위하여 자기 자신을 버리신 하나님의 아들을 믿는 믿음 안에서 사는 것이라"말씀하고 계십니다. 예수를 믿는 순간 강요셉 목사는 죽었습니다. 다시 예수로 사는 것입니다. 그러므로 우리의 모든 소유는 하나님의 것입니다. 직장에 가서 일을 하더라도 자신이 일을 하는 것이 아니라, 예수님이 일을 하시는 것입니다.

그러기 때문 소득의 십일조를 아낌없이 드릴 수가 있는 것입니다. 십일조를 못하는 성도는 아직 옛 사람이 살아있기 때문에 모든 것이 자기의 것이니 십일조를 못하는 것입니다. 그러니 마귀가 구멍을 뚫고 물질이 새나가게 하는 것입니다. 우리는 결정해야 합니다. 예수 믿고 옛 사람이 죽었는가, 아직 옛 사람이 살아있는가, 결정을 해야 합니다. 옛 사람이 죽고 예수로 다시 태어났다면 하늘문을 열기 위해 십일조를 하시기를 바랍니다. 하나님께 헌금을 드림으로써 하나님께서는 하늘 문을 통해 드릴 때의 양을 헤아려서 백배, 육십배, 삼십배로 복을 부어주실 것입니다.

하나님은 십일조를 하는 것을 보시고 축복을 하십니다. 십일조를 하는 성도는 모든 소유가 하나님의 것으로 인정하는 것이기 때문에 하나님께서 축복하시는 것입니다. 부자가 된다고 해도 모두가 하나님의 소유이기 때문에 부어서 넘치게 하시는 것입니다. 십일조와 헌금은 모두 각자 믿음에 따른 하나님의 약속을 열게 합니다. 하나님은 드려진 십일조를 축복하시고 반드시 원금에 이자까지 불려서 돌려주실 것입니다.

여섯째, 다시 심으라. 항상 수확한 것 중 종자는 남겨서 다시 심어야 합니다. 재정적인 수확이 분명하게 나타나기 시작할 때에 그것을 확인하여 보십시오. 절대로 수확을 거두어드리는 물질이 직장이나 물질의 투자가 근원이라고 여기지 마십시오. 당신의 눈을 떠서 하나님이 복을 주심으로 사업이 잘되고 있다고 믿고 입술로 시인하시기를 바랍니다. 하나님 도와주시고 복주시니 감사합니다. 모든 것이 하나님의 은혜입니다. 그리고 하나님에게 감사하시기를 바랍니다.

당신이 하는 사업이 갑자기 잘 되기 시작할지 모릅니다. 아니면 직장 상사가 승진 명단에 올려줄지도 모릅니다. 아니면 투자한 증권의 액면가가 올라갈지도 모릅니다. 계속되는 성공의 일부는 "하나님이 축복의 근원" 이라는 믿음과 인식 여하에 달려있습니다. 모든 것이 하나님이 하신 것입니다. 하나님에게 영광을 돌리시기를 바랍니다. 하나님은 성도의 필요한 모든 것을 채우시는 분이십니다. 재정 상황이 호전될 때마다, 하나님에게 영광을 돌리시기를 바랍니다. 그리고 하나님께 감사하는 법을 배우십시오. 재산의 증가가 헌금에 대해 돌려받는 복의 일부로서 인정하십시오. 받기 시작하는 풍성한 수확에 대해 하나님께 영광을 돌리십시오. 모든 복의 근원이 무엇인가를 깨달을 때, 다음 단계로 옮겨가야 할 필요성을 스스로 느끼게 될 것입니다. 이제 수확을 통해서 늘어난 재정의 일부를 다음 번 수확을 향해 하나님 나라에 다시 심어야만 합니다. 십일조를 감사함으로 드리라는 말입니다.

축복의 근원이 누구인가를 믿음으로 인식하게 될 때, 받은 부요로 부터 더 많은 씨앗을 하나님에게 심는 일이 결코 아깝지 않고, 잊지 않을 것입니다. 계속적으로 얻는 모든 종류의 수입으로부터도 십일조와 헌금을 드리십시오. 각종 모든 수확으로부터 끊임없이 심으십시오. 정기적으로 수확하기를 원한다면, 역시 정기적으로 심어야 한다는 사실을 명심하시기 바랍니다.

진리는 멀리 있지 않습니다. 알고는 있지만 행하지 않기 때문에 얻지를 못할 뿐입니다. 적금을 매달 타기 위해서는 매달 일정 금액을 일정 기간 동안 불입해야 탈수가 있습니다. 이제 다른 사람들이 적금을 매달 기분 좋게 타는 것을 부러워하는 눈초리로 바라만 봐서는 안 됩니다. 계속 불입해야 계속 타는 기쁨을 누릴 것입니다.

일곱째, 두려움을 이기는 믿음을 택하라. 사단이 하나님이 기름 부으신, 부의 일부를 받지 못하도록 막을 수 있는 단 하나의 방법은, 성도들로 하여금 부요의 돌파구를 찾아나가는 능력에 대한 사단에 거짓말을 받아들이게 만드는 것입니다. 사단은 성도들이 실패를 몹시 두려워해서 새로이 발견한 드리는 것의 자유 함을 포기하도록 만들려고 부단히 시도할 것입니다. 사단은 드리는 것은 어리석은 행동임을 확신시키기 위하여 필사적으로 몸부림을 칠 것입니다. 두려움의 근본에 대해서 혼동하면 안 됩니다. 두려움은 하나님에게서 오는 것이 아닙니다. "하나님이 우리에게 주신 것은 두려워하는 마음이 아니요 오직 능력과 사랑과 절제하는 마음이니"(딤후 1:7).

하나님은 성도가 두려움이 아니라, 능력 가운데 움직이기를 원하십니다. 하나님께서는 성도에게 재물 얻을 능력을 주셨다는 사실을 명심하십시오. 하나님은 신명기 8장 18절에서 "네 하나님 여호와를 기억하라 그가 네게 재물 얻을 능력을 주셨음이라" 말씀하십니다.

물질에 대한 사단의 거짓말을 대적하는 하나님의 방법은 믿음으로 담대하게 대적하며 헌금을 하는 것입니다. 믿음과 두려움은 함께 역사할 수 없습니다. 믿음과 의심도 함께 역사할 수 없습니다. 그것들은 상호 배치되어 불안과 실패를 초래합니다. 야고보서에는 "(이런 사람은) 두 마음을 품어 모든 일에 정함이 없는 자"(약1:8)라고 언급되어 있습니다. 두려움을 거부하십시오. 의심을 거부하십시오. 성령의 임재 가운데 예수 이름으로 명하노니 두려움은 물러가라 명령하시기를 바랍니다. 예수 이름으로 명하노니 자꾸 의심하게 하는 영은 물러가라 명령하시기를 바랍니다. 성도들의 삶에 빈곤을 가져다주려는 사단의 시도를 무너뜨리는 방법으로서, 각각의 믿음의 단계를 사용하십시오. 이는 두려움과 의심을 예수 이름으로 대적하여 몰아내는 것입니다. 믿음은 언제나 두려움을 정복합니다. 성도가 재정에 관하여 충성하게 됨에 따라, 스스로 곱절의 보상을 하나님에게 이끌어내기 시작한다는 사실을 명심해야 합니다.

이제 하나님의 약속 안에서 믿음을 통하여 부요를 바라볼 수 있습니다. 그리고 당신이 충성된 청지기로서의 삶을 살아나갈 때, 재정에 대한 신뢰를 얻을 수 있었던 성전 수리 기술자들처럼 될 것입니다(왕하 22:7). 우리의 행위가 진실하여 하나님에게 인정을 받으시기를 바랍니다. 필자도 군에 있을 때 불의 하는 사람들에게 휩쓸려서 양심에 거리끼는 행위를 하지 아니하고, 하나님을 믿는 성도답게 공명정대하고 정직하게 하나님만 바라보고 살았더니, 하나님의 눈에 들어서 지금 하나님의 일을 하면서 쓰임 받고 있는 것입니다. 만약에 그때 다른 사람들과 똑같이 행동했더라면 그 사람들과 같이 끝이 좋지 못하였을 것입니다. 저는 믿는 성도답게 정정당당하게 노력하며 살아가자, 하나님을 욕되게 하지말자, 하며 그저 열심히 일했습니다. 그런데 그것이 세상에서는 통하지를 않았습니다. 그러나 하나님의 눈에는 들었습니다. 그래서 지금 하나님이 능력도 주셔서 하나님이 시키는 일을 수행하고 있는 것입니다. 여러분 믿는 성도답게 정직하게 사시기를 바랍니다. 그래야 끝이 좋은 것입니다. 성도는 끝이 좋아야 합니다. 하나님 앞에 가는 날이 좋아야 합니다. 하나님의 마음에 합한 성도가 되려고 노력하시기를 바랍니다.

여덟째, 물질의 축복을 위해 영적 전쟁하라. 우리 가정과 사업장에 역사하는 가난의 영과 영적인 전쟁을 하라는 것입니다. 가난은 하나님으로부터 온 것이 아닙니다. 욥을 누가 저주했습니까? 마귀입니다. 고로 당신의 가정과 사업장에서 당하는 재정적인 고통의 뒤에는 마귀가 있다는 것입니다. 마귀는 정체가 아니고 실체입니다. 실체는 말로 될 것이 아닙니다. 살아 역사하는 저주의 영인 것입니다. 그러므로 가정과 사업장에 역사하는 가난은 실체라는 저주의 영인 것입니다. 그러므로 그 실체보다 강한 자가 와야 떠나가는 것입니다. 가난의 뒤에는 마귀가 있다고 했습니다. 마귀는 인간의 힘으로는 어찌할 수 없는 강한 존재입니다. 마귀보다 강한 성령의 역사가 있어야 떠나가는 것입니다. 성령의 역사도 말만이 아닌 실제 역사가 일어나야 떠나가는 것입니다. 그러므로 불같은 성령으로 세례를 받고 성령의 충만을 유지하고 성령의 임재가운데 있어야 비로소 가난 마귀가 물러가는 것입니다.

성령의 임재 가운데 가난의 영들에게 명령하시기를 바랍니다. "이 더러운 가난의 영들아 내가 예수님의 이름으로 명령한다, 우리 가정과 사업장에서 떠나갈지어다." "이 더러운 가난의 영들아 내가 예수님의 이름으로 명령한다, 우리 가정과 사업장에서 떠나갈지어다." "이 더러운 가난의 영들아 내가 예수님의 이름으로 명령한다, 우리 가정과 사업장에서 떠나갈지어다." 이렇게 지속적으로 성령의 임재 하에 명령하시기를 바랍니다. 그리고 가난 마귀가 떠난 곳에 복으로 채우시기를 바랍니다. "우리 가정 사업장에 재정에 복으로 채워질지어다." "우리 가정 사업장에 재정에 복으로 채워질지어다." "우리 가정 사업장에 재정에 복으로 채워질지어다." "우리 남편의 손에 돈을 버는 능력이 임할지어다." 하고 자꾸 선포하며 복을 끌어당기시기를 바랍니다. 언제까지 하느냐 환경에 보증의 역사가 나타날 때까지 끈기와 인내를 가지고 하시기를 바랍니다.

여덟째, 영적관리를 잘하라. 가라지(마귀, 귀신)가 틈타지 않도록 영적 관리를 잘해야 합니다. 깨어 기도하고 하나님과 관계를 유지해야 합니다. 항상 성령의 임재 가운데 지내야 합니다. 무엇보다도 예배를 영과 진리로 드려야 합니다. 하나님은 영이시기 때문입니다. 성령의 인도를 받는 영의 기도를 해야 합니다. 항상 예수님을 생각하고 예수 안에서 생활하여야 합니다. 마귀는 하나님과 인간의 틈이 생기면 가차 없이 파고 들어와서 집을 짓습니다. 마귀는 축복을 주려고 오지 않습니다. 죽이고 멸망시키려고 오는 것입니다. 우리 모두 마음의 문을 말씀과 성령으로 든든하게 지킵시다.

성령으로 자신을 점검하며 믿음이 나태하지 않도록 하라는 것입니다. 사람은 물질이 풀리고 환경이 좋아지면 신앙이 나태해지기 쉽습니다. 그래서 말씀에 보면 선줄로 생각하는 자는 넘어질까 조심하라고 경고하고 있는 것입니다(고전10:3).

2부 택한 사람 부자 되게 하는 하나님

7장 부름에 순종하여 복 받은 사람

> (히 11:8)"믿음으로 아브라함은 부르심을 받았을 때에 순종하여 장래의 유업으로 받을 땅에 나아갈새 갈 바를 알지 못하고 나아갔으며"

하나님은 직접 부르시고 부름에 순종하는 자에게 복을 허락하십니다. 아브라함이 갈대아인의 우르에서 우상 속에 사는 것을 오래 볼 수가 없어서 하나님이 직접 주권을 행사해서 하나님 백성을 만들려고 결심을 했습니다. 그래서 창세기 12장 1절로 3절에 "여호와께서" 사람이 한 것이 아니라 하나님께서 직접 말씀하셨습니다. "여호와께서 아브람에게 이르시되 너는 너의 고향과 친척과 아버지의 집을 떠나 내가 네게 보여 줄 땅으로 가라 내가 너로 큰 민족을 이루고 네게 복을 주어 네 이름을 창대하게 하리니 너는 복이 될지라. 너를 축복하는 자에게는 내가 복을 내리고 너를 저주하는 자에게는 내가 저주하리니 땅의 모든 족속이 너로 말미암아 복을 얻을 것이라"

하나님의 주권으로 아브라함을 택하여 부르셨습니다. 아담과 하와는 하나님이 지어서 에덴동산에 두었지만 하나님의 주권에 반역을 했습니다. 노아의 후손들도 홍수에서 건져서 살려 주었는데, 하나님의 주권을 배반했던 것입니다. 그러므로 이제는 하나님이 직접 불러서 주권적 행사를 하려고 갈대아 우르에서 아브라함을 택해서 불렀었습니다. 하나님이 주권으로 아브라함을 택하여 부르실 때 아브라함은 믿음으로 부르심을 받았을 때 순종하여 장래의 유업으로 받을 땅에 나아갈 때 갈 바를 알지 못하고 나갔습니다. 그러나 하나님의 주권에 복종한 아브라함에게는 하나님이 무엇을 해주셨습니까? 하나님은 너로 큰 민족을 이루게 해주겠다는 것입니다. 이와 같은 언약이 이루어진 것은 아브라함이 다음과 같은 영적이고 인간적인 면들이 갖추어져있었기 때문에 거부가 된 것입니다.

첫째, 부지중에 하나님을 대접한 아브라함. 아브라함은 축복의 근원이었습니다. 그는 다른 사람들에게 축복을 나누어주기를 좋아했습니다. 축복 받을 습관과 행동을 한 사람입니다. 부지중에 찾아온 손님을 극진히 대접하였습니다. 어느 날 낯선 사람 셋이서 길을 지나가는 것을 보고, 자기 집에서 쉬었다가 가라고 하면서 정성껏 대접했습니다. 믿음의 사람의 특징은 사랑이 많다는 것입니다. "손님 대접하기를 잊지 말라 이로써 부지중에 천사들을 대접한 이들이 있었느니라."(히 13:2). 글을 읽는 자신은 얼마나 다른 사람들에게 친절을 베풀고 대접을 하였는가 생각해봅시다.

창세기18장 6절을 보겠습니다. "아브라함이 급히 장막으로 가서 사라에게 이르되 속히 고운 가루 세 스아를 가져다가 반죽하여 떡을 만들라하고" 사라는 말없이 순종했습니다. 여기서 부부의 헌신을 봅니다. 그리고 종들도 일사불란하게 아브라함의 지시에 따라서 움직였습니다. 한 가족이 일체를 이룬 이 헌신을 보십시오. 이런 가족이 얼마나 아름답습니까? 아브라함은 손님을 마음 중심으로 섬겼습니다. 그의 섬김은 의무적인 섬김이 아니었습니다. 의무적인 섬김은 섬김이 아닙니다. 우리의 섬김이 하나님이 맡겨 주신 일인 줄 알고 기쁨과 즐거움으로 하십니까? 항상 성령님께서 우리 집에, 우리 교회에 데리고 온 사람이라고 생각하고 대해야 합니다.

창세기18장 8절 말씀에 "아브라함이 버터와 우유와 하인이 요리한 송아지를 가져다가 그들의 앞에 진설하고 나무 아래 모셔 서매 그들이 먹으니라." 했습니다. 이렇게 아브라함은 철저하게 섬김의 자리에 있었습니다. 아브라함이 이렇게 손님을 대접함으로 그에게 임한 결과가 무엇이었습니까?

첫째로 자신도 모르게 하나님과 천사를 대접했습니다. 히브리서 13장에 보면 손님을 대접한 것 이 부지중에 행해졌다고 기록했습니다. 다시 말하면 알지 못하고 한 일이었습니다. 지나가는 평범한 손님을 그저 정성껏 대접했습니다. 그런데 그 손님이 천사였습니다. 우리가 이 세상을 하직하고 하늘나라에 갔을 때 이런 일이 있을는지 모르겠습니다. 제가 아무개 천사입니다. 그때 저를 당신 집에서 잘 대접해 주어서 정말 고마웠습니다. 아니, 우리 집에 언제 오셨었습니까? 하고 놀랄 것입니다. 우리 주변에 주린 사람이 있습니까? 목마른 이웃이 있습니까? 손님이 있습니까? 헐벗은 사람이 있습니까? 병든 사람이 있습니까? 옥에 갇힌 사람이 있습니까? 지금 이 지구촌에서 하루에 삼만 명이 단순히 먹지 못해서 굶어 죽어가고 있다는 사실을 아십니까? 우리가 그들을 어떻게 섬기고 있습니까? 부지중에 손님을 대접해서 하나님과 천사들을 대접한 아브라함의 아름다운 모습을 보십시오.

둘째로 문제의 해결을 받았습니다. 아브라함이 한참 손님을 대접하고 있는데 찾아온 손님들이 그에게 물었습니다. 네 아내 사라가 어디 있느냐? 장막 안에 있는데요. 그가 가라사대. 여태까지 주어가 복수로 나오다가 여기 와서는 단수로 사용했습니다. 그러니까 한 사람이 집중적으로 이야기했습니다. 그가 누굽니까? 하나님이십니다.

아브라함과 사라는 처음에는 자신들을 방문한 사람이 누구였는지 모르다가 차차 그가 하나님께서 보내신 사자임을 알게 됩니다. 나그네를 대접하는 것은 하나님이 나에게 보내신 이웃을 대접하는 것입니다. 내가 대접해야 할 나그네, 하나님의 사자는 누구입니까?

창세기18장 10절을 보겠습니다. "그가 이르시되 내년 이맘때 내가 반드시 네게로 돌아오리니 네 아내 사라에게 아들이 있으리라 하시니" 해결 못한 문제를 가지고 계십니까? 문제 해결의 좋은 방법이 있습니다. 그 문제에 빠지지 말고 문제보다 훨씬 더 커다란 아픔 속에서 고통하고 있는 이웃을 보십시오. 그래서 그들에게 복음을 전하고 그들을 섬기세요. 그때 나의 걱정이 사치에 속한다는 것을 아시게 될 것입니다. 우리의 고민이 사치스런 고민일 수도 있습니다. 밥 한 끼를 제대로 먹지 못해 고픈 배를 움켜잡고 있는 우리의 이웃을 생각한다면 우리의 고민은 차라리 사치에 속할 수가 있는 것입니다. 아브라함에게는 자신이 감당할 수 없는 문제가 있었습니다. 그런 고민 속에서 손님 대접을 힘썼더니 하나님이 "네 문제는 내가 책임져 주마"라고 말씀하셨습니다. 이때 사라가 장막 안에서 이 말을 듣고 웃었습니다. "나나 내 남편이나 이제 아이를 낳을 수 있는 때는 지났는데 하나님, 아무리 아들을 주신다고 하시지만 그래도 이제는 사정이 다르지 않습니까?" 그러나 하나님은 계속 설득 하십니다. 내가 하면 하는 거야.

창세기18장 11절을 보겠습니다. "아브라함과 사라는 나이가 많아 늙었고 사라에게는 여성의 생리가 끊어졌는지라" 이 두 사람은 아이를 낳을 수 있는 인간의 한계를 넘었다는 것입니다. 창세기18장 13절에 보면 흥미 있는 말씀이 기록되어 있습니다. "여호와께서 아브라함에게 이르시되 사라가 왜 웃으며 이르기를 내가 늙었거늘 어떻게 아들을 낳으리요 하느냐? 사라더러 왜 웃어?" 하셨습니다.

창세기18장 15절에 뭐라고 했습니까? "사라가 두려워서 승인치 아니하여 가로되 내가 웃지 아니하였나이다. 가라사대 아니라 네가 웃었느니라." 여기서 양편의 말이 사실 다 맞습니다. 사라가 겉으로 소리 나게 웃지는 않았습니다. 그러나 속으로는 웃었습니다. 손님을 대접한 자리에서 뜻밖에 자기의 문제를 해결해 주신다는 약속을 받는 아브라함과 그 아내 사라의 이 복된 광경을 한 번 상상해 보세요. 사실 하나님이 약속하신 대로 아브라함의 가정은 아들을 낳았습니다. 그 이름을 이삭이라고 했습니다. 그 이름의 뜻은 '웃음' 입니다. 아브라함의 가정에는 이제 웃음이 가득하게 되었습니다. 하나님의 언약은 우리로 소망과 기쁨을 줍니다.

둘째, 한 영혼을 천하보다 귀하게 여긴 아브라함. 소돔성에서 포로로 잡혀가다가 도망한 자가 히브리 사람 아브라함에게 알렸습니다(창14:13-16절). 이 사람은 엘람 연합군이 소돔 성을 공약할 때 요행히 몸을 피했거나 포로로 잡혀가던 중 필사의 탈출을 한 소돔 거민입니다. 여기서 처음으로 '히브리'사람이라는 명칭이 언급됩니다. 그러나 여기서는 아직 하나님의 선민인 아브라함의 모든 후예를 가리키는 민족적 의미(39:14;출 2:6)가 아니라, 단순히 셈 계통의 '에벨의 후손'을 가리키는 말이거나 혹은 유프라테스 강을 건너 팔레스틴으로 '이주 한 자'라는 의미일 뿐입니다. 아브라함과 동맹한 사람들은 아브라함이 거하고 있던 아모리 족속 마므레 상수리 수풀 근처의 '마므레'와 그 형제들인 '에스골'과 '아넬'이었습니다.

아브라함은 롯의 이기주의적 태도에도 불구하고 변함없이 그를 사랑하여 그를 구하기 위해 나섭니다. 아브라함은 집에서 길리고 연습한 318명을 데리고 단까지 좇아갑니다. 여기서 집에서 길린 자란 돈을 주고 새로 사온 자가 아니라 아브람의 가정에 소속된 사람들(창 12:5) 사이에서 태어난 자식들을 의미합니다. 아브라함은 그들을 평소에 연습시킨 것 같습니다. 공공적인 치안 조직과 제도가 미처 갖춰져 있지 않던 고대 사회에서는 스스로의 재산과 생명을 보호하기 위한 자구책이 필요하였을 것입니다. 특히 유목민들은 많은 수의 가축들을 효율적으로 관리하고 도적과 맹수의 위험을 이겨내기 위하여 더욱 정예화된 일꾼들이 요구되었을 것입니다.

아브라함과 그의 훈련된 자들은 밤을 타서 적들을 공략했습니다. 아브라함의 군사는 자신의 집에서 태어나 훈련받은 318명과 아모리 족속의 원병은 소수(24절)였고, 전략기술도 승리의 방심을 틈탄 야간 사방 기습 공격일 뿐이었습니다. 그런데도 네 왕의 지휘를 받고 있는 강대국의 정규군을 이길 수 있었던 것은 기드온 군대의

300명 용사처럼(삿 7:7-23), 이들이 하나님을 선봉장으로 한 믿음의 용사들이었기 때문입니다.

그들은 적들을 공경하며 호바까지 쫓아가서 모든 **빼앗겼던** 재물과 자기 조카 롯과 그 재물과 또 부녀와 인민을 다 찾아 왔습니다. 호바는 '갈대의 땅'이란 뜻으로, 오늘날 이곳은 다메섹 북방 80km 지점, 다메섹에서 팔미라로 통하는 도로상의 위치한 현재의 호바와 동일시되고 있습니다. 아브라함이 자신의 조카 롯을 구하기 위해 군사를 일으킨 것은 정당합니다. 그런데 한걸음 더 나아가 롯의 모든 이웃들까지 구해 준 것은 아브라함이 타인의 불행도 생각할 줄 아는 보다 성숙된 신앙 인격을 보이고 있는 것입니다. 하나님은 한 영혼을 천하보다 귀하게 여긴 아브라함에게 복을 허락하셨습니다.

"모든 **빼앗겼던** 재물과 자기의 조카 롯과 그의 재물과 또 부녀와 친척을 다 찾아왔더라. 아브람이 그돌라오멜과 그와 함께 한 왕들을 쳐부수고 돌아올 때에 소돔 왕이 사웨 골짜기 곧 왕의 골짜기로 나와 그를 영접하였고, 살렘 왕 멜기세덱이 떡과 포도주를 가지고 나왔으니 그는 지극히 높으신 하나님의 제사장이었더라. 그가 아브람에게 축복하여 이르되 천지의 주재이시요 지극히 높으신 하나님이여 아브람에게 복을 주옵소서, 너희 대적을 네 손에 붙이신 지극히 높으신 하나님을 찬송할지로다 하매 아브람이 그 얻은 것에서 십분의 일을 멜기세덱에게 주었더라"(창 14:16-20).

셋째, 독자라도 아끼지 않고 하나님께 드린 아브라함. 아브라함과 그의 아들이삭을 논함에 있어 창세기 22장에 나오는 아브라함이 이삭을 번제로 드리라는 하나님의 명에 따른 것을 빼 놓을 수 없습니다. 이 말씀은 정말로 대단한 순종의 말씀으로 회자되지만 한편으로 보면 하나님은 참 고약한 신이 아닌가 싶을 정도로 의아한 요구를 했고, 그것에 보통사람은 생각도 할 수 없지만 아브라함은 따랐다는 점을 이야기하지 않을 수 없습니다.

도대체 하나님은 왜 아브라함에게 이삭을 바치라고 하셨을까요? 그리고 이 말씀은 정말로 어떤 말씀인가? 순종에 관한 말씀인 것은 맞지만 정말로 하나님께서 아브라함이 얼마나 순종하는지 시험(test) 해 보시려는 것 그것이 이 말씀의 의도인가 하는 점입니다.

아브라함은 하나님께서 고행에서 불러내어서 하나님께서 지시할 땅으로 이끌어내신 택한 사람입니다. 그리고 아브라함이 하나님께서 아들을 주시겠다고 했지만 아들이 나지 않자 자기 스스로의 힘으로 하나님의 약속을 이루어보려고 이스마엘을 낳아도 하나님께서 이스마엘은 하나님께서 아들이라 하지 않으시면서 끝내 주신 아들이 이삭입니다. 그리고 그 아들을 번제물로 바치라고 하시는 것입니다.

지금 아브라함에 관한 창세기의 말씀은 하나님을 믿는 모든 사람의 신앙 여정을 말씀하시는 것이라고 누누이 이야기 해 왔습니다. 그렇다는 것은 아브라함이 고향을 떠난 것이 위대함을 좇는 가치관으로 살던 사람이 하나님께서 정하신 인간의 정체성을 자신의 가치관으로 삼는 자리로 이끄심이듯이, 아브라함에게 아들이삭을 바치라고 하신 것 역시 사람이 하나님을 믿는 여정에서 반드시 있는 일이라는 것임을 생각해야 합니다.

그렇다면 아브라함에게 이삭은 어떤 존재이며, 그것은 또 오늘 창세기의 말씀을, 또 아브라함과 이삭에 관한 말씀을 읽고서 하나님의 뜻을 이루려고 하는 사람에게는 어떤 것이 이삭과 같은 것이며, 오늘 우리는 하나님께서 어떤 것 마저 바치라고 하시는지를 생각해보는 것이 바로 이 말씀을 바로 보는 관점이라 할 수 있습니다.

그것을 알기 위하여 먼저 아브라함의 여정을 잠깐 돌아보겠습니다. 아브라함의 고향은 사람들이 바벨탑을 쌓았던 땅입니다. 땅은 다른 것이 아닙니다. 사람 그 자체입니다. 사람이 흙으로 만들어졌기 때문입니다. 그러므로 아브라함이 있던 땅은, 위대함을 좇는 삶을 사는 것을 말합니다. 그러니까 사람들이 흙으로 벽돌을 만들되 그 안에 짚을 넣고 또 굽기까지 한 것과 같이, 사람이 자기 자신으로는 하늘에 이르지 못한다고(하나님과 같이 될 수 없고, 하나님의 뜻을 이룰 수 없다고) 생각해서 세상의 지식과 재물과 공로와 고상함으로 자신을 단련하고 치장하여 하늘에 이르려 하는 삶을 사는 것을 말합니다. 그것이 아브라함의 고향이고, 또 오늘날도 하나님을 온전히 알기 전에 사람들의 삶이고 가치관입니다.

그 자리를 떠나서 하나님께서 지시할 땅으로 가라고 하신 것은, 하나님께서 정하신 사람의 자리로 가라는 말씀입니다. 하나님께서 정하신 사람의 자리, 인생의 자리, 삶의 모습이라는 것은 아브라함의 고향과 같이 사람이 위대하게 되어 하늘에 이르는 자리가 아닙니다. 아브라함도 롯과 갈등이 있을 때에 그런 위대함을 상징하는 애굽과 같은 땅을 롯이 선택한 다음에 남은 땅을 선택했습니다. 그랬더니 그 땅이 바로 하나님께서 정하신 자리라는 것입니다. 즉 하나님이 정하신 사람의 자리는 위대함을 좇는 삶을 사는 것이 아니라는 것입니다.

그리고 하나님의 약속을 스스로의 힘으로 이루려 하는 본성을 광야로 보내는 여정을 거칩니다. 하나님께서 아들을 주시겠다고 하셨지만 아들이 생기지 않자 자신의 힘으로 낳은 아들인 이스마엘을 광야로 쫓아내는 것입니다. 즉 행위로 성경을 지켜내려는 것, 소유를 드림으로 하나님의 의에 이른다고 생각하는 것들은 율법의 세계라는 것을 알고 자신에게서 내어 버리는 여정을 지나야 한다는 것입니다.

그리고서 도저히 자신의 힘으로는 할 수 없는 일, 곧 백세에 아들을 얻었습니다. 그것은 하나님께서 아들이라 할 수 있는 생명은 사람의 힘이 아니라 하나님의 은혜와 능력으로만 된다는 것을 알게 하심입니다. 그것은 오늘 우리에게도 마찬가지입니다. 하나님의 아들이 되는 것은 산에 가서 소나무 뿌리를 뽑는 기도로도 아니고, 성경을 몸을 지켜내기 위하여 새벽기도, 철야기도를 하는 것에 있는 것도 아니고, 1원 한 푼 틀림없는 십일조를 드리려 노력하는 것에 있는 것도 아닌 자리에서 난 자라야 하나님의 아들이 된다는 것입니다.

그런데 그 아들을 번제로 바치라니? 하나님께서 주신 것인데, 하나님을 믿는 사람에게 있어 자신의 능력으로 얻은 것도 아니고, 또 위대함을 좇은 것도 아닌 아들이고 하나님께서 주시겠다고 하신 것인데 그것을 왜 번제로 달라고 하느냐 하는 것입니다. 하지만 이것은 진정한 신앙인이 되는 과정에서 정말로 중요한 과정이라는 것을 안다면 어쩌면 놀랄지도 모릅니다.

아브라함이 이삭을 바친 사건입니다. 이 사건은 아브라함의 생애나 그의 위상에 중요한 사건입니다. 이게 창세기 22장에 나옵니다. 이 사건은 하나님이 아브라함을 시험하신 사건입니다. 2절을 보면, "네 아들 네 사랑하는 독자 이삭을 데리고 모리아 땅으로 가서 내가 네게 일러 준 한 산 거기서 그를 번제로 드리라"고 했습니다. 이삭이 독자인 줄 몰라서 하나님이 번제로 바치라고 하신 게 아닙니다. '네 아들 네 사랑하는 독자 이삭'이라고 했습니다. 하나님은 이삭을 사랑하는 아브라함의 마음을 다 알고 계십니다. 그런데 그를 번제로 드리라는 겁니다. 이삭을 잡아 각을 떠서 하나님께 불살라 바치면 어떻게 됩니까? 아브라함의 대가 끊깁니다. 첩의 아들 이스마엘은 어쨌든 쫓아냈습니다. 하나 남은 아들마저 잡아 바치면 대가 끊길 뿐 아니라, 하나님이 이삭을 통해 자손을 번성케 하여 하늘의 별과 같이 바닷가의 모래처럼 많게 하겠다는 약속, 또한 이삭을 통해 천하만민이 복을 받게 하겠다는 약속은 어떻게 됩니까? 그러므로 이삭은 절대 죽을 수 없습니다. 이삭 등에는 하나님의 축복의 약속이 업혀 있습니다. 반드시 살아야만 하는 이삭입니다. 그런데 하나님이 이런 이삭을 죽여 바치라는 겁니다.

그런데 더 놀라운 것은 아브라함의 반응입니다. 일말의 저항도 없습니다. 3절을 보십시오. "아브라함이 아침에 일찍이 일어나 나귀에 안장을 지우고 두 종과 그의 아들이삭을 데리고 번제에 쓸 나무를 쪼개어 가지고 떠나 하나님이 자기에게 일러 주신 곳으로 가더니." 뭐가 그리 유쾌한 일이라고 새벽 같이 길을 떠납니다. 4절을 보십시오. "제삼일에 아브라함이 눈을 들어 그 곳을 멀리 바라본지라." 사흘 만에 번제드릴 모리아 땅에 도착했다는 얘기입니다. 사흘 길을 걸어오면서 아브라함이 무슨 생각을 했을까요? 처음에는 얼떨결에 하나님의 명령에 순종해서 집을 나섰다고 해도, 사흘이면 충분히 정신을 차릴 시간입니다. 그러면 생각을 바꿀 수도 있었습니다. 요나처럼 변심해서 다른 곳으로 달아날 수도 있는 시간이었습니다. 그러나 아브라함은 그렇게 하지 않았습니다. 창세기 22장 9-10절입니다. "하나님이 그에게 일러 주신 곳에 이른지라 이에 아브라함이 그 곳에 제단을 쌓고 나무를 벌여 놓고 그의 아들이삭을 결박하여 제단 나무 위에 놓고 손을 내밀어 칼을 잡고 그 아들을 잡으려 하니." 아브라함은 지금 쇼하는 게 아닙니다. 정말 이삭의 목을 따려고 합니다. 이어지는 11절을 보면 하나님이 다급해서 아브라함을 부르십니다. 아브라함은 이 순간을 기대하고 연기하지 않았습니다.

그러면 대체 무슨 생각으로 아브라함이 자기 아들을 죽이려고 했을까요? 물론 아브라함이 믿는 구석이 있어서가 아니라, 압도적인 하나님의 권위에 눌려 본의 아니게 아들을 잡으려고 했을 것이라고 저는 생각했습니다. 그렇게 생각하니까 자꾸만 아브라함에게 책임을 묻고 싶었습니다. 세상에 이런 애비가 어디에 있습니까? 차라리 나를 죽이라고 했어야 하지 않습니까? 한 마디쯤 항의라도 해야 하지 않습니까? 그래서 이 아브라함을 볼 때 저는 납득이 되지 않았습니다.

그런데 이것은 저의 오해였습니다. 저의 눈높이로 위대한 믿음의 조상 아브라함을 예단한 결과였습니다. 히브리서 11장 17절을 다시 보십시오. "아브라함은 시험을 받을 때에 믿음으로 이삭을 드렸으니 그는 약속들을 받은 자로되 그 외아들을 드렸느니라." 이 구절이 없으면 우리는 아브라함을 이해할 수 없을 것입니다. 아브라함은 시험을 받을 때 '믿음으로' 이삭을 드렸습니다. 아브라함은 이삭을 죽이면 하나님의 약속이 다 날아간다는 것을 알고 있었습니다. 그럼에도 그는 믿음으로 이삭을 드린 겁니다. 어떤 믿음으로 그렇게 했습니까? 19절입니다. "그가 하나님이 능히 이삭을 죽은 자 가운데서 다시 살리실 줄로 생각한지라 비유컨대 그를 죽은 자 가운데서 도로 받은 것이니라." 아브라함은 아들이삭을 하나님이 살려주실 줄 믿고 실제로 죽이려고 했습니다. 이토록 아브라함은 하나님을 태산같이 믿었습니다. '내가 아들을 죽였을 때 하나님이 안 살려 주시면 어떻게 하나?'라고 생각했다면, 이삭을 죽일 수 없었을 겁니다.

아브라함이 이렇게 나오니까 다급해진 것은 하나님입니다. 당장 칼을 거두라고 하십니다. 하나님에 대한 태산 같은 믿음에 하나님마저도 백기를 드십니다. 그래서 아브라함은 이 시험을 통해 하나님이 그의 믿음을 인정하시고 명실상부한 믿음의 조상으로 공인하십니다. 이제야 네 믿음을 알겠다고 하셨습니다. 그러므로 시험이 크면 큰 만큼 그 시험을 통과하면 큰 영광을 얻습니다.

하나님께서 아브라함을 불러 축복하십니다. "여호와의 사자가 하늘에서부터 두 번째 아브라함을 불러 (16) 이르시되 여호와께서 이르시기를 내가 나를 가리켜 맹세하노니 네가 이같이 행하여 네 아들 네 독자도 아끼지 아니하였은즉 (17) 내가 네게 큰 복을 주고 네 씨가 크게 번성하여 하늘의 별과 같고 바닷가의 모래와 같게 하리니 네 씨가 그 대적의 성문을 차지하리라. (18) 또 네 씨로 말미암아 천하 만민이 복을 받으리니 이는 네가 나의 말을 준행하였음이니라 하셨다 하니라"(창22:15-18).

8장 이방사람이 인정하는 복 받은 사람

(창 26:1-33)"(12-15)이삭이 그 땅에서 농사하여 그 해에 백배나 얻었고 여호와께서 복을 주시므로 (13) 그 사람이 창대하고 왕성하여 마침내 거부가 되어 (14) 양과 소가 떼를 이루고 종이 심히 많으므로 블레셋 사람이 그를 시기하여 (15) 그 아버지 아브라함 때에 그 아버지의 종들이 판 모든 우물을 막고 흙으로 메웠더라."

이삭은 가나안 땅에 큰 흉년이 들어 많은 사람들이 애굽으로 떠나갈 때 창문 앞 기도를 통하여 하나님께 기도할 때 하나님께서 "애굽으로 내려가지 말고 내가 지시할 땅에 거하라"는 하나님의 명령에 순종하여 애굽으로 내려가지 않고 흉년이 든 가나 땅에서 농사를 지어 그 해 수확을 백배나 거둘 수 있게 되었고, 창대하고 왕성하여 마침내 거부가 되었습니다.

이렇게 창문 앞 기도를 통하여 하나님의 의중을 알고 하나님의 명령에 순종하면 하나님께서 축복해주십니다. 하나님께서 축복해 주시면 축복을 받습니다. 하나님께서 사업을 창대하게 해주시면 사업이 창대하게 됩니다. 하나님께서 사업을 번창하게 해주시면 사업이 번창하게 됩니다. 창문 앞 기도를 통하여 하나님의 뜻을 알고 하나님의 뜻대로 순종하면 되게 되어있습니다.

하나님께서 큰 부자가 되게 해주시면 큰 부자가 됩니다. 우리의 모든 것이 다 하나님의 손에 달려있습니다. 오늘 우리는 본문을 통하여 이삭이 하나님의 축복을 받은 비결을 살펴보고자 합니다. 이삭은 어떻게 해서 하나님의 축복을 백배나 받고 마침내 큰 부자가 되었을까요?

첫째, 이삭은 하나님께 예배드리는 것을 가장 중요하게 생각했다. 본문 25절을 봅니다. "이삭이 그곳에 제단을 쌓고, 여호와의 이름을 부르며 거기 장막을 쳤더니 이삭의 종들이 거기서도 우물을 팠더라." 이삭은 가는 곳마다 하나님께 예배를 드렸습니다. 여호와 하나님의 이름을 부르며 기도했습니다. 하나님께 예배드리는 것은 하나님께 축복받는 가장 첫 번째 비결입니다.

우리는 무슨 일을 하든지 가장 먼저 복의 근원되시는 하나님께 예배드려야 합니다. 그래야 복을 받습니다. 오늘 이렇게 이삭처럼 책을 읽는 분들을 하나님께서 축복하여 주실 줄 믿습니다. 우리들의 가정과 사업장에도 하나님께서 축복해주셔서 사업이 번창하며 백배나 더한 축복을 받고 창대하고 왕성하여 마침내 거부가 되는 축복을 받기를 예수님의 이름으로 축원합니다.

둘째, 이삭은 기도하는 사람이었다. 우리는 하나님에게 쉬지 말고 기도하라고 명령을 받았습니다(살전 5:17). 그러므로 신자는 다른 것은 몰라도 기도의 전문가가 되어야 합니다.

1)이삭은 중요한 일을 위해서 기도했습니다. 창 24장에 보면 아

브라함은 지혜로운 늙은 종을 보내서 이삭의 아내를 자신의 고향에서 데리고 오게 합니다. 그 종은 아브라함의 고향으로 가서 리브가를 데리고 옵니다. 리브가가 아브라함의 종을 따라 오다가 이삭을 보게 되는데 그 때 이삭은 기도하던 중이었습니다. 세상에서는 결혼만큼 중요한 일이 어디 있겠습니까? 이삭은 그 중요한 일을 위하여 지혜로운 종만 의지하지 않고 하나님께 기도했던 것입니다.

2)이삭은 문제해결을 위해서 기도했습니다. 창 25장에 보면 이삭이 결혼을 한 후 20년이 지났는데도 자식을 갖지 못했습니다. 리브가가 잉태하지 못하는 것입니다. 이삭은 사십 세에 리브가를 맞이하여 아내를 삼았으니……(창 25:20上). 이것은 가정에 큰 문제입니다. 이 문제를 이삭은 하나님 앞에 가지고 나아갔습니다. 이삭이 아내 리브가를 위하여 하나님께 간구하자 하나님은 이삭의 기도를 들으시고 응답하셔서 리브가가 잉태하게 하셨습니다. "이삭이 그의 아내가 임신하지 못하므로 그를 위하여 여호와께 간구하매 여호와께서 그의 간구를 들으셨으므로 그의 아내 리브가가 임신하였더니"(창 25:21).

그런데 또 문제가 발생했습니다. 리브가가 임신을 했는데 쌍태였습니다. 그 아이들이 배 속에서 얼마나 싸움을 하는지 리브가의 입덧이 너무나 심합니다. 임신을 하면 너무 입덧을 해야 하지만 너무 심하게 하는 것도 문제입니다. 이삭은 또 그 문제를 가지고 기도했습니다. 그랬더니 하나님께서 응답하셨습니다. 두 아이의 장래에 대한 예언의 말씀까지 임했습니다. "먼저 나온 자는 붉고 전신이 털

옷 같아서 이름을 에서라 하였고, 후에 나온 아우는 손으로 에서의 발꿈치를 잡았으므로 그 이름을 야곱이라 하였으며 리브가가 그들을 낳을 때에 이삭이 육십 세였더라"(창 25:25-26).

이삭처럼 우리들도 세상을 살다보면 우리의 힘으로 해결할 수 없는 문제를 만나게 됩니다. 이럴 때 이삭처럼 엎드려 기도하는 신자가 되어야 합니다. 하나님은 언제나 우리가 기도하기를 기다라십니다. 그리고 우리가 기도하면 그 기도에 합당한 응답을 해주시는 좋으신 아버지입니다. 시107편의 말씀을 기억하십시오. 성도가 근심 중에 부르짖으면 하나님은 들으시고 말씀을 보내시며 문제를 풀어주십니다.

3)이삭은 기근이 왔을 때 하나님께 기도했습니다. 하나님께서 이렇게 응답을 하셨습니다. "여호와께서 이삭에게 나타나 이르시되 애굽으로 내려가지 말고 내가 네게 지시하는 땅에 거주하라. 이 땅에 거류하면 내가 너와 함께 있어 네게 복을 주고 내가 이 모든 땅을 너와 네 자손에게 주리라 내가 네 아버지 아브라함에게 맹세한 것을 이루어, 네 자손을 하늘의 별과 같이 번성하게 하며 이 모든 땅을 네 자손에게 주리니 네 자손으로 말미암아 천하 만민이 복을 받으리라"(창 26:2-4). 순종한 결과 거부가 됩니다. "이삭이 그 땅에서 농사하여 그 해에 백배나 얻었고 여호와께서 복을 주시므로 그 사람이 창대하고 왕성하여 마침내 거부가 되어, 양과 소가 떼를 이루고 종이 심히 많으므로 블레셋 사람이 그를 시기하여, 그 아버지 아브라함 때에 그 아버지의 종들이 판 모

든 우물을 막고 흙으로 메웠더라"(창 26:12-15). 이방 사람이 시기할 정도로 거부가 되었습니다.

　4)이삭은 축복의 기도를 했습니다. 창 27장에 보면 이삭의 기도가 나옵니다. 그 기도는 아들을 축복하는 기도였습니다. 에서를 축복하려고 했는데 하나님의 말씀대로 야곱이 축복을 받았습니다. 창 28장에 보면 이삭이 또 야곱을 불러놓고 축복합니다. 우리의 기도는 저주가 되서는 안 됩니다. 축복이 되어야 합니다. 심지어 원수를 위해서도 축복하는 것이 하나님의 뜻입니다. 원수 갚는 것은 하나님께 있으며 우리들은 원수를 축복해야 합니다. 예수님도 십자가를 지시면서도 저주하지 아니하시고 축복하셨습니다.

　셋째, 이삭은 하나님의 말씀에 순종했다. 본문 2절을 봅니다. "여호와께서 이삭에게 나타나 이르시되 애굽으로 내려가지 말고 내가 네게 지시하는 땅에 거주하라" 이삭은 순종의 사람이었습니다. 하나님의 말씀에 순종해야 축복을 받습니다. 순종이 제사보다 낫습니다.

　창세기 22장에 보면 하나님께서는 아브라함에게 아들이삭을 번제로 드리라는 명령을 내리셨습니다. 아브라함은 그 명령에 순종하여 아들을 데리고 모리아 산으로 갔습니다. 이삭은 자신이 하나님께 번제로 바쳐질 제물인 줄도 모르고 아버지를 따라갔다가 졸지에 아버지가 하나님께 드리는 제사의 번제물이 되게 된 것입니다.

　이때 이삭은 젊고 팔팔한 나이여서 아버지의 명령을 거역하고 도망갈 수도 있었으나 하나님과 아버지의 뜻에 순종하여 스스로 제물이 되기로 결심했습니다. 이때 하나님께서는 숲 속에 숫양을 예비해 놓으셨고 이삭은 번제로 바쳐져 죽을 위기에서 벗어나게 된 것입니다.

이때 이삭은 하나님께로부터 그 순종을 인정받았습니다. 이삭은 어렸을 때부터 순종의 사람이었습니다. 그래서 그의 삶은 아버지 아브라함보다, 아들 야곱보다, 손자 요셉보다 훨씬 더 순탄하고 형통한 삶을 살게 되었습니다. 순종을 잘하는 사람들의 삶은 형통하고 순탄하습니다. 불순종한 사람들의 삶을 앞길이 험한 가시밭길이었습니다. 순종이 축복의 지름길이었습니다.

베드로 사도는 밤새도록 수고하였으나 고기를 한 마리도 못 잡았지만 '깊은 곳에 가서 그물을 내리라'는 예수님의 명령에 순종하여 깊은 곳에 가서 그물을 내렸더니 두 배에 가득 고기를 잡는 기적을 체험했습니다. 이렇게 순종하는 삶은 그의 앞길이 형통하고 축복이 넘쳐납니다.

넷째, 이삭은 가정을 중요하게 생각했습니다. 본문 25절을 봅니다. "이삭이 그곳에 제단을 쌓고, 여호와의 이름을 부르며 거기 장막을 쳤더니 이삭의 종들이 거기서도 우물을 팠더라." '거기 장막을 쳤더니'라고 했습니다. 이스라엘 백성들은 가나안 땅에 정착하여 살기 전까지 유목생활을 하면서 떠돌아 다녔습니다. 그래서 이들은 집을 짓지 아니하고 텐트생활을 했습니다. 여기서 이삭이 장막을 쳤다는 것은 이삭이 가족들이 살아갈 집을 마련하고 가정을 잘 돌보았다는 뜻입니다.

이삭은 오직 자신의 아내인 리브가만 사랑했습니다. 리브가가 20년간 아이를 출산하지 않았어도 오로지 리브가가 출산하기만을 기다렸습니다. 아버지 아브라함과 달랐습니다. 가화만사성이 있습니다. 가정이 화목해야 밖에 나가서 하는 일이 잘 됩니다. 수신제가이후에 치국평천하라는 말이 있습니다. 믿음의 가장들이 해야 할 가장 중요한 일은 자신의 가정을 천국으로 만들어야 합니다. 아무리 세상적으로 성공하고 출세했어도 가정을 돌보지 않아 가정이 파괴되면 그 사람은 인생에서 실패한 사람이요 불행한 사람입니다. 믿음의 가장이 가정을 중요시하고 가정을 위해 기도할 때 하나님께서 축복하십니다.

다섯째, 이삭은 부지런하고 성실하게 일했습니다. 본문 12절을 봅니다. "이삭이 그 땅에서 농사하여 그 해에 백배나 얻었고 여호와께서 복을 주시므로" 이삭은 요행을 바라지 않았습니다. 이삭은 로또복권이나 도박, 경마를 하여서 한방에 인생을 역전시키려는 허황된 꿈을 꾸지 아니하고 열심히 땀을 흘려서 농사를 짓고 가축을 키웠습니다. 사실 가뭄이 들고 흉년이 든 땅에서 농사를 짓기란 쉽지 않습니다. 물이 없으니 얼마나 우물을 많이 파야 했겠습니까? 우물이 조금 판다고 나옵니까? 가뭄이라 우물을 깊이 팠을 것입니다.

그리고 그 물을 퍼서 길러다가 가뭄 든 땅에 타들어가는 농작물과 양 염소, 낙타 등에 물을 먹이려면 얼마나 많이 물을 길렀겠습니까? 정말 엄청난 땀과 노력이 들어갔을 것입니다. 물론 하나님께서 복을 주시지만 우리들도 물질의 축복을 받으려면 열심히 땀 흘려 일해야 합니다. 일확천금을 노려서는 안 됩니다.

잠언 10:4절에서 "손을 게으르게 놀리는 자는 가난하게 되고 손이 부지런한 자는 부하게 되느니라"고 말씀하였고, 13:4절에서는 "게으른 자는 마음으로 원하여도 얻지 못하나 부지런한 자의 마음은 풍족함을 얻느니라"고 말씀했습니다.

사업을 하건 직장을 다니건 공부를 하건 장사를 하건 부지런해야 성공합니다. 부지런히 사업을 해 나갈 뿐만 아니라 부지런히 공부를 해야 합니다. 자기 분야에서 전문가가 되어야 합니다. 가정에서, 직장에서, 사업장에서는 물론이고 교회에서 주의 일을 할 때도 부지런히 일해야 합니다. 예배드리는 것도 부지런해야 합니다. 기도하는 것도 부지런해야 합니다. 일하지 않는 자는 먹지도 말라고 했습니다. 무슨 일이든지 부지런해야 하나님께로부터 축복을 받습니다.

여섯째, 이삭은 이웃과의 관계가 좋은 사람이었습니다. 본문 14~16절을 봅니다. "양과 소가 떼를 이루고 종이 심히 많으므로 블레셋 사람이 그를 시기하여, 그 아버지 아브라함 때에 그 아버지의 종들이 판 모든 우물을 막고 흙으로 메웠더라. 아비멜렉이 이삭에게 이르되 네가 우리보다 크게 강성한즉 우리를 떠나라" 이삭은 용서, 화해, 양보, 온유, 포용의 사람이었습니다. 이삭은 거부가 되는 축복을 받아서 블레셋 사람들의 시기 질투를 받았지만 이들을 용서하고 이들에게 양보하고 온유한 마음으로 이들을 포용했습니다.

이삭에게 있어서 우물은 목숨과도 바꿀 수 없는 소중한 재산이 있습니다. 우물이 있어야 사람도 먹고 짐승도 키울 수 있으며 농사도 지을 수 있습니다. 우물은 유목민의 생존에 절대적인 것입니다. 그래서 이 귀한 우물을 다른 사람들이 빼앗아간다면 사생결단을 하고 싸워서 지켜야 할 것입니다. 그래야 살 수 있기 때문입니다.

이삭은 이웃 사람들인 블레셋 사람들이 시기하고 질투하고 힘들여 파놓은 우물을 빼앗아가고 또 빼앗아 갔지만 그들과 싸우지 다투지 아니했습니다. 그 우물을 그들에게 양보하고 다른 곳으로 가서 새 우물을 팠고, 또 그 우물을 달라하면 또 양보하고 또 다른 곳에 가서 또 새 우물을 팠습니다. 자신이 좀 손해를 보고 양보를 한 것입니다. 이런 일들이 그때는 손해를 본 것 같지만 오늘 본문에 보면 하나님께서는 이삭에게 어디서 우물을 파든 물이 나오게 하셨고, 이삭의 우물터를 계속 더 넓혀 주셨습니다. 이삭은 이렇게 이웃들과 언제나 싸우지 않고 화평을 이루며 살았기 때문에 언제 어디서든지 우물을 팔 때마다 우물이 터지는 축복을 받았습니다. 더 크게 번창하는 축복을 받았습니다. 화평한 사람은 이삭과 같은 축복을 받습니다. "온유한 자는 복이 있나니 그들이 땅을 기업으로 받을 것임이요"(마5:5).

이것이 인통입니다. 사람과의 관계를 잘해야 합니다. 이웃들과의 관계가 좋아야 합니다. 친절하다고 소문이 나야 합니다. 친절하지 않으면 손님이 한번 왔다가도 다시는 안 옵니다. "신통하면 인통합니다. 인통하면 물통합니다." 귀하도 이삭처럼 화평의 사람이 되어 이삭이 받았던 백배의 축복을 받고 가정과 사업체가 창대하고 왕성하여 거부가 되는 축복을 모두 누리시기를 예수님의 이름으로 축원합니다.

일곱째, 이삭은 하나님의 은혜에 감사할 줄 아는 사람이었습니다. 본문 22절을 봅니다. "이삭이 거기서 옮겨 다른 우물을 팠더니 그들이 다투지 아니하였으므로 그 이름을 르호봇이라 하여 이르되 이제는 여호와께서 우리를 위하여 넓게 하셨으니 이 땅에서 우리가 번성하리로다 하였더라." 이삭은 번번이 자신이 판 우물을 블레셋 사람들에게 빼앗겼으나 다투지 않고 양보하여 또 다른 곳에 가서 우물을 팠고, 그 때마다 하나님께서 또 다시 우물을 허락해주셨습니다. 드디어 르호봇에서 우물을 팠더니 더 이상 다툼이 없이 평화를 얻었습니다. 이삭은 이에 감사하여 이곳 우물 이름을 르호봇이라고 이름짓고 하나님께 감사했습니다.

믿음 없는 사람 같으면 내가 그 동안 잘 참았고, 내가 그 동안 애쓰고 수고해서 우물을 팠고 파는 곳 마다 물이 나왔다고 교만했을 것입니다. 그러나 이삭은 자신이 판 우물마다 하나님께서 물이 나게 해주셔서 물이 났고, 마지막에는 가장 좋은 우물을 주셨다고 하나님께 감사했습니다. 그래서 그 샘의 이름을 르호봇이라 하고 하나님께서 주실 더 큰 축복을 기다리며 하나님께 감사했습니다.

본문 25절도 보면 "이삭이 그 곳에 단을 쌓아 여호와의 이름을 부르고" 이삭은 지금까지 받은 하나님의 은혜와 축복에 감사하여 하나님께 감사의 제사를 드렸습니다. 이렇게 하나님께서 주신 은혜에 감사할 줄 아는 사람이 더 큰 축복을 받게 됩니다. 감사는 축복의 통로입니다.

여덟째, 이삭은 하나님을 믿지 않는 세상 사람들에게도 인정받았습니다. 본문 28절을 봅니다. "그들이 이르되 여호와께서 너와 함께 계심을 우리가 분명히 보았으므로 우리의 사이 곧 우리와 너 사이에 맹세하여 너와 계약을 맺으리라 말하였노라" 이삭은 그 믿음을 하나님께 인정을 받았음은 물론 세상 사람들에게도 인정을 받았습니다. 우리는 우리의 믿음을 상대방에게 인정받아야 합니다. 먼저 하나님께 인정을 받아야 합니다. 또한 다른 성도들에게도 인정을 받아야 합니다. 더 나아가서 안 믿는 세상 사람들에게도 인정을 받아야 합니다. "저 사람은 확실히 예수 믿는 사람이야, 저 사람에게는 예수 믿는 냄새가 난단 말이야"하는 말을 들어야 합니다. 이렇게 하나님께는 물론 세상 사람들에게도 그 믿음을 인정을 받아야 하나님께로부터 축복받을 수 있는 사람이 될 수 있습니다.

아홉째, 이삭은 이웃에게 나누고 베풀 줄 아는 사람이었습니다. 본문 30절을 봅니다. "이삭이 그들을 위하여 잔치를 베풀매 그들이 먹고 마시고" 이삭이 판 우물은 이삭과 식구들 그리고 소, 양, 염소 등 자신의 가축들은 물론 길가는 나그네, 목마른 동물들까지 먹게 되었습니다. 또한 이삭은 자신이 판 우물마다 빼앗아간 원수 같은 블레셋 사람들에게 음식을 나누고 잔치를 베풀었습니다.

이렇게 이삭이 우물을 파서 다른 사람들에게도 마시게 하고 음식을 나누고 베풀었듯이 우리 믿는 사람들은 이웃을 위하여 사랑을 베풀고 이웃을 위하여 구제하며 하나님을 기쁘시게 하는 삶을 살아가야 합니다.

말씀을 정리합니다. 이삭은 하나님께 축복을 받아 가문이 번창했습니다. 아브라함 이삭 야곱 요셉으로 이어지는 이삭의 가문을 보면 아버지 아브라함이 하나님께 축복받을 일을 하니까 그 자녀 이삭이 복을 받았습니다. 이삭이 하나님의 뜻을 구하는 창문 앞 기도로 하나님의 뜻을 알고 순종하여 복을 받았습니다. 이삭이 이렇게 하나님께 축복받을 일을 하니까 그 자녀 야곱이 복을 받았습니다. 야곱이 하나님께 축복받을 일을 하니까 요셉을 비롯하여서 열두 아들들이 축복을 받았습니다. 자손 대대로 그 축복이 이어졌습니다. 믿음의 가문이 굳게 세워졌습니다. 이런 이삭의 축복이 책을 읽는 분들의 가정과 직장과 사업장에도 임하시기를 예수님의 이름으로 축원합니다.

9장 하나님을 대면하는 복은 받은 사람

(창 32:10) "나는 주께서 주의 종에게 베푸신 모든 은총과 모든 진실하심을 조금도 감당할 수 없사오나 내가 내 지팡이만 가지고 이 요단을 건넜더니 지금은 두 떼나 이루었나이다"

야곱은 그의 자손으로 하여금 하늘의 별처럼, 하나님의 백성을 이루기 위해 선택받은 사람입니다. 그리하여 그에 합당한 삶을 살게 했고 필요한 은혜와 복을 주셨습니다. 구원은 보편적인 믿음으로 받지만 복과 은혜는 내가 하나님의 뜻을 행하는 만큼 주십니다. 하나님이 주시는 복은 욕심을 채우는 복이 아닙니다. 진정한 복은 영육의 복입니다. 야곱은 영적으로 육적으로 큰 복을 받은 사람입니다. 중요한 것은 주신 복을 이루어 사는 것입니다.

야곱은 영적인 복을 받았습니다. 야곱은 모든 족장이며 선조들 가운데 영육의 복을 받은 사람입니다. 노아는 3형제 중에 한 자녀는 저주받은 자녀였습니다. 아브라함은 8아들 중에 이상 한 아들만 구원을 받았습니다. 이삭은 두 형제 중에 야곱 한 아들만 하나님의 백성으로 선택을 받았습니다. 그런데 야곱은 12아들 모두 선택받았습니다. 야곱의 아들들이 모두 선택에 합당한 자녀들이 아닙니다. 르우벤은 어머니를 마음에 품은 사람이고 레위와 시므온은 하나님의 성례를 보복의 도구로 삼고 이웃을 살인한 자들이고 유대는 본의는 아니지만 자부와 부적격한 행위를 했던 자입니다. 그러나 이 모두를 하나님의 자녀로 선택하여 하나님의 날 백성의 기초로 삼았습니다. "크고 높은 성곽이 있고 열 두문이 있는데 문에 열두 천사가 있고 그 문 위에 이름을 썼으니 이스라엘 자손 열두 지파의 이름 들이라"(계21:12-14).

야곱은 육적인 복을 받았습니다. 야곱은 라반의 집을 떠나올 때 두 떼를 이루었다고 했습니다. "나는 주께서 주의 종에게 베푸신 모든 은총과 모든 진리를 조금 이라도 감당할 수 없사오나 내가 내 지팡이만 가지고 이 요단을 건넜더니 지금은 두 떼나 이루었나이다."(창 32:10). 야곱은 자신이 고백합니다. 이 요단을 건널 때에는 빈 지팡이만 가지고 건넜는데 지금은 두 떼를 이루었다고 말했습니다. 양을 떼라고 말한 것은 헤아릴 수 없는 경우에 하는 말입니다.

형에게 주려는 선물만 해도 대단이 많은 수입니다. "야곱이 거기서 밤을 지내고 그 소유 중에서 형에서를 위하여 예물을 택하니 (14) 암염소가 이백이요 숫염소가 이십이요 암양이 이백이요 숫양이 이십이요. (15) 젖 나는 낙타 삼십과 그 새끼요 암소가 사십이요 황소가 열이요 암나귀가 이십이요 그 새끼 나귀가 열이라"(창 32:13-15). 형 에서에게 줄 예물만 해도 590마리로 나타납니다. 야곱은 이렇게 육적으로도 많은 복을 받은 사람입니다. 야곱의 모든 재물은 하나님이 주신 것임을 믿었습니다. 빈 지팡이만 가지고 요단을 건넜다고 했습니다. 14년 결혼 지참금으로 살았습니다. 6년 품값 열 번이나 변역했다고 했습니다. 그런데 6년 동안에 두 떼를 이루었습니다.

　야곱은 하나님께서 약속하신 뜻과 복을 이루기 위해 살았습니다. 하나님의 은혜와 복이 약속 되었어도 그 은혜와 약속을 이루는 생활을 해야 합니다. 약속을 믿고 가만히 앉아 있으면 이루어질 수 없습니다. 우리가 구원 받을 자로 선택을 받고 불러 주셨으면 그 구원을 이루는 생활을 해야 하고 약속하신 복도 생활을 통해 이루어야 합니다. 야곱은 영적 육적인 복과 은혜를 약속 받고 그 약속을 이루기 위한 생활을 했습니다.

　첫째, 장자가 되려고 힘썼다. 야곱은 자신이 하나님 모시고 살아야 할 사람으로 믿었습니다. 장자에 복과 은혜를 약속 하셨습니다. 야곱은 장자 되기를 소원했습니다. 장자는 사제권입니다. 부족의 복은 영혼 문제를 감당하는 사제권인 것입니다. 하나님의 영육의 복을 받으려면 장자가 먼저 되어야 합니다. 그러기에 장자 되기를 힘썼습니다. 태어날 때부터 본능적으로 장자가 되려 했습니다. "그 해산 기한이 찬즉 태에 쌍둥이가 있었는데 (25)먼저 나온 자는 붉고 전신이 갖옷 같아서 이름을 에서라 하였고 (26)후에 나온 아우는 손으로 에서의 발꿈치를 잡았으므로 그 이름을 야곱이라 하였으며 리브가가 그들을 낳을 때에 이삭이 육십 세이었더라"(창 25:24-26). 태어나면서 형이 되기 위해서 에서의 발꿈치를 잡고 나왔습니다. 장자가 되려는 본능적 행동이었습니다. 그래서 발꿈치를 잡고 나온 자이기 때문에 야곱이라고 이름을 지었습니다. 야곱이란 말은 발꿈치 잡은 아이란 말입니다.

장자의 명분을 형에게 샀습니다. "야곱이 가로되 형의 장자의 명분을 오늘날 내게 팔라 (32)에서가 가로되 내가 죽게 되었으니 이 장자의 명분이 내게 무엇이 유익하리요 (33)야곱이 가로되 오늘 내게 맹세하라 에서가 맹세하고 장자의 명분을 야곱에게 판지라"(창 25:31-33). 제도적으로 윤리 적으로 형을 돈으로 살 수 없는 일입니다. 그러나 야곱은 할 수 없는 일을 했습니다. 형 에서는 장자에 대하여 아무가치 없이 생각했습니다. 왜냐 하면 하나님을 향한 신앙이 없었기 때문입니다. 그러나 야곱에게는 장자 즉 사제의 지위는 신앙이 없는 자는 불필요한 것입니다. 그래서 자기가 장자의 명분을 형에게 샀습니다.

장자의 명분 사제권을 이양 받았습니다. "그 아비 이삭이 그에게 이르되 내 아들아 가까이 와서 내게 입 맞추라 (27)그가 가까이 가서 그에게 입 맞추니 아비가 그 옷의 향취를 맡고 그에게 축복하여 가로되 내 아들의 향취는 여호와의 복 주신 밭의 향취로다 (28)하나님은 하늘의 이슬과 땅의 기름짐이며 풍성한 곡식과 포도주로 네게 주시기를 원하노라 (29)만민이 너를 섬기고 열국이 네게 굴복하리니 네가 형제들의 주가 되고 네 어미의 아들들이 네게 굴복하며 네게 저주하는 자는 저주를 받고 네게 축복하는 자는 복을 받기를 원하노라"(창 27:26-29).

우리는 자칫 하면 야곱을 아버지를 속이고 형을 속이고 장자명분을 받았다고 악한 야곱으로 생각합니다. 그러나 깊이 살피면 그렇지 않습니다. 야곱을 잉태할 때에 큰 자가 어린 자를 섬기리라 했습니다. 사실상 태어날 때 야곱이 형의 발꿈치를 잡고 나왔습니다. 생각해보면 같이 태어난 것입니다. 일반 쌍둥이처럼 먼저 에서를 낳은 후 다음에 야곱을 낳은 것이 아닙니다. 야곱을 본능적으로 발꿈치를 잡고 태어났으니 한 몸으로 태어났습니다.

이삭은 하나님의 말씀대로 야곱에 장자 권을 이양해야 함에도 하나님의 말씀대로 시행하지 않고 인간의 제도대로 에서에게 이양하려 했습니다. 그러나 리브가가 볼 때 남편 이삭이 하나님의 말씀대로 행하지 않음을 보고, 하나님의 예언의 말씀대로 하도록 야곱을 지시했습니다. 하나님의 말씀을 이루기 위해서 인간적인 측면에서 야곱을 변장 시키는 것이 최선의 방편이었습니다. 형을 속였다고 생각하는데 에서 또한 이미 장자의 여분을 야곱에게 하나님의 아름을 걸고 팔았습니다. 애서와의 관계에서는 이미 야곱이 장자인 것입니다. 형과 아버지를 속인 것은 속였다기보다는 하나님의 말씀대로 이행하기 위한 최선의 방편이었습니다. 우리가 불신자의 가정에서 주일을 지키려면 부모님이 허락하지 않은 상태에서는 몰래 교회에 가는 수밖에 없습니다.

또한 헌금을 할 때에 불신자의 남편이 있는 경우 남편을 속이고라도 몰래 헌금을 하게 됩니다. 이와 마찬가지로 불신앙의 방법으로 장자 권을 이양하려는 이삭이라서 하는 수 없이 변장하여 속여야 했습니다. 속였다는 것 자체는 아버지에게 형에게 도덕적인 죄가 될지 모르지만 하나님 편에서 신앙 적으로 볼 때는 죄가 아닙니다. 그러기에 이삭의 마음을 혼미하게 하여 안수하게 하신 것입니다. 이삭은 야곱을 들어오라 하고 만져보면서 말하기를 목소리를 야곱의 목소리인데 몸은 에서의 몸이라고 하면서도 기도를 했습니다. 그것이 죄이고 악이라면 하나님은 악을 허용하는 악한 하나님으로 이해될 수 있습니다. 하나님 면전에서는 이삭이 불신앙 적으로 말씀대로 순종하지 않고 에서도 장자 권을 팔고도 자기가 장자가 되려 한 것은 거짓된 일입니다. 그러기에 야속은 하나님의 말씀을 이루려는 최선의 방편인 것을 알 수 있습니다. 장자(사제)는 신앙이 없는 자 에서는 되어서는 안 됩니다. 그러기에 하나님의 말씀대로 신앙적인 야곱에게 안수하게 한 것은 하나님의 섭리였습니다. 만약 죄가 되었다면 징벌이 내려져야 했습니다. 야곱을 에서처럼 재산에 욕심으로 장자 가된 것이 아닙니다. 그러기에 모든 것을 포기하고 단신으로 집을 나가게 된 것입니다. 장자 되기를 힘썼다는 말은 일생을 하나님 주인으로 섬기며 살아야겠다는 신앙입니다. 교회 안에서 제도적인 장자는 목사 이지만 신앙 적인 장자는 그 교회에서 가장 신앙이 으뜸인자가 장자입니다. 하나님은 그 장자를 통하여 뜻을 이루신다는 것을 말씀하고 있습니다.

둘째, 생활 속에서 하나님을 경험하며 동행하는 생활을 했습니다. 야곱은 생활 속에서 하나님이 함께 하심을 경험하며 살았습니다. "내가 이 이십년에 외삼촌과 함께 하였거니와 외삼촌의 암양들이나 암염소들이 낙태하지 아니하였고 또 외삼촌의 양떼의 수양을 내가 먹지 아니하였으며"(창 31:38). 야곱이 라반과 다투면서 20년 동안 생활하면서 자신의 삶의 고백을 합니다. 내가 이십년을 외삼촌과 함께 했거니와 양들이나 염소가 낙태하지 않았다고 고백했습니다. 그 고백은 자신이 양을 칠 때에 자신의 치는 양이 잘 되도록 하나님이 함께하신다는 것을 경험하고 확신하였습니다. 야곱은 생활 속에서 하나님을 경험하면서 살았던 것입니다. 즉 라반의 아들들이나 라반이 치는 양들은 낙태를 많이 해서 번성이 안 되었습니다. 그러나 야곱이 치는 암염소나 암양이 낙태하지 않은 것을 보고 하나님이 함께하신다는 것을 믿고 살았습니다. 신앙생활을 잘하는 생활은 생활 속에서 하나님을 경험하고 동행하는 생활인 것입니다. 하나님의 복된 사람 야곱은 생활 속에서 자기 양들의 낙태하지 않은 서실을 통하여 하나님을 만나 경험하고 함께하심을 확신하고 동행 하면서 살았습니다.

셋째, 야곱은 하나님 면전에서 정직하게 살았습니다. 또 외삼촌의 양떼의 수양을 내가 먹지 아니하였다고 말했습니다. 당시 양을 치려면 이리 저리 이동해야 했고 장기간 동안 집에서 떨어져 생활해야 했습니다. 그러기에 양이 몇 마리 새끼를 낳고 몇 마리 죽는지 모릅니다.

당시에 중간 상인들이 목장을 돌아다니며 양을 샀습니다. 그 중간 상인들에게 몇 마리씩 팔아서 이익을 챙기기도 했습니다. 야곱도 얼마든지 그렇게 할 수 있으나 라반을 속이지 않았습니다. 또 자신의 품삯은 열 번이나 변역을 당했는데도 자신을 정직하게 살았습니다. 그것은 야곱은 자신의 몸은 라반의 집에 일꾼으로 살아도 마음으로는 하나님의 뜻을 이루는 일꾼으로 하나님 면전에서 살았기 때문입니다. 사람을 속일 수 있어도 하나님을 속일 수 없다고 믿었기 때문이 정직하게 산 것입니다. 이유는 거짓된 자에게는 하나님이 함께하실 수 없고 주실 수 없기 때문입니다.

하나님의 복된 사람 야곱은 자신의 삶을 하나님께서 감찰하고 계심을 믿기에 속이지 않고 역심부리지 않고 정식하게 산 것입니다. 하나님께서 가장 싫어하는 것은 거짓입니다. 거짓의 아비가 사탄이기 때문입니다. 그러므로 하나님 기뻐하는 사람은 정직한 사람입니다. 하나님은 그 정직한 사람을 통하여 뜻을 이루십니다.

넷째, 야곱을 책임감을 가지고 살았습니다. 야곱은 짐승에게 물려 찢긴 것 도적맞은 것 모두 자신의 책임이라고 믿고 살았습니다. "물려 찢긴 것은 내가 외삼촌에게로 가져가지 아니하고 스스로 그것을 보충하였으며 낮에 도적을 맞았든지 밤에 도적을 맞았든지 내가 외삼촌에게 물어내었으며"(창 31:39). 야곱은 라반의 양을 치면서 짐승에게 물려 찢긴 것이나 도적을 맞았을 때 모두 자기의 것으로 배당된 것에서 보충했다고 했습니다. 짐승에게 물려 죽거나 상한 것은 얼마든지 변명의 여지가 있는 일입니다. 또 도적맞은 것도 어쩔 수 없는 일입니다. 당시 양치는 자들에게 흔히 있는 일입니다.

그러나 야곱은 그것까지도 자기가 부주의해서 된 일로 생각하고 자신이 짐승에게서 양을 지키지 못하고 도적에게서 지키지 못한 자신의 책임이라고 생각하고 모두 보충했던 것입니다. 이런 삶은 예사로운 삶이 아닙니다. 철저한 신앙인이 아니면 행할 수 없는 일입니다. 이것은 자신의 책임을 다한다는 삶의 원칙에서 행해진 일입니다.

주의 일꾼은 또한 그리스도인의 삶은 책임감을 가지고 살아야 한다는 것을 말하고 있는 것입니다. 진정한 헌신은 가정에서나 교회에서는 직장에서나 자기의 책임 의식을 가지고 살아야 한다는 말씀입니다. 잘 못된 것은 다른 사람에게 전가하지 말아야 한다는 말입니다. 너 때문이 아니고 나 때문이라는 책임감을 가지고 살아야 한다는 말입니다. 그는 라반의 양을 치고 있지만 하나님께서 맡겨준 일로 믿고 책임감을 가지고 살았습니다.

하나님은 충성하는 사람을 기뻐하십니다. 충성하는 사람은 책임감 있게 사는 사람입니다. 자신에게 주어진 위치에서 어떠한 위치가 되던지 그 자리에서 책임감 있게 사는 사람을 통하여 뜻을 이루십니다. 야곱은 비록 라반의 집에서 살고 있지만 하나님이 주어진 청지기로 살았습니다. 그래서 책임감을 가지고 양을 치면서 살았습니다. 그랬더니 사람 앞에서도 당당하게 살았던 것입니다.

여섯째, 삶의 보상을 하나님이 주실 줄 믿고 살았습니다. 야곱은 자신의 품삯을 6년 동안에 10번이나 번역했어도 인내하며 살았다고 했습니다. "내가 외삼촌의 집에 거한 이 이십년에 외삼촌의 두

딸을 위하여 십 사년, 외삼촌의 양떼를 위하여 육년을 외삼촌을 봉사하였거니와 외삼촌께서 내 품값을 열 번이나 변역하셨으니"(창 31:41). 사람이 주는 보상으로는 장자의 지위를 감당할 만큼 결코 줄 수 없습니다. 야곱은 라반이 보상하지 않아도 하나님이 주실 것을 믿고 바라고 살았기에 인내하며 살 수 있었습니다.

그것은 하란 광야서의 하나님의 약속이 있었기 때문입니다. "또 본즉 여호와께서 그 위에 서서 가라사대 나는 여호와니 너의 조부 아브라함의 하나님이요 이삭의 하나님이라 너 누운 땅을 내가 너와 네 자손에게 주리니 14)네 자손이 땅의 티끌 같이 되어서 동서남북에 편만 할지며 땅의 모든 족속이 너와 네 자손을 인하여 복을 얻으리라 15)내가 너와 함께 있어 네가 어디로 가든지 너를 지키며 너를 이끌어 이 땅으로 돌아오게 할지라. 내가 네게 허락한 것을 다 이루기까지 너를 떠나지 아니하리라 하신지라"(창 28:13-15).

일곱째, 하나님이 자신의 수고를 하나하나 감찰하고 계신다는 것을 믿었습니다. 야곱은 자신이 고난당하는 것 하나님이 하나하나 감찰하신다고 믿었습니다. "우리 아버지의 하나님, 아브라함의 하나님 곧 이삭의 경외하는 이가 나와 함께 계시지 아니하셨다면 외삼촌께서 이제 나를 공수로 돌려 보내셨으리이다 마는 하나님이 나의 고난과 내 손의 수고를 감찰하시고 어제 밤에 외삼촌을 책망하셨나이다"(창 31:42).

야곱은 6년 동안에 열 번이나 품삯을 변역했어도 인하며 참고 살았던 것은 하나님이 약속하신 약속을 믿고 반드시 그 약속을 이루실 것을 믿고 살았습니다. 진정한 헌신은 보상을 사람에게 기대하지 않고 하나님 바라보며 충성합니다. 자신이 도난당하는 만큼 하나님의 은혜는 더 클 것이라는 것을 믿었습니다. 하나님은 후히 주시는 하나님이시기 때문입니다.

여덟째, 하나님과 대면하고 에서와 화해하는 야곱입니다. 야곱이 얍복강 나루터에 왔을 때에 이제는 형이 땅으로 돌아옵니다. 형 에서에게 사람을 보내셔 20년 만에 동생이 돌아오니 용납해 주시옵소서 하니깐 형이 20년 동안 이를 갈고 분도 막심하여 때를 기다리는데 동생이 돌아온다고 하니깐 네가 단칼에 베어 버리겠다고 말합니다. 집에서 이룬 사병 400명을 거느리고 형이 출동하였습니다. 야곱은 처자와 소유물과 종들로 얍복강을 먼저 건너게 하고 혼자 강 이편에 앉아서 쪼그리고 있는 것입니다. 형이 와서 진정코 자기를 죽이려고 한다면 짐승 떼를 빼앗고 처자를 치면 그때는 달아나겠다는 것입니다. 처자야 또 결혼해서 낳으면 될 것 아니냐? 내 목숨 마지막 살고 보자 달아나자 마지막 그는 두 다리를 의지하는 최후의 꾀를 낸 것입니다. 그런데 그 최후의 꾀가 통과되지 않습니다.

창세기 32장 24절에 28절에 "야곱은 홀로 남았더니 어떤 사람이 날이 새도록 야곱과 씨름하다가 그 사람이 자기가 야곱을 이기지 못함을 보고 야곱의 허벅지 관절을 치매 야곱의 허벅지 관절이 그 사람과 씨름할 때에 위골 되었더라 그 사람이 가로되 날이 새려하니 나로 가게 하라 야곱이 가로되 당신이 내게 축복하지 아니하면 가게 하지 아니하겠나이다. 그 사람이 그에게 이르되 네 이름이 무엇이냐 그가 가로되 야곱이니이다. 그 사람이 가로되 네 이름을 다시는 야곱이라 부를 것이 아니요. 이스라엘이라 부를 것이니 이는 네가 하나님과 사람으로 더불어 겨루어 이기었음이니라" 혼자 쭈그리고 상황을 살피고 있는데 갑자기 건장한 사람이 나타나서 덤벼들었습니다. 그 사람은 자기를 죽일 기세로 달려들었습니다.

야곱은 이제는 목숨을 걸고 살아남기 위해서 전력을 기우려 그 사람을 대적했습니다. 엎치락 뒤차락 넘어지고 쓰러지며 밤새도록 씨름했어도 야곱은 어마어마한 결단한 각오를 가지고 살아남겠다는 노력으로 이 사람과 싸웠는데 아침이 되자 해가 뜨려고 하니 이 사람이 하는 말이 나는 이제 가야 되겠다. 그러니깐 가만히 야곱이 생각해 보니 보통 사람은 아닌 것 같거든요. 그래서 나에게 복을 주지 아니하면 나는 당신을 놓지 않겠나이다. 네 이름이 뭐냐 야곱입니다. 꾀둥이라는 말입니다. 사기꾼이라는 말입니다. 이제부터는 네 이름을 야곱이라고 하지 말고 이스라엘이라 하라. 하나님과 씨름해서 이긴자라고 하라. 그리고 난 다음에 그 사람이 야곱을 쳤으므로 허벅지 관절이 어그러져서 그분이 떠나고, 일어나 보니 절름발이가 되었습니다.

이제는 도망 칠 수가 없습니다. 앞에는 형이 400인의 거느리고 오지요. 뒤에는 외삼촌과 다시 경계를 넘지 않겠다는 언약을 맺었지요. 이제 마지막 다리를 의지해서 도망치려고 처자를 강 건너놓고 이편에 기다리고 있다가 절름발이가 되었습니다. 이제는 어찌할 도리 없이 지렁이가 될 수밖에 없습니다. 하나님을 의지하지 않으면 살수가 없는 상태가 된 것입니다. 여기에서 꾀 많던 야곱은 죽고 지렁이가 된 이스라엘로 태어난 것입니다. 하나님과 씨름해서 이기면 버림을 받고, 하나님과 씨름해서 지면 오히려 이긴자가 되고 마는 것입니다. 꾀 많고 교활하고 욕심쟁이 야곱은 죽고 지렁이 이스라엘로 태어난 것입니다. 허벅지 관절이 어그러져서 자신을 신뢰하지 못하고, 하나님을 의지하게 된 것입니다. 하나님의 도움 없이 살수가 없는 존재가 된 것입니다.

여기에서 야곱은 절름발이가 된 후 비로써 자기의 모든 과거, 야곱의 삶은 끝나고 마는 것입니다. 꾀 많고 교활하고 남 잘 속이던 야곱은 이제는 막다른 골목에서 완전히 죽었습니다. 지렁이가 되었습니다. 이제는 눈이 있어도 보지 못하고 귀가 있어도 듣지 못하고 마음이 있어도 생각할 수 없습니다. 형이 와도 도망 칠 수 없습니다. 이제 그가 의지할 것은 오직 하나님 밖에 남지 않았습니다. 속수무책이 되고 말았습니다. 야곱이 신앙고백을 합니다. "그러므로 야곱이 그 곳 이름을 브니엘이라 하였으니 그가 이르기를 내가 하나님과 대면하여 보았으나 내 생명이 보전되었다 함이더라"(창 32:30).

우리가 우리를 도울 수 있을 때는 아직 야곱입니다. 우리가 우리를 도울 수 없게 되었을 때 이제는 지렁이가 되었습니다. 절대적인 믿음 이것이 지렁이가 가질 수 있는 유일한 지닌 것입니다. 인간적인 모든 수단 방법이 다 끝난 야곱은 지렁이가 된 모습으로 형을 맞이하려 갑니다. 공격수단도 방어 수단도 없는 오직 하나님만 의지하고 그는 절뚝거리면서 앞서 건너가 있던 처자들 맨 앞에 자기가 서서 형을 향하여 형을 향하여 나갑니다. 그럴 때 하나님께서 말씀하신 것이 무엇입니까? 너 지렁이 같은 야곱아 내가 너를 도우리라. 이제 자기를 스스로 도울 길이 전혀 없습니다. 하나님이 도와주지 아니하면 단칼에 목이 날아가고 자기의 20년 동안 수고해서 모은 재산과 처자는 다 잃어버리게 되는 것입니다.

그러므로 우리 예수 믿는 사람들이 환란을 당하고 고난을 겪고 진퇴유곡에 빠져 야곱이 변하여 지렁이 이스라엘이 되거들랑 낙심하지 마십시오. 이제부터는 하나님이 도와주시는 것입니다. 창세기 33장 1절에서 4절에 보면 "야곱이 눈을 들어 보니 에서가 4백인을 거느리고 오는지라 그 자식들을 나누어 레아와 라헬과 두 여종에게 맡기고, 여종과 그 자식들은 앞에 두고, 레아와 그 자식들은 다음에 두고, 라헬과 요셉은 뒤에 두고, 자기는 그들 앞에서 나아가되 몸을 일곱 번 땅에 굽히며, 그 형 에서에게 가까이 하니 에서가 달려와서 그를 맞아서 안고 목을 어긋맞기고 그와 입 맞추고 피차 우니라" 지렁이의 기도 앞에 형의 20년 원한이 눈 녹듯이 녹아 버리고 만 것입니다. 이는 힘으로 하지 않고 능으로 하지 않고 오직 나의 신으로 된다고 말했습니다. 사람의 힘이 아니라 성령으로 되는 것입니다.

10장 영안열고 갑절의 복을 받는 사람

(욥 42:5) "내가 주께 대하여 귀로 듣기만 하였사오나 이제는 눈으로 주를 뵈옵나이다"

욥의 생애를 통해 성경이 말하고자 하는 축복이 과연 무엇인가에 대해서 생각해 보려고 합니다. 모두 42장으로 구성된 욥기는 성경 중에서도 두꺼운 책 중에 하나입니다. 토마스 카알라일은 "욥기만큼 수많은 사상과 수많은 문학과 수많은 신앙인과 비 신앙인에게 고루 감동을 미친 책은 없다"고 했습니다. 한 번이라도 진지하게 욥기를 읽어본 사람이라면 욥기로부터 받은 도전을 잊지 못하리라고 생각합니다. 욥기가 제기하는 문제는 여러 가지가 있지만 무엇보다 중요한 것은 고난과 축복에 관한 문제입니다.

고통은 인간에게 무슨 의미를 가지고 있는가 하는 것이 요기가 제기하는 문제입니다. 고통으로부터 제외된 인간은 아무도 없습니다. 인간은 이 세상에 태어나는 순간부터 죽는 순간까지 어쩌면 고통을 당하는 존재입니다. 과연 고난이라고 하는 것이 우리에게 무슨 의미가 있으며 축복은, 진정한 축복은 무엇인가 하는 문제가 바로 이 요기가 제기하는 문제입니다. 이러한 의미에서 잘못된 축복신앙에 병든 한국교회는 무엇보다도 욥기에 관심을 가져야 될 때라고 생각합니다.

어떤 신학자는 "욥의 고민을 해보지 않고 신앙한다면 아직도 천박한 신앙에 머물고 있다고 말하지 아니할 수 없다"고 했습니다. 욥이 가진 고민을 하지 아니하고 신앙하고 있다고 하는 것은 아직도 천박한 신앙 가운데 머물러 있다고 하는 이야기입니다. 욥의 생애를 통하여 하나님께서 주시고자 하는 진정한 복이 무엇인지 생각해 보고자 합니다.

먼저 욥이 어떤 사람이었는가에 대해서 보도록 하겠습니다. "우스 땅에 욥이라 이름하는 사람이 있었는데 그 사람은 순전하고 정직하여 하나님을 경외하며 악에서 떠난 자더라"(욥 1:1). 여기 보면 욥은 순전한 사람이라고 말하고 있습니다. 거짓이나 외식이 없는 사람, 겉과 속이 같은 사람이었습니다. 그 다음에 보면 욥은 정직하다고 이야기하고 있습니다. 순전하다고 하는 것이 내면적 삶의 모습이라면 정직은 대인관계의 모습입니다. 이웃과의 관계 속에서 욥은 정직한 사람이었습니다. 어떤 사람을 해치거나 손해를 입히거나 어떤 사람을 성가시게 하거나 속여 빼앗거나 하는 사람이 아니었음을 보여주고 있습니다.

다음으로 욥은 하나님을 경외한 사람이었습니다. 욥은 하나님을 참으로 사랑하는 자였습니다. 하나님을 참으로 두려워하는 자였음을 보여 주고 있습니다. 그리고 욥은 악에서 떠난 자라 했습니다. 욥의 신앙은 말로만의 신앙이 아니었습니다. 그의 신앙은 진실로 악에서 떠난 신앙이었습니다. 오늘 우리 한국 교회가 천만이라는 성도의 숫자를 자랑하면서도 악에서 떠난 성도가 얼마나 되는지를 생각할 때 욥의 신앙은 순전하고 정직하고 하나님을 경외하며 악에서 떠난 자였다는 사실을 깊이 생각할 필요가 있습니다. 1장 2절에 욥은 그 소생도 많아서 남자가 일곱이요 여자가 셋이라고 했습니다.

"그 소유물도 많아서 양이 칠천이요 약대가 삼천이요 소가 오백 겨리요 암나귀가 오백이며 종도 많이 있었으니 이 사람은 동방 사람 중에 가장 큰 자라"(1:3).

첫째, 고난당하는 욥. 욥은 명예로운 지위를 가지고 있었으면서도 흠잡을 데 없이 완벽한 신앙인이었습니다. 그러나 우리는 욥에게 광풍이 몰아치는 것을 보게 됩니다. 그토록 아름답고 귀한 인품과 흠 없는 신앙을 소유한 욥에게 축복이 아닌 모진 고난이 몰아닥친 것은 도저히 생각하기 어렵습니다. 그가 가지고 있는 모든 소유가 순식간에 몰살당해 버렸습니다. 그토록 애지중지하던 자녀가 한 사람이 아니라 열 명이 모두 몰살을 당했습니다. 거기에 욥 자신도 병에 걸려, 그것도 통증이 심하고 보기에도 흉한 병에 걸리게 되었습니다.

여기서 우리가 알아야 할 것은 욥에게 일어나는 이 사건, 욥에게 일어난 일이 욥에게만이 아니라 모든 사람에게 일어날 수 있는 사건이라는 사실입니다. 왜 욥기가 그렇게 많은 사람들에게 감동을 주는가 하면 많은 사람들이 욥이 당했던 것과 같은 고난을 당하고, 당할 수 있기 때문입니다. 욥이 당한 일은 나하고는 전혀 상관없는 일이 아닙니다. 우리는 어느 날 갑자기 사고를 당해서 불구가 된 사람의 소식을 접하게 됩니다. 우리 교회 성도 중에서도 어느 날 갑자기 사랑하는 아들이 백혈병에 걸려서 죽은 일도 있었습니다. 우리 주위에는 어느 날 갑자기 엄청난 일을 당하는 일들을 너무 많이 봅니다. 82년 버어마 아웅산 사건에서 몇 십 명의 사람들이 죽었습니다. 86년 중동에서 일하던 근로자들을 실은 대한항공 비행기가 폭파되어 타고 있던 많은 사람들이 몰살을 당했습니다. 며칠 전에는 교회에서 운영하는 유치원에서 불이 나 어린아이들 예닐곱 명이 죽었습니다.

이러한 불의의 사건들을 보면서 무엇을 생각하십니까? 하나님께서 나쁜 사람들만 골라 벌을 주는 것이라고 생각하십니까? 우리는 아웅산 사건에서 사실 죽어야 할 사람은 죽지 않고 죽지 않아도 될 사람이 죽는 것을 보았습니다. 서석재 총리, 김제익 재무부장관, 함병춘 비서실장 등 사람들로부터 존경을 받았고 신앙을 가진 사람들이 몰살을 당했습니다. 그러나 죽어도 괜찮겠다고 생각한 사람은 죽지 않았습니다. 우리는 이러한 부조리한 사건들이 순간순간 우리의 삶을 둘러싸고 있음을 보게 됩니다. 과연 하나님께서는 나쁜 사람들만 골라서 불치의 병에 걸리게 하고 자동차 사고를 만나게 해서 죽게 하신다고 생각합니까?

둘째, 인과응보 논리의 위험. 욥이 자식을 잃고 재산을 다 잃고 그토록 고통스런 병에 걸렸을 때, 그 소식을 전해들은 친구들이 와서 욥을 위로해 줍니다. 욥의 친구들이 그에게 무슨 이야기를 했는지 보도록 하겠습니다. "생각하여 보라 죄없이 망한 자가 누구인가 정직한 자의 끊어짐이 어디 있는가를 내가 보건대 악을 밭갈고 독을 뿌리는 자는 그대로 거두나니"(욥 4:7, 8).

이것은 욥의 친구 엘리바스의 이야기입니다. 엘리바스는 욥에게 찾아가서 "네가 무엇인가 알지 못하는 죄를 지었기 때문에 형벌을 받은 것이다"고 이야기하고 있습니다. 두 번째 친구인 빌닷은 "하나님이 어찌 심판을 굽게 하시겠으며 전능하신 이가 어찌 공의를 굽게 하시겠는가 네 자녀들이 주께 득죄하였으므로 주께서 그들을 그 죄에 붙이셨다"(8:3, 4)고 말했습니다. 여기 두 친구들과 다음에 나오는 친구들도 공통적으로 욥에게 "네가 틀림없이 죄를 지었기 때문에, 네가 틀림없이 잘못했기 때문에 하나님으로부터 벌을 받았다. 그러므로 너는 회개하라"고 이야기하고 있습니다.

욥기 8장 11절은 이스라엘 사람들의 속담입니다. "왕골이 진펄이 아니고 나겠으며 갈대가 물 없이 자라겠느냐." 왕골은 펄이 있어야 난다는 이야기입니다. 물이 없는 데서는 갈대가 자라지 않는다는 뜻입니다. 우리 식으로 표현한다면 "콩 심은데 콩 나고 팥 심은데 팥 난다." 또는, "아니 땐 굴뚝에 연기나랴"와 같은 속담입니다. 친구들은 "네가 그러한 형벌을 받은 것은 틀림없이 죄를 지었기 때문이다. 그러므로 회개하라"고 욥에게 말합니다. 얼핏 보면 친구들의 조언은 매우 경건한 것 같습니다. 또 그들의 신앙은 매우 좋은 것 같습니다. 욥을 찾아가서 하나님을 말하고, 회개를 말하는 욥의 친구들의 말을 듣다 보면 그들의 신앙이 대단한 것 같고 욥의 신앙이 별로인 것 같습니다.

욥을 위로한 친구들의 논리는 "인과응보의 논리"입니다. 그러나 신앙생활에 있어서 이 인과응보의 논리만큼 무서운 것이 없다는 사실을 알아야 합니다. 인과응보 사상이란 내가 행한 대로 하나님께서 갚아 주실 것이라는 생각입니다. 그러나 성경의 저변에는 인과응보를 부정하고 있음으로 알아야 됩니다. 인간은 하나님 앞에서 선을 행할 수 없는 죄인입니다. 인과응보의 논리 속에는 인간이 하나님 앞에서 감히 선을 행할 수 있다는 교만이 들어 있습니다. "사단이 여호와께 대답하여 가로되 욥이 어찌 까닭 없이 하나님을 경외하리이까?"(욥 1:9). 이 말은 사탄이 하나님께 욥의 신앙에 대해서 문제를 제기하고 있는 장면입니다. 여기 나타난 사탄의 사고방식은 복을 주셨기 때문에 욥이 당신을 사랑한 것이지 욥이 어찌 까닭 없이 당신을 경외하겠습니까하는 말입니다. 당신께서 욥에게 그토록 크게 복을 주셨기 때문에 욥이 당신을 따르고 경외하는 것이지 어떻게 욥이 그런 것 없이 당신을 따르겠습니까(욥 1:10)하는 식입니다. 이렇게 사탄의 논리는 인과응보의 논리입니다. 하나님이 주셨기 때문에 욥이 그렇게 한 것이고, 욥이 그렇게 했기 때문에 하나님이 복을 주신다는 논리입니다.

셋째, 사탄의 논리. 욥의 친구들의 논리에서 인과응보의 논리를 보았는데 곧 사탄의 논리에서도 그것을 발견하게 됩니다. 그렇다면 왜 인과응보의 논리가 사탄의 논리인지 생각해 보아야 합니다. 사람이 살다 보면 일이 잘될 때가 있고 일이 잘못 될 때가 있습니다. 오늘은 일이 잘되다가 내일은 일이 못되기도 합니다. 인과응보의 사고는 일이 잘 안될 때 항상 하나님을 의심하게 만듭니다. 이 세상을 살다 보면 잘되는 일보다 안 되는 일이 더 많습니다. 생각해 보십시오. 나면서부터 죽을 때까지 일이 잘되기보다도 안타깝게 안 되는 일이 얼마나 많습니까? 아니, 안 되는 일로 꽉 차 있는 것이 인간사가 아닙니까? 인과응보의 논리로 본다면 일이 잘되지 않을 때는 결국 하나님의 존재를 의심하고 부정하게 만듭니다.

내가 애쓴 만큼 하나님이 응답해 주셔야 되고 보답해 주셔야 된다면, 그렇지 못할 때는 하나님이 과연 계시는가하는 문제가 제기됩니다. 비행기 사고로 사람들이 죽었을 때 멀리서 보는 사람들은 쉽게 '저 사람들은 무슨 죄를 지어서 그러는가보다'고 생각할지 모르지만 그 일을 당한 사람의 입장에서는 억울할 것입니다. 내가 과연 무엇을 했길래 내 사랑하는 남편이 비행기 사고로 죽어야 하는지, 내 사랑하는 부인이, 저토록 착한 부인이 암에 걸려 죽어야 하는지 등 세상에 안되는 일 가운데서 실제로 당한 사람의 입장에서는 '하나님이 계시지 않는구나!' 하는 생각을 하게 만듭니다.

「카라마죠프가의 형제들」에서 도스토예프스키는 주인공 이반을 통해서 우리 인간으로서 이해할 수 없는 고통들이 이 세상에는 너무 많기 때문에 하나님은 계실 수 없다는 문제를 제기하고 있습니다. 이 세상에는 도무지 사람들이 이해할 수 없는 고통들과 이해할 수 없는 불합리한 일들이 너무 많기 때문에 하나님이 계신다면 어떻게 그런 일이 일어날 수 있느냐는 것입니다. 그러므로 하나님은 계시지 않는다는 것입니다. 이 작품에서 이반은 무신론자의 대표로 등장합니다. 이 무신론자인 이반을 통해서 도스토예프스키가 그리고자 했던 가장 중요한 문제는 이 세상이 이토록 불합리하고 부조리하고 고통이 많은데 어떻게 하나님이 존재하느냐 하는 것입니다. 하나님을 잘 믿어도 만사가 잘 안된다면 믿어야 할 이유가 어디 있는가 하는 문제를 우리에게 던져 줍니다.

우리는 실제로 살아가면서 그토록 애썼는데도 일이 잘 되지 않을 때 우리의 마음속에는 '과연 하나님이 계신가? 하나님이 계시다면 과연 이럴 수가 있는가?' 하는 의심을 가질 때가 종종 있습니다. 이런 문제들을 실제로 우리가 당하는 삶의 아픔으로 고민한다면 이 문제가 얼마나 절절한 문제인가 하는 것을 알게 됩니다.

지금까지는 일이 잘 되어가지 않을 때를 전제하면서 고찰했는데 다음으로 생각해 보아야 할 것은 일이 잘 될 때입니다. 일이 못되면 '과연 하나님이 계신가? 내가 믿어야 할 이유가 뭔가?' 이렇게 의심하다가도 일이 잘되기만 하면 인간은 내가 잘해서 그렇게 됐다고 생각합니다. 그러니 인간이 얼마나 간사하고 이기적인 존재입니까? 내가 잘해서 출세하고 행복한 것이지 하나님이 함께 해주셔서 된 것이 아니라고 생각합니다. 그러나 부패한 인간이 어떻게 하나님 앞에서 선을 행할 수가 있습니까? 하나님께서 우리가 행한 대로 일일이 보응하신다고 한다면 하나님 앞에서 우리는 날마다 죽어야 되며 또 날마다 죽어 마땅한 사람입니다. 어떻게 우리 인간이 하나님 앞에서 "내가 이것을 잘했으니 당신이 상을 주시오"라고 말할 수 있겠습니까. 또 인과응보의 논리는 자칫 잘살고 출세한 자의 논리가 되기 쉽습니다. 잘살고 출세한 자의 입장에서는 내가 잘해서 하나님께서 복 주신 것이고 가난하고 고생하는 사람은 하나님이 저주하셨기 때문이라고 생각하기 쉽습니다.

이와 같이 욥기에서 보여 주는 것은 인과응보의 사상이 사탄적이라는 것입니다. 인과응보의 사상은 하나님과 인간의 관계를 상업적으로 만듭니다. 하나님과 인간관계를 주고받는 관계로 만드는 것입니다. 어떻게 하나님과 우리 사이에 상업적 관계나 거래적 관계가 이루어 질 수 있겠습니까? 하나님과 인간의 관계에서 인과응보의 관계가 있다는 이 상업적 거래 논리는 참으로 사탄의 생각입니다. 우리는 욥기에서 인과응보의 사상을, 공로의 사상을, 축복신앙을 정면으로 거부하는 욥을 보게 됩니다. "그가 이르되 그대의 말이 어리석은 여자 중 하나의 말 같도다. 우리가 하나님께 복을 받았은즉 재앙도 받지 아니하겠느냐 하고 이 모든 일에 욥이 입술로 범죄치 아니하니라"(욥 2:10). 우리는 하나님으로부터 복을 받을 뿐만 아니라 재앙도 받습니다. 좋은 것과 함께 나쁜 것도 받습니다. 욥은 이 사실을 알고 있었습니다. 욥이 정직하고 순전하고 하나님을 경외하고 악에서 떠난 자였지만 그는 자기가 하나님으로부터 좋은 것을 받을 뿐만 아니라 재앙도 받는다는 사실을 알았습니다. 욥은 네 명의 친구들로부터 분명히 네가 잘못했기 때문에 하나님으로부터 그렇게 큰 벌을 받는다는 말을 듣습니다. 욥은 이 인과응보의 논리를 가지고 도전하는 친구들을 향해서 아타까운 마음으로 "나를 용납하여 말하게 하라"(욥 21:1~3), 즉 내말도 좀 들어보라고 말합니다. 너희들이 말하는 대로라면 어찌하여 악인이 살고 수를 누리고 세력이 강하냐(21:7)고 되묻습니다. 욥은 끝까지 인과응보의 신앙, 공로 사상을 거부합니다. 하나님은 그러한 분이 아니다. 여기에서 욥의 유명한 고백을 듣습니다.

넷째, 이제는 내가 눈으로 주를 뵈옵나이다. "내가 가는 길을 오직 주께서 아시나니 그가 나를 단련하신 후에는 내가 순금같이 나오리라"(욥 23:10)하는 말씀입니다. 이 말씀을 잘 생각해 보십시오.

"나의 가는 길을 오직 그가 아시나니", 이 말은 내가 가는 길, 인생 길을 아무도 알 수 없다는 말입니다. 인간의 가는 길은 인간이 알 수 없고 오직 여호와 하나님만이 아신다는 말입니다. 이 세상에 일어나는 일들을 사람이 알 수 없습니다. 오직 여호와 하나님께서 아십니다. "그가 나를 단련하신 후에는 내가 순금같이 나오리라." 사실이 욥기는 고난과 축복의 문제를 제시하면서도 우리들에게 공식적인 답변을 보여 주지는 않습니다. "이것이 바로 축복이다"라고 확실하게 말하지 않습니다.

그러나 욥기 전체를 통해서 마지막 부분에서 우리들에게 알려 주고자 하는 교훈의 말씀은 두 가지입니다. 즉 창조주 하나님이 계시다는 사실과 그 하나님이 나를 사랑하고 계시다는 것을 욥이 알았을 때, 자기가 가지고 있는 모든 문제를 해결 받았다고 하는 사실입니다. 창조주 하나님이 계시다고 하는 이 사실과 그 분이 나를 사랑하고 계시다는 사실을 아는 것만큼 큰 복이 없다고 하는 것을 욥기는 우리들에게 보여주고 있습니다. "내가 이제까지 살아계신 하나님을 소문으로만 들었는데 이제는 내가 직접 주님을 만나보게 되는구나"(욥 42:5). 이것이 고난에 대한 욥의 해결입니다. 이제는 살아계신 창조주 여호와 하나님을 만났으며 알게 되었다는 것입니다.

설령 이 세상에서 아무 걱정 없이 잘 먹고 잘산다고 할지라도 하나님이 계시지 않는다면 그것은 무의미하고 허망한 것입니다. 하나님이 계시지 않는다면 그 어떠한 것이라도 허망한 것입니다. 무슨 의미가 있습니까? 하나님이 계시지 않는데 백 년을 산다 한들 아니, 천 년을 산다 한들 무슨 소용이 있습니까? 백 년도 잠깐이고 천 년도 잠깐입니다. 한낱 물거품이고 한낱 안개일 뿐입니다. 하나님이 계시지 않는다면 우리 인간들이 누리고 있는 그 어떠한 것도 아무 의미가 없습니다. 하나님이 계시기 때문에 이 세계는 살 만한 가치가 있는 것입니다. 저는 쥐새끼나 닭 같은 동물들을 잘 죽이지 못합니다만 특별히 개미를 죽이지 않습니다. 길을 가다가도 안 밟으려고 애를 씁니다. 왜냐하면 개미는 멋모르고 이리저리 돌아다니는데 사람이 무심코 지나가다 밟으면 죽습니다.

그런 개미를 볼 때마다 우리 인간도 저런 것이구나 하는 생각을 많이 합니다. 그래서 저는 특별히 개미를 안 죽입니다. 이렇게 인간도 하나님이 없다면 마치 개미와 같은 존재일 뿐입니다. 개미가 있는 곳에서 갑자기 사람이 소변을 보게 되면 개미는 홍수에 빠집니다. 개미는 거기에 빠져 죽을지도 모릅니다. 사람은 무심코 그런 일을 했는데 개미에게는 죽느냐 사느냐의 중대한 문제가 발생합니다. 우리 인생은 흙에서 나와 흙으로 돌아갑니다. 하나님이 계시지 않는다면 참으로 무의미하기 짝이 없습니다. 한낱 티끌일 뿐입니다. 그래서 욥은 13장 15절에서 다음과 같은 말을 하게 됩니다. "그가 나를 죽일지라도 내가 그분 안에 소망을 가지리라"(영어 성경에는 Though he slay me, yet I will hope in him). 내가 비록 죽는다고 할지라도 살아계신 여호와 하나님 때문에 내가 소망을 갖는다고 하는 것입니다. 이 확신이 바로 욥의 축복입니다. 욥은 엄청난 질고와 고통을 이 확신을 통해서 해결할 수 있었습니다.

저는 파스칼을 참 좋아합니다. 저는 그가 남긴 「팡세」를 성경 다음으로 자주 읽습니다. 무엇보다 그가 하나님을 뜨겁게 사랑하는 삶이 너무 감동적입니다. 파스칼은 예수님을 믿을 때 고백한 글을 써서 죽을 때까지 자기 옷깃 속에 넣고 다녔습니다. 이 글이 죽은 후에 발견되었는데 거기 보면 이런 고백이 있습니다. "아브라함의 하나님, 이삭의 하나님, 야곱의 하나님은 철학자나 과학자의 하나님이 아닙니다." 파스칼은 대단한 천재였습니다. 수학자요, 철학자요, 물리학자요 참으로 희귀한 천재였습니다. 12세 때 논문을 쓰기 시작했고 15세 때 벌써 유럽의 지성들을 감동시켰던 천재입니다. 그가 32세 때 하나님을 알고 난 다음 "아브라함의 하나님, 이삭의 하나님, 야곱의 하나님은 그러나 철학자나 과학자의 하나님은 아닙니다. 확신! 확신! 사랑! 기쁨! 평화! 의로우신 아버지, 세상은 당신을 알지 못했어도 나는 당신을 알았습니다. 기쁨! 기쁨! 기쁨의 눈물" 이렇게 썼습니다.

파스칼은 하나님을 아는 순간에 이 세상 일체의 사물을 망각한다고 고백하고 자기가 가지고 있던 수저까지도 다른 사람에게 다 물려 준 다음에 오직 성경연구와 기도에 전념하면서 그의 짧은 39년의 생애를 뜨겁게 살았습니다. 우리가 잘 아는 영국의 철학자 버틀란트 럿셀은 그가 쓴 철학사에서 파스칼을 가리켜 "참으로 아깝다. 이 사람이 하나님을 몰랐었더라면 인류에 공헌한 것이 얼마나 많았을지 모른다."고 말했습니다. 그러나 이 위대한 천재 신앙인인 파스칼은 "의로우신 아버지여, 세상은 당신을 알지 못했어도 나는 당신을 알았습니다. 기쁨! 기쁨! 기쁨! 기쁨의 눈물…"이라고 고백했습니다. 이것이 복입니다.

욥의 축복은 바로 살아계신 하나님을 만난 복입니다. 살아계신 하나님을 발견한 것입니다. 주기도문에 있는 첫마디 말씀을 깊이 생각해 보시기를 원합니다. "하늘에 계신 우리 아버지!" 과연 확신을 가지고 이렇게 기도할 수 있습니까? 이 확신을 가지고 계십니까? "하늘에 계신 우리 아버지", 주기도문 중에서 "하늘에 계신 우리 아버지"를 참으로 확신 가운데 부를 수 있다면 그 나머지 기도는 계속할 필요가 없다고 생각합니다. 물론 그렇게 하시라는 말은 아닙니다. "하늘에 계신 우리 아버지!" 그분이 계시기 때문에 우리의 삶은 가치가 있고 아름답고 의미가 있는 것입니다. "하늘에 계신 우리 아버지", 바로 이것이 욥이 발견한 복입니다.

욥은 창조주 하나님과 대화를 나누었습니다. 욥이 "내가 주께 대하여 귀로 듣기만 하였사오나 이제는 눈으로 주를 뵈옵나이다. 그러므로 내가 스스로 거두어들이고 티끌과 재 가운데에서 회개하나이다(욥 42:5-6)"라고 고백하였습니다. 욥의 기도를 하나님께서 기쁘게 받으셨습니다. 수소 일곱 마리와 수 양 일곱 마리로 드린 번제를 하나님께서 받으시고 욥의 곤경을 돌이키시고 욥에게 전 소유보다 갑절이나 주셨고 더욱 많은 축복을 주셨습니다(욥42:8-17).

경건한 자와 의로운 자가 결국 승리합니다(욥42:1-7). 욥을 통해서 얻은 교훈은 하나님께서는 합력하여 선을 이루시며 피할 길을 주시며 시련과 연단 후에는 회복과 축복을 주시는 분이시며 금같이 귀하게 쓰신다는 것을 깨닫게 되었습니다. 욥의 시련과 고통을 통해 욥은 하나님을 더욱 확신하게 되었습니다(욥42:5). 사람의 생각으로는 불합리해 보이는 것도 배후에는 하나님의 섭리와 목적이 분명히 있습니다. 욥기서의 욥의 신앙을 통하여 시련과 시험을 당한 수많은 성도들이 위로와 힘을 얻고 하나님을 더욱 더 잘 섬기게 되는 것입니다. 귀하도 인내하여 욥이 받은 복을 받으시기를 바랍니다.

출간된 강요셉목사 저서안내입니다. 강 요셉 목사는 지난 20년간 한 사람 한 사람이 영적으로 변화되고 치유되는 사역을 몰두했습니다. 사역 간 직접 체험한 임상과 진리의 말씀과 성령의 역사를 종합하여 책을 집필해왔습니다. 그간 집필하여 출간된 서적들입니다. **읽어보시면 좀 더 빨리 하나님께서 원하시는 마음과 몸이 되어 하늘나라 천국을 누릴 것입니다.**

「신유은사역의 달인이 되자(성령)」「기독교인의 인생문제 치유하기 1.2권(성령)」「꿈 환상 해석통한 상담과 치유비결(성령)」「영의통로가 뚫려야 성공한다(성령)」「가계가 축복 받는 선포기도문(성령)」「귀신축사 알고 보니 쉽다(성령)」「하나님의 음성을 쉽게 듣는 비결(성령)」「내적 상처를 스스로 치유하는 기도문(성령)」「성령으로 기도하는 법(성령)」「성령의 은사와 사명 감당(성령)」「가계의 고통을 끊고 축복받는 비결(성령)」「물질 축복 받는 비결(성령)」「기적치유(성령)」「하나님의 복을 전이 받는 법(성령)」「깊은 영의기도 숙달하는 비결(성령)」「불같은 성령의 기름 부으심(성령)」「형통의 복을 받는 법(성령)」「말의 권세를 사용하라(성령)」「성령의 불로 충만받는 법(성령)」「보혈의 권능을 사용하는 법(성령)」「영안을 밝게 여는 비결(성령)」「성령의 불로 불세례 받는 법(성령)」 **나머지는 28장에 소개합니다.**

11장 늙도록 부하고 존귀했던 사람

(대상 29:26-30) "이새의 아들 다윗이 온 이스라엘의 왕이 되어 (27) 이스라엘을 다스린 기간은 사십 년이라 헤브론에서 칠 년간 다스렸고 예루살렘에서 삼십삼 년을 다스렸더라 (28) 그가 나이 많아 늙도록 부하고 존귀를 누리다가 죽으매 그의 아들 솔로몬이 대신하여 왕이 되니라 (29) 다윗 왕의 행적은 처음부터 끝까지 선견자 사무엘의 글과 선지자 나단의 글과 선견자 갓의 글에 다 기록되고 (30) 또 그의 왕 된 일과 그의 권세와 그와 이스라엘과 온 세상 모든 나라의 지난날의 역사가 다 기록되어 있느니라."

하나님께서는 말씀하시기를 내가 이새의 아들 다윗을 만나니 내 마음에 합한 자다 그를 통하여 나의 뜻을 다 이루겠다고 우리 주님이 그렇게 말씀하시더니 이 다윗이 평생을 하나님 앞에 헌신하며 살았는데, 그가 헌신하다가 손해를 많이 본 게 아니고 헌신하며 충성하며 살아가다가 성경에서 그는 뭐라고 말하느냐, 늙도록 부하고 존귀하다가 죽으매 그랬습니다. 신앙생활을 하는 사람은 누구든지 처음부터 바르게 양육돼서 하나님을 올바르게 경외하는 자가 되어야 하나님께서 인정하는 제자가 되어 집니다. 하나님께서 주신 최고 귀한 것을 최고 귀한 것으로 받아들이는 바로 그 사람, 그 사람이 바로 하나님을 경외하는 사람이고, 하나님께서 주시는 최고 귀한 것을 귀한 줄 모르고 그것을 무시하고, 짓밟고, 천하게 여기는 자는 하나님을 멸시하는 자입니다. 그래서 우리 성도님들 중에는 정말 참으로 하나님을 멸시하는 자가 아닌 하나님을 경외하는 자 되길 바랍니다.

첫째, 하나님 경외하는 자

1)하나님을 경외한다고 할 때, 이 하나님을 경외하다 이 말이 무슨 말이냐? 이르아 그런 뜻인데 하나님을 최고로 사랑하는 것이 하나님을 경외하는 것입니다. 마태복음 22장 37절에 내 마음을 다하고, 뜻을 다하고, 목숨을 다하여 주 너의 하나님을 사랑하라고 했습니다. 살아계신 하나님을 세상에 남편보다, 아내보다, 자식보다, 부모보다, 돈보다, 명예보다 그 어떤 것보다도 하나님을 더 사랑하는 것이 하나님을 경외하는 겁니다. 그다음에 하나님을 경외하는 것이란 하나님을 최고로 두려워하는 겁니다.

히브리서 10장 31절에 "살아계신 하나님의 손에 빠져 들어가는 것이 무서울 진저, 하나님의 아들을 밟고 언약의 피를 부정한 것으로 여기고, 은혜의 성령을 욕되게 한 자." 이런 사람은 살아계신 하나님의 손에 빠져 들어가게 된다고 말씀하시면서 얼마나 무서운지 무서울 진저 그랬습니다. 마태복음 10장 28절에 "몸을 죽인 후에 영혼을 멸하지 못하는 사람을 두려워하지 말고, 몸을 죽인 후에 그 영혼을 지옥에 던져 멸하시는 권세 있는 그를 두려워하라"고 했습니다. 하나님의 심판은 정확합니다.

그리고 하나님의 심판은 더하지도 덜하지도 않습니다. 왜? 우리 하나님은 공의의 하나님이시기 때문에⋯ 그래서 사랑의 하나님만을 계속해서 배우는 사람은 하나님이 얼마나 두려우신 분인지를 알지를 못합니다. 하나님을 두려워함이 없다보니까 하나님께서 하지 말라고 하는 것을 스스럼없이 해버립니다. 이런 사람들은 하나님을 경외하는 것이 아닙니다. 그리고 하나님을 경외하는 것이란 하나님을 가장 존귀하게 여기는 것입니다. 다윗은 일평생 가슴속에 "만국에 명성과 영광이 있게 하여야 한다." 이런 중심을 가지고 평생을 살았습니다. 바울과 같은 경우는 "살든지 죽든지 내 몸에서 그리스도가 존귀히 되기를 원한다." 이런 마음으로 살았습니다. 사드락, 메삭, 아벳느고는 "느부 신상에 절을 하지 아니할 경우 풀무 불에다가 집어 던져 넣겠다." 여기에서 풀무불이라고 하는 것은 쇠를 녹이는 불입니다. 그 불 속에다 집어 던져 넣겠다고 했을 때, 이들은 하나님을 가장 존귀하게 여기는 자로서 우상을 숭배한다고 하는 것은 도무지 이것이 허락이 되지 않는 요구사항이기 때문에 우리는 그리 안할 것이라고 합니다. 왕께서 우리를 풀무 불에 던져 넣으면 하나님께서 구해주실 것이고, 그리 아니하실지라도 우리는 절하지 못하겠다. 그렇게 나왔어요. 바로 이것이 하나님을 경외하는 것입니다. 절대로 존귀한 자로 여기는 것입니다.

하나님을 참으로 경외하는 자는 이와 같을 줄로 믿습니다. 하나님을 경외하는 자가 어떠냐? 하나님의 이름이 잡신과 동등시 되고, 하나님의 이름이 무시되고, 모독을 당하게 될 때에 그는 견딜 수 없는 치욕을 느끼게 되는 것입니다. 그다음에 하나님을 경외한다는 것은 무슨 말이냐? 하나님을 절대화하는 것입니다. 하나님의 말씀과 하나님의 뜻과 계획과 목적이라면 절대 최고의 존엄을 가슴 속에 가지는 것이 하나님을 경외하는 것입니다. 그리고 하나님을 경외하는 것이란 하나님이 나에게 최고의 극락이 되어 지고, 최고의 소망이 되는 것입니다. 바로 이것이 하나님을 경외하는 것입니다.

  2)구원을 받은 우리 하나님의 백성들이 하나님을 경외함에 있어서 기본 5가지가 있는데 그 첫째는 그리스도 예수를 통해서 우리는 구원을 받습니다. 그리고 성경 66권은 정확무오 한 하나님 말씀입니다. 이 말씀 속에서 우리는 믿음생활을 시작하는 처음부터 바르게 자라가야 됩니다. 사랑과 공의를 같이 배우고, 은혜와 진리를 같이 배우고, 자유와 순종을 같이 배우며, 헌신과 축복을 같이 배우며, 수고와 열매를 같이 배우며 섬기는 자가 큰 자가 된다는 것을 같이 배워야 되는 것입니다. 오늘날 교회는 사랑만 자꾸 강조하고, 은혜만 강조하고, 자유만 자꾸 강조하고, 축복만 자꾸 강조합니다. 열매만 얘기 합니다. 수고는 얘기하지 않습니다. 헌신은 얘기하지 않습니다. 순종과 복종을 얘기하지 않습니다. 진리를 말하지 아니하고 공의를 말하지 않습니다.

  말을 해도요 부드럽게 약간 하고 넘어갑니다. 이런 것 우리 고쳐야 될 줄로 믿습니다. 이런 걸 잘 안한다고 해서 교회를 바벨론이라고 그렇게 말하면 안 됩니다. 교회가 시정해야 되는 것입니다. 그다음에 하나님을 참으로 경외하는 자가 가져야 될 기본 세 번째가 뭐냐? 하나님을 경배하고 예배하는 자가 되어야 됩니다. 처음부터 하나님을 경배하고 예배하는 것에 길들어져야 됩니다. 교회를 오자마자 공적예배에 완전히 참여하는 성도되시길 바랍니다. 우리 교회도 보면 주일날 오전예배만 드리고 나면 오후예배 안 나옵니다. 하나님을 올바르게 경외하는 것 아닙니다. 하나님을 경외하는 사람은 하나님 앞에 예배하는 것을 기뻐해야 될 줄로 믿습니다.

요4장 24절에 영과 진리로 예배를 해야 되고 예배할 때는 5대제사의 정신을 가지고 주님 앞에 나와서 예배해야 됩니다. 번제 온전히 헌신해야 됩니다. 소제 감사함으로 나와야 합니다. 화목제 하나님과 주의 종과 이웃과 화목해야 됩니다. 속죄제 하나님 앞에 범죄한 것을 회개하며 나와야 합니다. 속건제 이웃에게 성물에 범죄 한 것 이런 것들을 회개하며 나와야 합니다. 이때 우리 하나님께서 모든 축복과 은혜를 부어주시게 되는 겁니다. 그리고 기본 네 번째는 뭐냐? 기도하는 자 되시기를 바랍니다. 불평 원망하는 것 이제 내려놓고 사람 찾아다니는 것도 이제 내려놓고 하나님 앞에 기도해야 됩니다. 기도하면 하나님과 통하는 자가 됩니다. 역대상 10장 14절에 "사울 왕이 죽은 원인 중에 하나가 저가 여호와께 묻지 않았다"고 했습니다. 기도하고 선택하고 기도하고 결정하는 그런 성도가 되셔야 될 줄로 믿습니다. 기도할 때에는 응답이 올 때까지, 해답이 나올 때까지, 길이 열릴 때까지, 감동이 올 때까지 기도를 하시기를 바랍니다.

그다음에 하나님을 올바르게 경외하기 위하여서 가져야 될 기본 다섯 번째가 뭐냐? 처음부터 전도하고 처음부터 선교하는 그런 성도가 되어야 됩니다. 마28장 18절에 "너희는 가서 모든 족속으로 제자를 삼으라고 했고," 막16장 15절에 보면 "너희는 온 천하에 다니며 만민에게 복음을 전파하라"고 했습니다. 복음을 가진 자는 전부 선교사요 복음이 없는 자는 누구든지 선교대상입니다. 그래서 이 전도와 이 선교라고 하는 것은 주님의 지상명령이면서 성도가 당연히 가져야 될 양심인줄로 믿습니다. 전도와 선교하는 것은 절대적으로 해야 되고, 당연히 해야 되고, 필연적으로 해야 됩니다.

3) 하나님을 참으로 경외하는 자에게 하나님이 주시는 약속이 있습니다. 시25편 12~15절에 보면 "하나님을 참으로 경외하는 자에게 우리 하나님께서는 택할 길을 가르쳐 준다"고 했습니다. 영혼은 평안히 거한다고 했고, 자손은 땅을 상속한다. 그랬고, 여호와의 친밀함이 그에게 있다고 했고, 그를 그물에서 벗어나게 해준다고 했습니다. 시34편 7~10절에 보면 하나님을 참으로 경외하는 자에게 우리 하나님은 하나님 당신의 사자를 보내어서 둘러 진치고 저희를 건져준다고 말씀했습니다.

그래서 여호와 하나님의 선하심을 맛보게 된다고 합니다. 젊은 사자는 궁핍하여 주릴 찌라도 여호와를 경외하는 자는 모든 좋은 것에 부족함이 없을 거라고 말씀합니다. 시103편 17절에 보면 "여호와 하나님을 경외하는 자에게 여호와 하나님이 인자하심이 영원까지 그리고 그의 의는 자손의 자손에게까지 미친다"고 했습니다. 시103편 13절에는 "아비가 자식을 불쌍히 여김 같이 여호와 하나님을 경외하는 자를 여호와께서 불쌍히 여기신다"고 했습니다. 그래서 정말 다윗과 같이 하나님을 참으로 경외하는 그런 성도되시기를 바랍니다.

둘째, 생의 목적을 정한 다윗

1) 다윗이 나이가 많아 늙도록 부하고 존귀하다가 죽었는데 왜 그러냐? 그는 생의 목적을 정했습니다. 우리가 성경에 보면 뜻을 정

한 사람이 있는데 이삭이 기근 들었을 때에 애굽 땅으로 가다가 하나님께서 가나안땅 떠나지 말라고 했을 때에 이 이삭은 뜻을 정했습니다. 내가 애굽으로 내려가지 않겠다. 기근이 들어서 굶어죽어도 나는 애굽에 가지 않겠다. 딱 뜻을 정했습니다. 이때 우리 하나님께서 약속하셨습니다. 내가 너와 함께 하고 너에게 복을 주며 너의 자손을 하늘의 별과 같이 되게 해주겠고 이 가나안땅을 너와 너의 후손에게 줄 것이며 너의 후손을 통해서 천하 만민이 복을 받게 해주겠다고 그렇게 약속을 했습니다. 그런데 이 이삭이 하나님 앞에 뜻을 정하고 애굽으로 안갑니다. 한해 농사지어서 백배를 거두게 되고 창대하고 왕성하여 마침내 거부가 되고 소떼와 노복이 심히 많아졌다고 했습니다. 한나도 뜻을 정하여 나실인이라고 하는 이 언약을 잡았고 또 여기에 뜻을 정해서 자식 사무엘을 낳았는데, 이 사무엘을 하나님께 드립니다. 이때 우리 하나님께서 이스라엘에 역사를 바꾸는 일을 일으켰어요. 다니엘도 뜻을 정했고, 바울도 뜻을 정했습니다.

 2) 이와 마찬가지로 이 다윗도 뜻을 정했어요. 이 다윗이 왕이 되자마자 시급한 것부터 먼저 해결했지요. 시온산성을 점령해가지고 다윗성이라고 하고 쳐들어온 블레셋 이것을 두 번이나 전쟁을 해가지고 격파를 시켜서 물리치고 난 다음에 다윗이 하나님의 법궤를 다윗성으로 옮겨왔습니다. 이게 뭔지 압니까? 신정국가 선언입니다. 그리고 삼하7장 2절과 대상17장 1절에 나는 백향목 궁에 거하지만 하나님의 법궤는 휘장 밑에 있다고 하면서 무척 가슴아파하면서 성전건축을 드디어 이 다윗이 결심을 하게 됩니다. 그다음에 이

다윗은 세 번째로 삼하7장 24절과 대상17장 22절에 "주께서 주의 백성 이스라엘을 세우사 영원히 주의 백성을 삼아서 싸우니 여호와여 주께서 저희의 하나님이 되시겠나이다." 그럽니다. 이게 뭐냐? 전 이스라엘 백성들을 신정신민으로 만들겠다는 다윗의 결심입니다. 이 다윗이 뜻을 정했어요. 신정국가를 만들 것이다. 하나님의 법궤를 다윗 성으로 옮겨옴으로써 성전건축을 할 것이다.

3)이스라엘의 모든 백성을 하나님의 백성으로 세울 것이다. 이렇게 뜻을 정했어요. 이렇게 뜻을 정했을 때에 다윗의 중심을 받으시고 다윗을 축복을 하셨습니다. 내 이름을 존귀하게 해주겠고, 너희의 대적을 네 앞에 복종케 해줄 것이며, 너를 위하여 너희의 집을 일으킬 것이고, 너희의 위를 영원히 견고케 할 것이며, 사람 막대기와 인생 채찍으로 너와 너희 후손을 관리해 줄 것이며, 내가 사울에게서 은총을 싹 빼앗았던 것처럼 너와 너의 후손에게서 은총을 싹 빼앗는 일을 하지 않겠다고 하나님이 말씀하십니다.

사람은 뜻을 딱 정하면 그때부터 행동이 나오게끔 되어있습니다. 시간을 내게 되어있고 물질을 거기에 쓰게 되어있는 것입니다. 맞습니까? 이렇게 다윗이 뜻을 딱 정했을 때 하나님께서 축복을 이처럼 하셨는데 이것이 다윗의 일생을 놓고 성취가 되어 집니다. 삼하8장 6절과 대상18장 6절에 보면 "다윗이 어디로 가든지 여호와께서 이기게 하시니라" 라고 했습니다. 사무엘하 8장 14절 역대상 18장 13절에 보면 "다윗이 어디로 가든지 여호와께서 이기게 하셨더라"고 말씀하시고 있습니다. 오늘 본문 28절에 보면 "저가 나이가 많아 늙도록 부하고 존귀하다가 죽었다"고 했습니다. 우리들이 하나님 앞에 은총과 은혜 받기를 원한다면, 아무쪼록 하나님의 뜻에 맞는 뜻을 가슴에 가지시길 바랍니다.

셋째, 다윗은 어떻게 하나님께 충성, 헌신했는가?

1)그는 여호와를 위하여 성전을 건축한다고 했습니다. 나를 위하여, 사람을 위하여, 업적을 위하여, 과시를 위하여 성전 건축을 한 것이 아닙니다. 하나님의 영광을 위하여, 하나님의 뜻을 위하여, 하나님의 언약을 위하여, 하나님의 소원을 위하여 하나님을 경배하고 예배하는 처소를 위하여 성전을 건축했던 것입니다.

2)힘을 다해 준비했다고 했습니다. 힘을 다해서 2절에 보면 내가 이미 내 하나님의 전을 위하여 힘을 다하여 예비하였나니 그랬어요. 다윗은 성전건축을 위해서 하는데 힘을 다해서 했다고 그랬어요. 힘을 다하여! 힘을 다했어요. 자 물어봅시다. 다윗이 헌신하고 이럴 때에 자기 몫을 어느 정도 놔두고 했습니까? 싹 다했습니까? 싹 다했어요. 자 그런데 다윗이 다 했다는 것을 누가 알까요? 하나님이 먼저 알아요. 하나님께서는 더 큰 은혜를 주실 줄로 믿습니다. 힘을 다해서 준비했어요. 이방인을 동참시켰어요. 힘을 다해서 준비하는데 어떻게 준비했냐? "한없이 준비하고. 한없이 준비하고, 셀 수 없이 준비하고, 무수히 준비하고, 죽기 전에 준비하고, 환란 중에 준비하고, 셀 수 없을 만큼 심히 많이 준비했다." 우리가 이 땅에 다윗이 뭐라고 했냐? 주께로 받은 것을 주께 드렸다고 하지 않았습니다. 주께로부터 받은 것을 주께 다 드렸다. 내가 받은 모든 것이 내가 가지고 있는 것이 주의 것이다 안 그랬어요. 내가 가진 것이 다 주께로부터 왔다라

고 그랬어요. 그리고 내가 가진 모든 것을 하나님 앞에 다 이렇게 드렸다고 했어요. 그래서 다윗의 중심하고 우리들의 중심하고 달라요. 그게 뭐냐 하면 다윗은 자기가 가진 것을 전부 다 합니다.

3) 즐겁고, 기쁜 마음으로 역대상 29장 6절과 9절에 보면 기쁨을 이기지 못하여 했습니다. 다윗은 보상을 바라지 않고 했습니다. 하나님의 영광을 위하여 했습니다.

4) 미리 저축해서 했다고 했습니다. 변함없이 사십년간 그 마음이 변하지 않았습니다. 그래서 이 다윗은 일평생 헌신의 삶이었어요. 나를 위해서 살다가 준비 없이 살다가 그렇게 한 게 아니고, 이 다윗은 그야말로 평생이 헌신의 삶이었습니다.

5) 다윗은 어떤 마음으로 했느냐? "정직한 마음으로! 주께 받은 것으로 주께 드렸을 뿐이니이다" 이랬어요. 내가 얼마나 헌금을 많이 했다 이런 것이 아닙니다. 다 주님께로부터 받은 것으로 주님께 했을 뿐입니다. 그렇게 말합니다. 이것이 바로 정직한 마음입니다.

6) 역대상 29장 19절에 보면 하나님 앞에 기도하면서 했습니다. "정성된 마음을 주사 전을 건축하게 하옵소서." 그래서 정성된 마음을 달라고 기도했습니다. 이렇게 헌신되게 이렇게 기쁘고 즐거운 마음으로 미리 저축까지 해가지고 정직한 마음으로 힘을 다해서 헌신을 하면서도 또 거기에 부족해가지고 다윗이 뭐라고 하느냐? 정성된 마음을 달래는 것입니다. 정성된 마음, 헌신의 마음을 가지고는 그래도 좀 부족하니까. 헌신하는 마음을 가지고는 부족하기 때문에 거기에다가 정성된 마음까지 좀 달라고 하나님 앞에 그리 기도하는 것 있습니다. 정성된 마음, 사람이라고 하는 것은 헌신만 해

가지고는 부족한 경우가 많습니다. 부모가 자녀에게 도시락을 이렇게 어머니가 사랑하는 아들을 위해서 도시락을 쌀 때요. 이 반찬하고 이런 것만 넣는 것이 아닙니다. 거기에 뭐가 또 들어 가냐? 정성이 들어가요. 정성! 정성이 딱 들어갑니다.

그래서 이렇게 뭔가를 헌신하는 정도가 아니고 거기에 정성이 들어가는 것입니다. 식당에 가면은 헌신이 좀 있습니다. 그런데 가정에서 밥을 먹으면 헌신과 더불어 뭐 하나가 더 있습니다. 그게 뭐냐 하면 어머니의 정성입니다. 거기서 건강이 확실히 달라져요. 확실히 달라집니다. 식당에 가는데 정성도 없고 헌신도 없다. 그 식당은 안 되게 되어있어요. 그런데 어머니의 정성을 따라갈 수가 없는 것입니다. 이 다윗이 하나님 앞에 헌신할 때 헌신만으로 만족이 안 되는 것입니다. 헌신만으로는 부족하다고 느꼈어요. 그래서 뭐를 놓고 기도했냐? 하나님 정성된 마음을 주시옵소서. 그 기도를 한 것입니다. 정성이 들어간 것입니다.

넷째, 하나님은 다윗에게 세 가지의 축복을 약속.

1) 이름을 존귀케 하여 주신다는 축복입니다. "네가 어디를 가든지 내가 너와 함께 있어 네 모든 대적을 네 앞에서 멸하였은즉 세상에서 존귀한 자의 이름 같이 네 이름을 존귀케 만들어 주리라"(삼하 7:9절). 이름에는 가롯 유다와 같이 저주받은 이름이 있고, 세리 장 삭개오와 같이 욕먹는 이름이 있고, 모세와 아브라함 등 존경 받는 이름이 있습니다. 사람이 아무리 잘 먹고 잘 살아도 사람들한테 욕을 먹고 산다면 그것은 하나님께서 저주하신 삶을 사는 것입니다. 그리

고 그의 불행은 지옥에서 시작될 것입니다. 바로 왕 같은 왕들과 제사장들이 얼마나 많을까요? 인정받고, 사랑 받고, 존경 받는 이름입니다. 이것이 부귀영화보다도 더 큰 축복입니다. 그 이유는 아브라함과 다윗 같은 존귀한 이름은 영원히 사라지지 않기 때문입니다.

자신의 이름이 여호와께서 보시기에 높임을 받도록 하나님의 말씀을 따라 사십시다. 선을 베풀며 삽시다. 천국 가는 길은 서로 나누며 기쁘게 가는 길이요. 지옥 가는 길은 서로 싸우고 혼자 짊어지고 가는 길입니다. 하나님께서는 오늘부터 나를 높여주십니다. 나의 사랑으로 인하여 하나님께서 사랑하시는 것입니다.

2) 그의 삶을 평안케 하여 주신다는 축복입니다. "전에 내가 사사를 명하여 내 백성 이스라엘을 다스리던 때와 같지 않게 하고 너를 모든 대적에게서 벗어나 평안케 하리라."(삼하7:11절). 사람이 평안을 누리지 못하는 것은 긴장상태에 있기 때문입니다. 즉, 나와 적대관계에 있는 사람이 있을 때, 생계의 위협을 느끼는 상태에 있을 때, 혹은 건강이 좋지 않을 때…등 불안한 상태에 처해 있을 때입니다. 그런데도 우리는 내 노력으로 이 상태에서 완전히 벗어나려 합니다. 그러나 벗어날 수 없습니다. 출애굽의 광야 생활…등은 환경을 주관하시는 하나님께서 풀어 주셔야 우리는 벗어날 수 있는 것입니다. 이제 하나님께서 우리의 대적을 없애 주시고, 삶과 건강을 회복시켜 주실 것입니다. 하나님 나라의 일군으로 쓰임 받기 위하여, 환경에 순종하지 말고 하나님께 순종합시다.

3) 그의 나라를 견고케 하여 주신다는 축복을 약속 하였습니다. "네 수한이 차서 네 조상들과 함께 잘 때에 내가 네 몸에서 날 자식

을 네 뒤에 세워 그 나라를 견고케 하리라."(삼하7:12절). 다윗의 왕국은 솔로몬 시대에 가서 가장 크게 번성하였습니다. 마찬가지로 우리들의 사업이나 사역이 점점 커지고 확장되면 자녀들 세대에 가서는 견고한 기업과 사역이 될 것입니다. 다윗이 하나님께 선택 받은 사람이듯이, 우리들도 하나님께 선택 받은 사람들입니다. 그러므로 현재 하나님께서 허락하신 자신의 자리를 지키십시오. 그러면 그의 나라를 견고케 하여 주신다는 축복을 약속 하십니다.

하나님께서 각자에게 주신 약속을 놓치지 말고 잡으십시오! 그리고, 내년의 변화를 바라보십시오! 이미 하나님의 변화는 시작 되었습니다. 축복을 바라보고 나아갑시다. 하나님의 축복의 삶을 이 땅에서 모르면, 천국에서의 삶도 모르게 됩니다. 이 땅에서 하나님과의 관계가 실질적으로 이루어 지지 못하면 하늘나라에서 가서도 하나님과의 관계가 어색할 것입니다. 신앙은 신념이 아니라 체험입니다. 체험보다도 실질적인 관계입니다. 다윗에게 축복을 베풀어 주셨던 하나님께서는 오늘날 우리에게도 똑같이 베풀어 주시기를 원하십니다.

하나님을 진정 사랑하고 감사 한다면, 하나님의 다윗 언약의 축복은 우리에게도 주어질 것입니다. 존귀와 평안과 번성의 축복을 향해 나아갑시다. 이 땅에 하나님의 나라를 세우며 다윗과 같이 하나님과 동행하는 삶을 살면서 "그가 나이 많아 늙도록 부하고 존귀를 누리다가 죽으매(대상29:28)"의 복을 받아 누리시기를 바랍니다.

3부 왜 예수 믿고 부자 되지 못할까

12장 자신이 주인으로 살고 있어서

(고전 2:10) "오직 하나님이 성령으로 이것을 우리에게 보이셨으니 성령은 모든 것 곧 하나님의 깊은 것까지도 통달하시느니라."

하나님은 우리를 축복하시는 하나님 이십니다. 그런데 왜 예수를 믿었는데도 혈통으로 대물림되는 가난의 고통을 당하면서 살아가는 것입니까? 그것은 한마디로 하나님을 아는 지식이 무지하기 때문입니다. 그래서 하나님은 이 백성이 지식이 없어서 망한다고 하셨습니다. 지식은 하나님을 아는 지식을 말합니다. 우리가 예수를 믿고 하나님의 복을 받으면서 살아가려면 하나님에 대하여 바르게 알아야 합니다. 하나님을 안다는 것은 지식적으로 아는 것이 아닙니다. 하나님을 실제적으로 체험하는 것을 안다고 하는 것입니다. 하나님을 체험하고 삶에서 누리면서 살아가는 것을 안다고 하는 것입니다. 하나님은 믿는 우리에게 소원을 두고 행하시는 하나님 이십니다. 그래서 지금 당신이 당하면서 살아가고 있는 가난의 고통은 다 세상 마귀로부터 말미암은 것입니다. 제가 지금까지 말씀과 성령으로 치유사역을 하면서 임상적으로 경험한 바로는 예수를 믿으면서도 가난의 고통을 당하는 이유는 대략 이렇다고 볼 수 있습니다.

첫째, 옛 사람을 떠나오지 않았기 때문이다. 우리가 예수를 믿었지만 옛사람, 즉 고향과 친척과 아버지의 집을 떠나오지 않기 때문에 가난의 고통을 당하는 것입니다(창12:1-4). 하나님이 왜 고향과 친척과 아버지의 집을 떠나라고 하시는지 바르게 아셔야 합니다. 옛사람은 마귀의 종으로 살던 삶입니다. 마귀의 종은 자유가 없습니다. 옛 사람, 아담은 마귀의 저주를 피할 수가 없습니다.

그래서 하나님은 세상에서 마귀의 종 되어 살아가는 우리를 부르고 계시는 것입니다. 고향과 친척과 아버지의 집을 떠나 하나님 앞으로 나오라고 하시는 것입니다. 우리가 마귀의 종으로 세상을 살아가다가 예수를 영접하게 되면 성령이 우리 안에 들어오셔서 우리의 영이 살아나 생령이 되는 것입니다. 사람은 영으로 하나님과 교통하도록 하나님이 인간을 창조 하셨습니다. 예수를 믿지 않고 세상에서 살아가고 있는 사람은 영은 있으나 죽은 영입니다. 예수를 믿음으로 비로소 아담의 죄악으로 죽었던 영이 살아나 하나님과 교통하게 됩니다.

그러므로 예수를 믿어 영이 살아난 성도는 하나님과 영적교통을 하게 되므로 성령의 능력으로 대물림의 문제를 해결할 수가 있는 것입니다. 혈통을 통하여 대물림되는 가난의 고통 뒤에는 마귀가 도사리고 있습니다. 마귀는 옛 사람에게 붙어서 역사하는 것입니다. 우리가 고향과 친척과 아버지의 집을 떠나오지 않는 이상 육성에 도사리고 있는 마귀는 떠나지를 않습니다. 이 도사리고 있는 마귀는 사람의 힘으로는 어찌할 수 없는 존재입니다. 이 옛사람에게 역사하는 마귀는 예수 이름과 성령의 권세로 몰아낼 수가 있는 것입니다. 그래서 혈통으로 대물림되는 가난의 고통을 끊으려면 예수를 믿고 세상을 나와 성령의 세례를 받아야 합니다. 그리고 성령의 인도를 받아야 되는 것입니다. 사람이 성령의 인도를 받으려면 예수를 영접해야 산영이 되어 성령으로 세례를 받은 후에 성령의 인도를 받을 수가 있는 것입니다.

둘째, 예수를 주인으로 영접하지 않았기 때문이다(요1:12-13). 어느 장로님이 저에게 이렇게 말했습니다. 아니 목사님 교회를 다니면서 예수를 영접하지 않은 사람이 있습니까? 그래서 제가 있습니다. 제가 지금까지 성령치유 사역을 하다가 체험적으로 알게 된 사실은 예수를 영접하지 않고 교회를 10년 이상 다닌 성도가 있다는 것입니다. 그것도 집사 직분을 받고 믿음생활을 하고 있는데도 예수를 영접하지 않았다는 것입니다.

몇 년 전에 아들이 영적인 문제가 생겨서 아들을 치유하려고 온 여 집사가 저에게 이런 말을 했습니다. 목사님 저는 교회를 10년 이상 다녔고, 집사직분을 받은 지가 8년이나 되었는데 지금까지 성령세례를 받지 못했습니다. 우리 교회가 성령 충만한 교회라 예수 믿고 얼마 되지 않은 성도들도 다 성령으로 세례를 받고 방언으로 기도를 하는데 저는 지금까지 방언을 하지 못합니다. 그래서 제가 머리에 손을 얹고 성령님 이유가 무엇입니까? 하고 질문을 했더니 성령께서 감동하시기를 예수를 영접했는지 물어보라고 해서, 혹시 예수님을 나의 주인으로 모시는 영접기도를 했느냐고 물었더니, 자신은 원래 남묘호랭객쿄를 믿었는데 시집을 와서 보니 시댁이 전부 기독교를 믿고 교회를 나갔습니다.

그런데 시 어머니가 시집을 왔으면 시댁의 종교를 믿어야 되지 않겠느냐고 성화를 해서 가정의 평화를 위해서 주일날이면 교회를 다니다가 보니 집사도 되고 이렇게 시간이 흘렀다는 것입니다. 그래서 제가 예수를 영접시키고, 안수 기도를 했더니 성령세례가 임하고 방언이 터지고 치유가 되기 시작했습니다. 그러자 이 여 집사가 목사님 마음이 정말 편안하고 좋습니다. 감사합니다. 그러는 것입니다. 이와 같이 예수를 영접해야 성령이 우리 안에 오셔서 치유를 하십니다. 예수님은 우리가 마음을 먼저 열고 모셔 들여야 들어오십니다. 가난의 고통을 치유받기 전에 먼저 예수를 영접하는 것이 필수입니다. 예수를 영접하지 않으면 성령의 역사가 일어나지 않습니다. 혈통에 대물림되는 가난의 문제를 일으키는 세력은 가상적인 존재가 아니고 실제적인 살아있는 존재입니다.

고로 살아계신 성령님의 역사가 없이는 혈통으로 대물림되는 가난의 치유는 불가합니다. 살아계신 성령은 우리가 예수를 주인으로 영접해야 우리 안에 오셔서 역사하시기 때문입니다. 만약에 혈통으로 대물림되는 가난을 치유하는데 성령의 역사가 일어나지 않는 사람은 예수님의 영접 여부를 확인해야 합니다. 저의 경험으로 다수의 사람들이 예수님을 영접하지 않고 교회를 다니다가 집사 직분을 받는 사람들이 있습니다. 이런 분들은 성령이 역사하시지 않습니다. 예수님을 영접하고 치유를 해야 할 것입니다.

셋째, 자신이 주인인 옛사람의 신분으로 살기 때문이다. 우리가 예수를 믿음으로 하나님은 나의 아버지가 되시고 나는 그분의 아들이란 신분을 가지게 되었음을 경험하게 하는 것입니다. 인간적인 아버지에 대해 만족스러운 경험을 하지 못했을지라도 아들을 향한 하나님 아버지의 사랑은 우리의 모든 욕구를 충분히 채우십니다. 우리가 예수를 영접하므로 우리의 신분이 바꾸어 졌습니다. 세상 사람들은 하나님 없이 자신의 수단과 방법과 노력으로 살지만 우리는 주님께서 우리의 짐을 짊어져 주시고 주님께서 우리에게 복을 주시고 주님께서 우리를 붙들어 주시는 은혜로 살게 되는 이러한 세상 속에서 삶의 모든 것입니다. 예수님 나라에 들어와서 우리의 삶의 모든 것을 알아야 되는 것입니다. 우리는 성령 안에서 자유와 해방된 삶을 살고 있는 것입니다. 그러나 옛 사람은 종의 신분의 근성을 가지고 나에게 부가되고 있는 대물림의 가난의 고통이 내가 하나님에게 잘못하여 하나님이 주시는 것이라고 생각하면 가난과 고통에서 벗어날 수가 없는 것입니다. 의식을 바꾸시기를 바랍니다. 당신은 종이 아니고 하나님의 자녀입니다. 자녀이면 하나님이 주시는 복을 받으면서 살아가야 하는 존재입니다.

　로마서 8장 1절로 2절을 읽어 보십시다. "그러므로 이제 그리스도 예수 안에 있는 자에게는 결코 정죄함이 없나니 이는 그리스도 예수 안에 있는 생명의 성령의 법이 죄와 사망의 법에서 너를 해방하였음이라" 예수 그리스도의 나라에는 자유와 해방이 있는 것입니다. 예수를 믿는 성도는 마귀와 악의 종노릇하지 않습니다. 습관에 종노릇하지 않는 것입니다. 자유를 얻고 영혼이 잘되고 범사에 잘되며 강건하고 의와 평강과 희락 가운데 행복을 누리고 살 수 있게 되는 것이 예수님 나라에 들어와서 사는 것입니다. 새 사람이 되었습니다. 이러므로 세상 나라와 예수님의 나라가 이 땅에 동시에 임하여 있는 것을 우리가 알아야 되는 것입니다. 예수 나라에 들어오면 우리는 근본적으로 변화를 받고 사는 것입니다.

우리는 이처럼 두 세상에 살고 있는 것입니다. 세상이 주는 쾌락을 따라 노예의 생활을 하는가, 그리스도의 은혜를 깨닫고 하나님을 섬기며 하나님이 주시는 복을 받으며 자유와 해방 속의 삶으로 살 것인가. 이 두 가지 세계를 우리가 선택해야 되는 것입니다. 예수 안에는 하나님이 우리를 돌보시고 자유와 해방이 있고 성령의 역사가 있는 영광과 기쁨을 삶을 살수가 있게 되는 것입니다. 눈에 안 보이는 두 나라가 우리를 서로 빼앗으려고 투쟁을 하고 있는 것입니다.

마귀의 나라가 우리를 시시각각으로 도둑질하고 죽이고 멸망시키려고 하고 하나님의 나라에는 성령이 지키고 보호하고 은총과 사랑과 역사를 베풀기를 원하시고 계신 것입니다. 모두다 예수 죽음을 몸에 걸머지면 세상과 마귀와 별세를 하고 하직을 하고 예수의 나라에 살게 되는 것입니다. 우리의 신분이 변화되어 하나님을 아바 아버지라고 부르는 천국의 백성들인 것입니다. "땅에 있는 자를 아버지라 하지 말라 너희의 아버지는 한 분이시니 곧 하늘에 계신 이시니라"(마 23:9). 가난의 탈출은 하나님의 아들로서의 새로운 나의 신분을 분명히 깨닫게 될 때 시작됩니다. "그러나 내가 나 된 것은 하나님의 은혜로 된 것이니 내게 주신 그의 은혜가 헛되지 아니하여 내가 모든 사도보다 더 많이 수고하였으나 내가 한 것이 아니요 오직 나와 함께 하신 하나님의 은혜로라"(고전 15:10). 이제 하나님의 은혜로 살아야 합니다.

넷째, 성령으로 세례와 지배와 장악이 되지 못해서, 우리에게 가난과 고통을 대물림하는 것은 악한 마귀입니다. 악한 마귀는 살아 역사하는 실체입니다. 살아 역사하는 악의 실체는 사람의 힘으로는 어찌 할 수가 없습니다. 살아있는 성령의 역사가 있을 때 떠나가는 것입니다. 성령은 성도가 예수를 믿을 때 마음 안에 오십니다. 마음 안에 오신 성령은 성도가 성령으로 세례를 받을 때 혼을 뚫고 밖으로 나타는 것입니다. 성도가 성령으로 세례를 받을 때 비로소 성령이 성도의 전인격을 장악하는 것입니다.

그 성령이 전인격을 지속적으로 장악하는 것이 성령의 충만입니다. 이 성령이 성도의 마음 안에서 밖으로 역사할 때 성령의 권세로 마귀는 정체를 드러내고 떠나가는 것입니다. 그래서 성도가 성령으로 세례를 받아야 권능 있는 성도가 되는 것입니다. 그래서 하나님은 성령으로 세례를 받으라고 하시는 것입니다. 성령이 예수를 믿게 했다고 성령으로 세례 받는 것은 아니라고 생각합니다. 믿는 것과 세례를 받는 것은 다르며, 성령을 체험하는 것과 성령의 세례를 받는 것도 다른 것입니다. 세례를 받는 것이 적당히 넘어갈 수 있는 문제가 아니듯이 성령의 세례도 마찬가지입니다. 성경에서 성령과 관련하여 사용된 심오한 진리 중의 하나는 "성령으로 세례 받으라."라는 것입니다.

성령 세례란 예수 그리스도께서 주시는 것입니다. 성령의 세례란 성령에 의해서가 아니라 주 예수에 의해 행해지는 그리스도의 사역입니다(행 11:15-18). 성령으로 세례 받을 때는 확실한 체험으로 경험이 있습니다. 성령으로 세례를 받을 때 성령이 예수 그리스도의 이름으로 임하므로 성령으로 세례 받는 것은 체험으로 느낄 수 있습니다. 성령 세례를 받으면 하나님의 능력이 임합니다. 성령으로 세례 받을 때 성령의 권능이 함께 임합니다. 권능은 하나님의 일을 행하는 데 적합한 사람으로 크리스천을 준비시킵니다. 성령 세례는 하나님께서 우리를 예수 그리스도의 몸의 일부분으로 택하셔서 맡기신 지체로서의 임무를 효과적으로 수행하게 합니다(행 9:17-20).

성령으로 세례 받음은 하나님의 영으로 사로잡히는 것입니다. 성령 세례는 성도의 마음을 그리스도에 대한 이해와 사랑과 신뢰로 가득 차게 하며, 성령이 삶의 주관자가 되게 하며, 하나님의 자녀로서 하나님의 부름에 적합하도록 능력을 부여합니다. 하나님의 영으로 사로잡혀야 혈통에 대물림되는 가난의 저주가 물러가는 것입니다. 성령의 세례를 체험하시기를 바랍니다. 체험이라는 것은 내가 하나님의 역사하심을 감각으로 눈으로 보게 된다는 뜻입니다.

다섯째, 가난은 꼭 탈출된다는 믿음이 없기 때문이다. 예수 안에 들어오면 가난은 반드시 탈출할 수 있다는 믿음이 중요합니다(히 11:6). 하나님은 아무리 죄가 태산 같아도 예수를 믿고 회개하고 나오는 사람을 정죄하거나 내치시지 않습니다. 하나님은 회개하는 자에게 구원을 주시는 하나님이십니다. 하나님은 사랑의 하나님 이십니다. 그래서 우리는 예수를 믿고 회개하면 하나님이 대물림의 고통을 치유하여 주신다는 것을 믿어야 합니다. 예수님의 이름으로 가난을 탈출할 수 있다는 믿음이 없이는 치유되지 못합니다. "믿음이 이기네. 믿음이 이기네." 라는 찬송가 가사처럼 영적 싸움을 하려면 믿음이 있어야 합니다. 여러분이 아무리 강하고 똑똑해도 우리들의 힘과 IQ를 가지고는 흑암의 세력과 싸울 수가 없습니다.

"나는 하나님의 자녀"라는 믿음이 있어야 합니다. "나는 하나님의 자녀다." 란 말을 한 번 해서 효과가 없다면 또 고백하고 또 고백하시기 바랍니다. 일어나려는데 또 눌린다면 그럼 또 고백해야 합니다. 하나님의 능력이 지금 가난을 탈출하는 나에게 공급되고 있다는 것을 믿어야 합니다. 가난의 탈출은 단기간에 되지 않습니다. 그 이유는 우리의 육체가 성령의 지배를 받는데 시간이 걸린다는 것입니다. 그러므로 꼭 치유하겠다는 본인의 의지가 대단히 중요합니다. 수로보니게 여인과 같이 어떤 일에 자존심의 상처와 치욕이 있더라도 포기하지 말아야 혈통으로 대물림되는 가난이 치유되는 은혜를 받습니다. 자아가 깨져서 간청의 기도가 강청의 기도로 바뀌어야 합니다. 예수님이 제자들에게 기도를 가르치실 때 강청하는 기도를 하라고 말씀했습니다. "내가 너희에게 말하노니 비록 벗됨으로 인하여서는 일어나서 주지 아니할지라도 그 간청함을 인하여 일어나 그 요구대로 주리라"(눅 11:8). 성령의 임재 하에 하나님에게 구하면 주시고, 찾으면 찾고, 두드리면 열립니다(눅 11:9). 하나님께서 강청의 기도를 들으실 때 성령을 통해 응답해 주십니다(눅 11:11-13).

여섯째, 인간적인 자아가 깨어지지 않은 연고이다. 자아가 성령의 인도에 순종하면 성령의 사람이 됩니다. 그러나 자아가 육에게 순종하면 성령과 상관이 없는 육의 사람입니다. 그래서 내 자아가 육적이라면 성령으로 깨어져야 합니다. 성령으로 깨어진다는 것은 내안에 계신 성령이 나를 장악하여 영의 사람이 되는 것을 말합니다. 육적인 자아는 하나님의 의를 이루지 못합니다. 그래서 가난을 탈출하려면 하나님의 도움을 구하여 육적 자아를 부수어뜨려야 합니다. 옛 성품을 깨뜨려야 합니다. 성령의 도우심을 날마다 받아야 합니다.

자존심, 자아, 혈과 육은 하나님나라를 유업으로 받지 못합니다. 나는 거듭나서 깨끗하다는 자아는 하나님의 의를 이루지 못합니다. 병든 사람만이 의원이 필요한 것입니다. 하나님의 은혜를 받으려면 하나님은 가난의 탈출을 원하신다는 믿음이 있어야 합니다. 제가 치유사역을 하다가 보니까, 예수 믿고 교회에 들어오면 영육의 문제가 다 치유된다고 믿고 믿음생활하며 목회자가 되었어도 자신도 잘 기억하지 못하는 혈통의 대물림으로 고생을 하는 분이 많습니다.

방심은 금물입니다. 제가 사역할 때 장로, 안수집사, 권사 할 것 없이 혈통으로 대물림되는 악의 영으로 물질로 고통을 당하다가 치유 받고 간 성도가 많은 수입니다. 나는 권사이기 때문에 나는 장로이기 때문에 해당이 없다. 귀신이 장로나 권사나 목사를 보면 무서워서 도망간다. 천만에 말씀입니다. 자아는 의를 이루지 못합니다. 말씀과 성령의 역사로 자신을 성찰하는 시간을 가지시기를 부탁합니다. 자신에게도 혈통을 따라서 대물림되는 가난의 문제가 있을 수 있다고 인정하시고 성령으로 찾아내어 치유하시기를 바랍니다.

혈과 육은 하나님의 나라를 유업으로 받을 수 없습니다. 고로 나는 성령으로 거듭나 깨끗하다는 자아가 깨어지는 고통이 있어야 열매가 맺힙니다. 자신의 자아를 십자가에 매달아 버리고 순수해지시기를 바랍니다.

일곱째, 귀신의 실체를 인정하지 않기 때문. 예수 믿는 사람에게 악한 영이 틈타지 않는다는 구절은 성경 아무 데도 없습니다. 악한 영이 예수 믿는 사람에게 침입할 수 없다는 주장은 영적인 세계를 모르고 하는 말입니다. 이는 영적인 지식이 모자라는 지극히 안일하고 육신적인 차원에서 나온 생각일 뿐입니다. 그러므로 나에게도 악한 영의 역사가 있을 수 있다고 인정해야 합니다. 우리는 모두 예수를 믿기 전에 이 세상 풍조를 따르고 공중의 권세 잡은 자를 따랐습니다. "그 때에 너희는 그 가운데서 행하여 이 세상 풍조를 따르고 공중의 권세 잡은 자를 따랐으니 곧 지금 불순종의 아들들 가운데서 역사하는 영이라."(엡 2:2).

그러므로 예수를 믿기 전에 나에게 들어와 집을 짓고 있던 악한 영이 있을 수 있다고 인정해야 합니다. 방심은 금물입니다. 그리고 악한 영을 몰아내려는 의지가 있어야 합니다. 그리고 우리의 혈통에 대물림되는 가난의 고통 뒤에는 귀신역사가 있다는 것을 인정하는 것이 중요합니다. 왜냐하면 예수님은 믿는 자에게 아브라함의 복을 허락하여 주신다고 말씀했기 때문입니다.

여덟째, 성령의 역사를 두려워하기 때문이다. 제가 지금까지 성령치유 사역을 하다 보니, 많은 성도들이 성령의 역사를 말로만 이해하고 체험하지 못해서 살아있는 성령이 실제로 역사하면 잘못된 현상인줄 착각하고 거부하기 때문에 치유를 받지 못합니다. 목사님, 장로님이 저희 교회 집회에 참석하여 성령의 역사가 일어나 자신의 몸에 이상을 느끼면 그만 다리야 나살려라 하고 도망을 치는 분들이 있습니다. 이런 분은 평생 문제를 해결 받지 못합니다. 성령의 역사도 살아있는 역사이고, 마귀도 살아있는 영의 실체입니다. 성령의 역사에 의하여 살아있는 영의 역사가 일어남으로 자신에게 느끼고 보이는 가시적인 현상이 일어나는 것입니다. 성령의 역사는 초자연적으로 살아서 역사하는 실체입니다. 그러므로 나에게 성령이 임재하시면 본인이 성령의 임재를 체험적으로 느끼게 됩니다. 성령이 임재하시면 보편적으로 호흡이 깊어지고, 손이 찌릿찌릿 해지고, 절제할 수 없이 웃음이 터지고, 두려움들의 현상들이 나타납니다. 성령의 역사에 대해서는 "성령의 불세례를 체험하라"와 "불 같은 성령"를 읽어 보시면 자세하게 설명되어 있습니다.

아홉째, 영적 지식이 부족하여 탈출하지 못한다. 물론 가난의 고통의 치유는 자신이 직접 해야 합니다. 그러나 최초 한번은 정확히 진단을 하고 성령의 역사를 일으켜서 잠재의식에 웅크리고 있던 가난과 고통의 정체를 드러내야 치유가 되기 시작하는 것입니다. 가난과 고통의 정체를 드러내려면 성령의 역사가 있어야 하므로 전문 치유사역자의 도움을 받아 성령의 역사가 일어나게 해야 된다는 것입니다. 성령의 깊은 임재로 가난과 고통의 정체를 드러나게 하여 치유하는 과정을 거쳐야 합니다. 그래서 제가 지금까지 임상적으로 경험한 바로는 가난의 대물림의 치유는 전문 사역자의 도움을 받아야 빨리 종결됩니다.

   세상에서도 질병을 치유하려면 전문적인 의사의 치료가 필요하듯이 전문적인 치유를 받아야 합니다. 세상 병원에서도 수술할 것은 수술하고 전문 치료약을 쓸 것은 쓰는 것과 마찬가지입니다. 가난의 고통도 오래 두면 깊어집니다. 혈통으로 대물림되는 가난을 치유하는 데 시간이 많이 걸립니다. 그러므로 전문적인 훈련을 받고 치유의 임상적인 경험을 한 치유 사역자의 도움을 받을 필요가 있습니다. 그래야 문제를 정확히 진단하고 치유를 받고 평안을 유지 할 수 있습니다.

   충만한 교회에서는 매주 화-수-목 성령치유 집회를 11:00-16:00까지 진행을 합니다. 무료집회입니다. 단 교재를 매주 구입을 해야 입장이 가능합니다. 매주 다른 과목을 가지고 집회를 인도합니다. 우리 교회 집회는 "성령의 불세례, 내적치유, 귀신축사, 신유, 성령의 은사 전이, 깊은 영의기도"는 기본으로 깔아놓고 집회를 인도합니다. 어느 집회에 오시더라도 "성령의 불세례, 내적치유, 귀신축사, 신유, 성령의 은사 전이, 깊은 영의기도"를 받을 수 있다는 말입니다.

13장 세대에 역사하는 악령을 끊지 못해

(민 14:18)"여호와는 노하기를 더디 하시고 인자가 많아 죄악과 허물을 사하시나 형벌 받을 자는 결단코 사하지 아니하시고 아버지의 죄악을 자식에게 갚아 삼사 대까지 이르게 하리라 하셨나이다."

세대에 역사하는 악령이 축복 속으로 들어가는 것을 방해하기 때문에 예수 믿으며 부자 되지 못하는 것입니다. 성령의 임재가운데 찾아서 미리 해결해야 할 것입니다. 하나님은 목회자들이 왜 세대(옛 사람)에 역사하면서 고통을 가하는 원인을 찾아서 해결해야 되는지 바르게 알고 대처하기를 원하실 것입니다. 보수적인 목회자들과 신학자들이 예수를 믿었으면 새사람인데 지나간 세대의 문제를 들추어내서 시간을 허비할 필요가 없다는 것입니다. 물론 이론적으로 생각하면 맞는 말입니다. 그러나 체험적으로 보면 다르다는 것을 알 수가 있습니다. 영의 세계는 육적인 눈으로 볼 수가 없고, 영의 눈으로만 볼 수 있는 보이지는 않지만 빼앗고 빼앗기는 실제적인 역사가 일어나는 세계입니다. 세대의 악령이 아무런 문제를 일으키지 않는다면 무엇 때문에 아무런 문제를 일으키지 않는데 보이지 않는 잠재의식을 터치하면서 해결하려고 하겠습니까? 그런데 분명하게 하나님의 복을 누리지 못하게 방해하고 문제를 일으키고 영적인 성장을 하지 못하도록 방해하기 때문에 사역을 하는 것입니다.

첫째, 세대에 역사하는 악령이 있다. 우리가 마땅히 '세대적 악령'에게 관심을 가져야 하는 이유는 그 악령으로 인해서 사람들이 당하는 고통이 너무도 크기 때문입니다. 대대로 가난하게 살아가게 하는 원인에도 직접적으로 영향을 끼칩니다. 세대적 악령이 일으키는 많은 문제들은 겉으로 보아서 우리의 기질과 연관이 있거나 부모로부터 유전된 것처럼 보이기 때문에 영의 문제를 소홀히 하고 오로지 의학적으로 또는 심리학적으로 접근하고 다루는 실수를 할 위험이 많기 때문입니다. 실제로 영의 일에 관심이나 지식이 전혀 없는 세상 사람들은 물론이고, 대부분의 그리스도인조차도 세대적인 악령에 대해서 그 이름조차 들어보지 못하고 신앙생활을 하는 것이 일반입니다. 그러니 어려움을 겪으면서도 적절한 대응을 하지 못할 뿐만 아니라 예방을 위해서 악령을 추방하는 일은 더욱 하지 않습니다.

우리에게 이미 잘 알려진 무병(巫病)에 대해서는 이해하고 있지만 그 밖의 현상들에 대해서는 별로 아는 바가 없을 것입니다. 질환은 크게 육체적인 것과 심리적인 것이 있으며, 이 두 가지가 복합적으로 나타나는 것이 있습니다. 병의 증상이야 어떠하든지 그 근원에 악령이 개입해 있다면 악령의 문제를 다루어야 할 것입니다.

우리가 흔히 말하는 '난치병'이나 '유전병'은 의학적으로는 유전자 이상에 의해서 발생하는 것으로 알려져 있습니다. 특정한 유전자가 이상을 보이는데 그 원인을 알 수 없는 것입니다. 다만 혈통적으로 그 부분이 취약하거나 부모로부터 유전되어 온 것으로만 알고 있을 정도입니다. 유전공학이 최근에야 각광을 받으면서 연구가 활발해져서 난치병을 치유하기 위한 연구가 많이 이루어지고 있고, 줄기세포 또는 배아세포를 이용하여 난치병을 치유하려고 시도하고 있으며, 손상된 유전인자를 송두리째 제거하고 새로운 유전인자로 대치하려는 연구도 활발합니다.

우리 크리스천들이 밝히 알아야 할 것은 악령이 병을 일으키는 능력은 우리의 신체구조 뿐만 아니라 유전인자에도 영향을 줄 수 있다고 보아야 할 것입니다. 유전인자에도 영향을 미치기 때문에 진리의 말씀과 성령의 역사로 세대적 악령을 추방해야 세대적인 고통에서 해방이 가능한 것입니다. 이러한 질병은 세대적 악령을 추방하기 전까지 대를 이어가면서 영향을 끼치게 됩니다. 그렇기 때문에 영적은 면에 관심을 가지고 세대적으로 이어지는 문제를 대해야 해방을 받을 수 있습니다. 악령이 우리의 죄를 틈타서 들어온 후에 우리를 괴롭게 할 권리를 확보한 후에 우리의 신체의 어떤 부분을 공격하면 질병이 생기며, 정신에 지속적으로 영향을 주면 생각이 바뀌게 되고 죄의 충동을 받아서 그 행동을 하게 되는 것입니다. 세대적인 악령은 한 번 침투하면 영적치유를 할 때까지 대를 이어서 계속 그 사람을 괴롭게 하게 됩니다.

부모 가운데 한 사람이 무당이 되면 그 자녀는 끊임없는 악령의 괴롭힘을 받아서 결국에는 무당이 되고 말듯이 악령이 계속 충동함으로써 그 유혹이나 충동을 이기지 못하고 행동에 옮겨 마침내 불행한 결과를 만들어냅니다. 그러나 이를 영들의 전이로 본인과 가족이 깨닫고 성령의 세례를 받고 진리의 말씀을 듣고 성령의 역사를 일으키면서 해결하면 악령이 떠나가면서 해방이 되는 것입니다.

세대적인 악령이 저지르게 하는 비행은 '간음' '폭행' '사기' '절도' '불륜' '성추행' '집착' '게으름' 등과 같이 많은 종류의 비행과 연관이 있습니다. 세대적 악령이 저지르는 육체의 질환들은 '근육통' '목과 허리디스크' '턱관절디스크' '어깨통증' '골반의 질병' '심장병' '각종암' '자궁의 질병' '갑상선 질환' '당뇨' '고혈압' '아토피 피부병' 등등입니다. 세대적 악령이 저지르는 정신적인 질환들은 '우울증' '조울증' '불면증' '공황장애' '대인기피증' '악성두통' 등등입니다. 세대적 악령이 저지르는 영적인 질환들은 '귀신들림' '환청' '환시' '헛소리' '투시' '신령함' '발작증세' '중얼거림' '가난' '사업파산' '이혼' '태아유산' '불임' '불감증' '다발사고' '무엇을 해도 되지 않음' '정신분별증(조현병)' 등등입니다.

　이런 혈통의 죄얼에 의하여 영들의 전이로 발생하는 질병들은 세대를 이어서 계속 이어지기 때문에 유전적인 것으로 오해하기 쉽습니다. 죄얼이란 남에게 해를 끼치는 행위 가운데 법적인 책임을 물을 수 없는 정도의 경미한 것을 우리는 죄얼(iniquity)이라고 부릅니다. 사회적으로는 경범죄에 해당하는 것을 말합니다. 이런 죄얼들은 세대를 이어서 계속 이어지기 때문에 원인을 모르는 경우가 많습니다. 이런 죄얼들은 가계에 역사하는 영들의 전이로 일어나는 것이 보통입니다. 반드시 성령의 역사가 일어나야 근원을 알고 대처하게 됩니다. 이유를 잘 모르고 행하고 당하는 것이 보통입니다. 다른 면으로는 기질적인 유전으로 이해하거나 자라면서 본 것을 행동한다고 주장하는 '학습이론'이 있습니다. 긍정적이든지 부정적이든지 우리는 자라면서 줄곧 보게 되면 뇌에 영향을 주어 무의식의 기억중추에 저장되며 성인이 되어 그 행동을 할 수 있는 환경이나 자극에 노출되면 어린 시절 학습한 것을 행동에 옮기게 된다는 심리학의 이론입니다.

부모 세대에 반복적으로 비행을 저지른 가계(family)에서 다음 세대에 자녀 가운데 어느 한 사람에게 그와 같은 증상이 나타나게 되는데 함께 보면서 자란 다른 형제들에게는 전혀 나타나지 않는 행동이 한 자녀에게만 똑 같은 행동으로 나타나는 것을 충분히 설명하지 못하는 단점을 지니고 있습니다. 기질적 유전의 대표적인 질병인 당뇨병이나 고혈압의 경우에 여러 형제들이 있지만, 모두 그 병에 걸리는 것이 아니라, 어떤 한 명에게서 나타나는 경우가 많습니다. 이와 같이 선별적으로 나타나는 유전병의 경우에 기질적인 유전으로만 설명하기에는 부족한 부분이 있습니다. 세대적인 악령은 자녀 가운데 어느 한 사람을 선택해서 집중적으로 공격하여 질병이나 비행을 일으키게 하는 것입니다. 이것을 저는 세대적인 악령이 숙주(무당의 영을 전이시키기 알맞은 대상자)를 선택하였기 때문에 질병과 비행이 발생한다고 보아 '선택이론'이라고 이름을 붙여봅니다.

귀신은 두루 다니면서 삼킬 자를 찾고 있기 때문에 그렇습니다. 세대적인 악령은 그 가족 가운데에서 어느 한 사람을 선택해서 집중적으로 공격하고 마침내는 파멸로 몰아가는 것입니다. 그 선택은 오로지 악령의 뜻에 달렸다고 볼 수 있을 것입니다. 이에 대한 연구는 더 많이 진전되어야 할 것입니다. 우리는 부모 세대에 어떤 죄얼을 저질렀고 그 죄를 철저하게 회개하지 않았다면 그 죄를 틈타서 들어온 세대적인 악령으로부터 자녀가 공격을 받을 수 있는 개연성이 있다고 보아야 할 것입니다. 그러므로 부모 세대가 그 죄를 회개하지 않고 세상을 떠난 경우, 자녀들은 부모를 대신해서 죄를 회개해야 하며, 그리고 악령을 추방하는 절차를 반드시 거쳐야 합니다.

부모 세대가 예수를 믿지 않았기 때문에 죄에 대한 어떤 회개도 이루어지지 않은 채로 자녀들이 성장했고, 어른이 된 다음에 신앙생활을 시작했다면 그 죄로 인해서 이미 피해를 입고 있을 것입니다. 죄의 영향은 3대에까지 미치므로 가계의 저주를 푸는 일은 믿는 사람들에게는 필수입니다. 특히 죄얼에 관련된 세대적인 악령의 경우 우리는 그 죄얼을 대수롭게 여기지 않기 때문에 자신에게 나타나는 불행한 일에 대해서 제대로 이해하지 못합니다. 까닭 없이 거듭되는 불행한 일의 배경에는 마귀의 저주가 있을 것이며, 세대적인 악령의 괴롭힘이 있을 것입니다. 고통스런 일을 당하면 우리는 부모나 사회를 원망하게 되며, 마음이 강퍅하게 되어 사랑이 사라집니다. 이기적으로 변하고 모든 것을 도전적으로 받아들이게 되는 것이지요. 이것이 악령이 원하는 바의 목적입니다.

불행이 계속되면 마음이 굳어지고 세상을 비관적으로 보게 되지요. 그러면 모든 것이 귀찮아지고 남이 잘 되는 것이 자신에게는 고통이 됩니다. 사촌이 땅을 사도 배가 아픈 격이 되어 감사하거나 기뻐할 일이 없어집니다. 비록 신앙생활을 한다고 해도 그 마음에는 평안이나 즐거움이 없고, 늘 문제에만 매달려 자신을 비관하게 되는 것입니다. 신앙생활은 많은 갈등을 만들어내기 때문에 모든 것이 비판적이고 이중적인 태도를 보입니다. 항상 죄의식에 쌓여 살아가게 됩니다.

물리칠 수 없는 죄의 유혹에 시달리면서 살다보면 죄에 대해서 무감각해지게 됩니다. 예를 들어 바람을 피우는 사람의 경우 처음에는 자신도 모르게 유혹에 휘말려 죄얼을 짓고 말았습니다. 그 죄얼로 인해서 갈등하게 되고 자책하기도 합니다. 그러나 계속 이어지는 죄의 유혹에서 벗어나지 못하고 무기력하게 죄를 범하게 되면서 양심이 무디어지고 더욱 교활하게 위장하게 됩니다. 그래서 위선적인 사람이 되는 것입니다.

악령이 지속적으로 유혹하는 그 힘을 견뎌낼 수 없습니다. 세대적 악령의 대표주자인 점치는 영은 신체에 질병을 일으켜 사람을 괴롭힙니다. 그 괴롭힘이 너무도 심해서 결국에는 항복하고 무당이 되듯이 죄의 끈질긴 유혹을 이겨낼 사람이 결코 많지 않을 것입니다. 정말로 피를 흘리는 영적 싸움이 없이는 악령의 유혹을 끊을 수 없는 것입니다. 그러나 이 보다 더 애석한 일은 세대적인 비행을 범하면서도 아무런 조치를 취하지 않고 있다는 점입니다. 남편의 바람기를 개인의 문제로만 생각하면서 가슴앓이를 하는 부인들이 얼마나 많으며, 남편의 폭행을 개인의 성격문제로만 취급하고 법적으로 대응하여 이혼을 결심하는 경우가 얼마나 많습니까? 부모가 반건달로 지내면서 가정을 제대로 돌보지 않은 가정에서 자란 아들이 역시 부모처럼 일하기 싫어하면서 지냅니다. 이 역시 세대적인 악령의 영향입니다.

세상의 모든 질병은 치유시기가 있듯이 세대적인 악령으로부터 영향을 받아 비행에 빠진 사람의 경우에도 그 죄얼로부터 회복되기 위해서는 적절한 치료시기를 놓쳐서는 안 됩니다. 적어도 그런 증상이 나타나기 전에 가족 내 병력(病歷)이나 비행력을 살펴보고 부모 세대에 그런 비행이 있었다면 자녀에게 유전되지 않도록 철저히 차단하는 조치를 취해야 합니다. 이미 자녀에게 그와 같은 증상이 나타났다면 2~3회 반복해서 습관이 되기 전에 치유해야 합니다. 반복적으로 비행을 저지르면 양심이 무디어지고, 몸에 베어서 악습을 떨쳐내는 일이 쉽지 않습니다.

　마약 상습범들이 재범하는 이유는 의지가 약하고 몸에 깊이 습관이 젖어 있기 때문입니다. 우리 몸은 같은 행위를 반복하면 뇌의 지시가 없어도 그 일을 스스로 행하는 구조를 지니고 있습니다. 이에 대한 유명한 일화가 김 유신 장군의 말 이야기가 있지 않습니까? 날마다 저녁이면 으레 술집으로 갔던 버릇이 있어서 말에게 지시하지 않아도 말이 스스로 알아서 술집으로 그를 데리고 갔습니다. 이 이야기처럼 우리의 몸은 길들여진 대로 행동하게 되어있고, 이를 고치려면 많은 세월이 필요합니다.

　부모에게 어떤 악습이 있다면 그것은 기질적으로 취약해서 세대적인 악령의 공격을 잘 받을 수 있고, 그렇게 되면 그 행동을 언젠가는 아주 자연스럽게 하게 되어 불행이 시작되는 것입니다. 육신적인 질병만 예방할 것이 아니라 죄에 기인한 세대적인 악령의 유혹을 제거하고 추방하는 일도 해야 합니다. 이것은 너무도 중요한 일이기 때문에 철저한 죄의 회개와 악령의 유혹을 이기는 끈질긴 노력이 필요합니다. 성령 충만을 받아서 죄를 이기고 마귀의 유혹과 세대적인 악령의 역사를 끊어냅시다. 이를 위해서 성령 충만하고 능력이 많은 전문 사역자의 도움을 받을 필요가 있으며, 질병은 전문의와 상담해서 적절한 약물치료를 받아야 합니다. 영으로 육으로 전문가의 도움을 받아서 죄로 말미암아 들어온 악령의 세력을 무력화하고 그 때문에 육신이 손상된 부분은 약물의 도움을 받아서 건강을 회복해야 합니다.

오늘날 우리 사회는 이혼이 급증합니다. 그 배경에는 이와 같은 세대적인 악령의 작용으로 인해서 갈등이 빚어지게 되고 그것을 극복하거나 적절한 치유를 받지 못해서 결국에는 불행으로 끝나는 경우가 얼마나 많은지 모릅니다. 세대적인 악령이 일으키는 수많은 불행한 사건들을 우리는 단순히 육신적 또는 정신적 결함 정도로만 알고 당사자를 탓해온 것이 지금까지의 대응이었습니다. 비행을 저지르는 당사자도 엄격히 말하면 피해자이지요. 부모 세대에 일어난 죄얼로 인해서 그 자녀에게 영향이 미쳤고 이것을 적절히 다루지 못했기 때문에 불행은 대를 이어서 나타나는 것입니다.

이 죄를 극복하고 세대적인 악령을 추방합시다. "하나님의 아들이 나타남은 마귀의 일을 멸하려 함이라"(요일 3:8)고 성경은 지적하고 있습니다. 죄를 짓는 자는 마귀에게 속하였다고 성경은 말합니다. 죄를 짓는 순간 그는 영적으로 마귀의 소유물이 되는 것입니다. 자기에게 속한 모든 권리를 마귀에게 넘겨주는 일을 한 것입니다. 그러므로 마귀에게 당하는 것은 당연한 결과입니다. 예수 그리스도는 이 일을 회복시키려고 오신 것이지요. 우리는 예수의 이름으로 죄를 회개하고 악령과 단절해야 합니다. 그렇지 않고서는 대를 이어 오는 불행을 막을 길이 없습니다.

둘째, 세대에 역사하는 악령은 예수 믿었다고 없어지지 않는다.
보이지 않는 영적세계에서 일어나는 일들 중에 일반적인 관념적인 믿음생활을 하는 분들에게는 이해하기 힘든 일이 많이 발생합니다. 남편의 영적인 영향으로 부인이 고통을 당하기도 합니다. 부인의 영향으로 남편이 이유를 모르는 병고를 치르는 경향도 있습니다. 조상들 중에 절에 중이나 무당을 했거나, 무당이나 점쟁이와 접촉이 많았던 경우에 당대가 아닌 후대의 자녀가 이유를 모르고 고통을 당하기도 합니다. 영적인 세계를 모르면 당할 수밖에 없는 고통입니다.

B여 집사의 경우입니다. 결혼하기 전에 남편이 예수를 믿겠다고 하여 6개월 정도 교회를 다녔습니다. 교회에서 하는 새신자 성경공부도 마쳤습니다. 장로이시고 권사이신 부모님들의 허락을 받아 결혼했습니다. 결혼하고 얼마동안은 교회를 다녔습니다. 1년이 넘어가자 교회를 나가지 않는 것입니다. 아무리 말을 해도 듣지 않고 교회를 나가지 않는 것입니다. 하는 수가 없어서 저 혼자 교회를 나갔습니다. 부부 생활을 하다가 보니까, 아이를 둘을 낳았습니다. 세월이 흘렀습니다. 생활고와 남편의 영적인 문제로 스트레스를 많이 받았습니다. 그런데 제가 우울해지면서 잠을 깊이 자지 못하는 우울증과 불면증이 찾아온 것입니다. 생활을 제대로 할 수가 없을 지경이 되었습니다. 그러다가 알아낸 사실인데 시어머니가 젊은 시절 저와 똑같은 질병으로 고통을 당하시다가 결혼하기 1년 전에 세상을 떠나셨다는 것입니다. 너무나 힘이 들어서 우울증 책을 읽고 충만한 교회 치유집회에 참석하게 되었습니다. 상담을 요청하여 목사님과 대화

를 하면서 여러 가지를 알았습니다. 원래 저에게 태중에서 상처와 유아시절 상처가 있었다는 것입니다. 젊은 시절에는 상처가 있었어도 건강이나 주변 상황이 나쁘지 않으니까, 상처가 그렇게 큰 영향을 끼치지 못했다는 것입니다. 결혼하고 육아 스트레스에다가 남편 교회 나가지 않은 스트레스에다가 남편의 혈통에 역사하는 무속의 영의 영향으로 고통을 당한 것입니다. 알고 보니 남편의 친 할머니가 무당에 빠질 정도 이였다는 것입니다. 무속의 영들의 영향에 의한 우울증과 불면증이 영들의 공격에 의하여 저의 육체와 정신력과 영적인 능력이 감당하지 못하니까, 내면에 숨어있던 영적 정신적 요소들이 밖으로 나타나서 우울증과 불면증이 생겼다는 것입니다. 남편의 혈통에 역사하는 무속의 영들의 영향에 의한 우울증과 불면증의 영들의 역사가 있더라도 제가 상처가 치유되고 성령 충만하면 문제를 일으키지 못하는데 제가 관념적인 믿음생활을 하다가 보니까, 성령이 충만하지 못하여 겹치기로 당한 것이라는 것입니다. 사실을 알고 6개월 이상 충만한 교회를 다니면서 성령으로 세례 받고 집중치유 받고 지금은 정상적인 생활을 하고 있습니다.

C사모의 경우입니다. 결혼하기 전에 믿음 좋은 아가씨라고 소문이 날정도로 교회생활을 열심히 했습니다. 담임목사님의 소개로 지금 목사님을 만났습니다. 결혼하고 지금 10년이 흘렀습니다. 그런데 이상한 것은 깊은 잠을 자지 못할 정도로 온몸에 통증이 있습니다. 견디기가 힘들 정도입니다. 처녀시절에 이런 경우가 한 번도 없었습니다. 너무 힘들어서 목사님에게 충만한 교회를 가보자고 했습니다. 충만한 교회 목사님을 통하여 제가 이렇게 고통을 당하는 진실을 알

게 되었습니다. 첫째 시간이 지나고 둘째 시간에 기도하는 데 충만한 교회 목사님이 남편목사님에게 하시는 말씀이 혹시 집안에 무당이 없느냐고 질문하시는 것입니다. 남편이 하는 말이 무당은 없고 고모가 점쟁이를 한다는 이야기를 들었습니다. 하는 것입니다. 그러면서 저에게 무엇 때문에 오셨느냐고 질문하시는 것입니다.

그래서 깊은 잠을 자지 못할 정도로 온몸에 통증이 있고 우울증도 있어서 치유 받으러 왔다고 말씀드렸습니다. 강요셉 목사님께서 하시는 말씀이 병원에서 무엇이라고 하느냐고 질문하시는 것입니다. 그래서 병원에서 의사가 아무런 문제가 없다고 하면서 신경성이고 스트레스로 인하여 발생하는 질병이라고 하면서 소화제와 진통제만 처방하여 주는 것입니다. 강 목사님이 하시는 말씀이 남편목사님의 고모가 점쟁이라 그 영들의 영향으로 온몸이 아프고 우울한 것이라고 말씀하시는 것입니다. 원래 무속적인 용어로는 무병이라고 하는 것입니다. 병원에서는 아무런 병명도 없는데 환자는 온몸이 아파서 잠을 제대로 자시 못하는 것입니다. 그러시면서 몇 개월 다니면서 치유를 받으면 건강해질 것이라고 하여 5개월을 다니면서 은혜를 받고 지금은 건강하게 지냅니다.

많은 성도들이 조상 중에 무당이나 점쟁이와 접촉이 많았던 분들의 영향으로 이해하지 못할 고통을 많이 당합니다. 어떤 분들은 어려서부터 고통을 당하는데 원인을 모르고 고통만 당하면서 지내다가 나중에 성령으로 세례를 받고 깨달아서 치유 받는 사례가 많습니다. 우리 크리스천들이 체험적인 신앙생활이 무엇인지, 관념적인 신앙생활이 무엇인지 잘 모르고 무조건 열심히 교회 잘 다니고 봉사 잘하고, 예배나 기도회에 빠지지 않고 참석하면 믿음생활을 잘하는 것으로 알고 있는 경우가 많습니다. 이는 행위를 강조하는 샤머니즘과 불교와 무속신앙의 잔재입니다. 분명하게 무당이나 점쟁이나 절에 중이 있으면 눈에 보이지 않는 귀신들의 이동 전이가 있다고 사고해야 합니다. 이렇게 무당이나 점쟁이나 절에 중에 의하여 이동이나 전이된 귀신은 관념적인 믿음생활로는 떠나가지 않습니다. 지속적으로 무당이나 점쟁이나 절에 가서 빌도록 육체적이나 정신적인 압박을 가합니다. 무당이 되게 하기 도 합니다. 근육통이나 뼈와 관절의 질병이나 정신적인 질병으로 악성두통과 우울증이나 공황장애나 정신분열증이나 불면증들을 일으킵니다. 공격하는 대상을 숙주라고 하고 무병이라고 합니다. 생활과 건강에 문제가 없을 때는 문제가 밖으로 나타나지 않는 것이 특징입니다. 그러다가 학교 공부 스트레스, 직장생활 스트레스, 사람들에 의한 스트레스, 부부 생활 스트레스, 등등이 발생하여 체력과 정신력이 약해질 때 밖으로 나타나는 것입니다. 그래서 속는 것입니다. 모두가 무당의 영과 점쟁이 영과 불교 영의 보균자 인데 밖으로 나타나지 않아서 모르고 방심하고 지내다가 당하는 것입니다. 반드시 강력한 성령의 역사가 있어야 정체를 폭로합니다. 미리 알고 예방하는 것이 최고의 처방입니다. 조상 중에 무당이나 점쟁이나 중이나 있을 지리도 아니 접촉을 많이 했을 지라도 우리 딸은 우리 아들은 믿음생활 잘하기 때문에 해당 없다고 방심하고 지낼 일이 아닙니다. 살아서 역사하는 귀신은 웃고 있다는 것을 깨달아야 합니다.

14장 예수님의 평안을 실증하지 못해서

(요 14:27) "평안을 너희에게 끼치노니 곧 나의 평안을 너희에게 주노라 내가 너희에게 주는 것은 세상이 주는 것 같지 아니하리라"

하나님은 크리스천들이 세상의 평안과 예수님의 평안을 구별할 수 있기를 원하십니다. 부자가 되려면 예수님의 평안을 실증하며 살아야 가능합니다. 턱관절디스크와 목 디스크와 목과 어깨통증으로 어려서부터 고생하며 지내던 38세 된 집사님이 토요일 개별집중치유에 찾아와서 알게 된 사실입니다. 필자가 집사님! 예수를 믿고 교회에 가서 예배를 드리는데 왜 이렇게 고통을 당하면서 살았느냐고 질문했습니다. 그랬더니 교회에 가서 예배를 드리면 어떤 이유인지 몰라도 마음이 평온해 진다는 것입니다. 그래서 필자가 다시 질문했습니다. 그렇게 마음이 평온한 것이 얼마나 지속되느냐고 질문했습니다. 그랬더니 그때뿐이지요, 뭐~ 목사님! 그때 뿐입니다. 평온이 지속되었으면 제기 이렇게 통증으로 고생을 하겠습니까? 이러한 현상을 세상의 평안이라고 할 수가 있습니다. 성령으로 하나되지 못하여 지속되지 않는 평온한 상태를 세상의 평안이라고 합니다. 왜 이러한 현상이 일어날까요? 전인격이 살아 역사하시는 하늘나라인 성령의 지배와 장악이 되지 않아 예수님으로 하나가 되지 못했기 때문입니다.

이 집사님은 그때까지 성령으로 세례를 받지 못한 상태였습니다. 집중정밀치유를 하는 토요일 날 비로소 성령세례를 체험하여 성령께서 장악하기 시작하셨습니다. 그때서야 통증을 유발하는 제 3의 영적존재들이 성령의 역사로 떠나가기 시작을 했습니다. 점점 통증이 가라앉고 치유가 되어가고 있습니다. 얼마가지 않아 그렇기 지긋지긋하게 주야로 통증을 유발하던 영적존재가 성령의 역사로 제압되고 성령의 지배와 장악이 되어 완치가 되었습니다. 그런데 통증을 유발했던 원인을 알아야 쉽게 이해할 수가 있습니다. 필자가 질문을 했습니다. 혹시 집안 어른들 중에 무당과 관련된 사람이 없었습니까? 질문했더니 친 할머니가 무당에 심취되어 지냈다는 것입니다. 무당은 하지 않았다는 것을 강조했습니다. 이는 합리화하기 위해서 하는 말입니다. 무당의 영의 영향으로 자신이 통증으로 고생하지 않고 질병으로 고생한다는 것을 강조하고 싶어서 한 말입니다. 그러나 자기는 그렇게 생각하지만 영적치유 전문가인 필자에게 역사하시며 치유하시는 성령께서는 무당의 영의 영향으로 통증이 발생한다고 감동하셨습니다. 분명합니다. 부당과 관련이 있는 분들이 이런 이유 없는 통증으로 고통을 당합니다. 그래서 예배를 드릴 때는 평안한 것 같은데 치유는 되지 않는 것입니다. 이 집사님은 성령의 지배와 장악을 당하기 전에는 예수님의 평안을 실증하며 살아가기 전에는 통증에서 해방을 받을 수가 없습니다. 부자 되는 것도 마찬가지입니다. 성령의 지배와 장악을 당하여 예수님의 평안을 실증하며 살아야 예수님의 은혜로 부자가 되는 것입니다.

'세상의 평안'과 '예수님의 평안' 사이에 차이점은 무엇일까요? 그런데 이 질문을 유심히 보면, 놀라운 것은 '평안'이라는 말에는 아무런 차이가 없다는 점입니다. 다만 그 평안이 누구로부터 온 것이냐는 차이만 있을 뿐입니다. 그러므로 세상도 예수님도 똑같이 제공할 수 있는 '평안'이 무엇을 의미하는가를 먼저 알 필요가 있습니다.

평안(에이레네)이란 무엇인가요?「에이로」즉 연합하다(to join)는 뜻으로부터 유래된「eijrhvnh(에이레네)」는 따라서 '하나가 됨, 고요, 안식, 다시 하나가 되다'라는 의미를 가집니다. 즉, '평안(eijrhvnh)'이라는 것은 분리된 상태거나 두 개 이상의 별개의 존재가 연합하여 하나가 된 상태를 의미합니다. 일반적으로 평안(평화)의 반대말인 전쟁을 생각하면 이해가 쉽습니다. 전쟁이란 적대하는 두개 이상의 나라나 단체 혹은 개인이 있어야만 가능한 것이고, 상대적으로 평안은 어느 한쪽으로 통일된 상태를 가리킨다고 볼 수 있습니다. 그러므로 우리 인간이 평안하다고 할 수 있으려면 우리 내부에 다투는 두개의 존재(즉 갈등구조)가 있을 때는 불가능하고 어느 한쪽이 다른 한쪽에 투항하든지 쫓겨나든지 해야 가능한 것입니다.

그런데 우리가 먼저 알아야 할 것은 이렇게 무당이나 점쟁이나 절에 중에 의하여 이동이나 전이된 귀신은 절대로 자신들의 목적을 달성할 때만 평안하게 한다는 것입니다. 절에 가서 빌고, 무당에게 찾아가서 점치고, 굿할 때만 평안하게 한다는 말입니다. 지속적으로 무당이나 점쟁이나 절에 가서 빌도록 육체적이나 정신적인 압박을 가합니다. 무당이 되도록 괴롭히기도 합니다. 근육통이나 뼈와 관절의 질병이나 정신적인 질병으로 악성두통과 우울증이나 공황장애나 정신분열증이나 불면증들을 일으킵니다. 이렇게 무당이나 점쟁이나 절에 중에 의하여 이동이나 전이된 귀신은 관념적인 믿음생활로는 떠나가지 않습니다.

반드시 성령의 역사로 무당이나 점쟁이나 절에 중에 의하여 이동이나 전이된 귀신들을 제압하여 몰아내야 예수님의 평안을 실증할 수가 있습니다. 그러니까, 성령으로 세례를 받고 지속적인 성령의 역사를 일으켜서 이성과 육체에 역사하는 귀신들을 제압하고 배출해야 예수님의 평안, 즉 하늘나라 천국의 평안을 실증하며 만끽할 수가 있습니다.

사도 바울이 로마서 7장에서 고백한 것처럼 "내 속 사람으로는 하나님의 법을 즐거워하되 내 지체 속에서 한 다른 법이 내 마음의 법과 싸워 내 지체 속에 있는 죄의 법 아래로 사로잡혀 가는"(롬 7:22-23), 상황에서는 평안이 있을 수 없습니다. 그러므로 문제의 시작은 내 속에 두 존재가 있음을 알아채는 때부터라고 볼 수 있습니다. 성령으로 세례를 받을 때부터 알아차릴 수가 있습니다. 그러면 그 이전 상태는 어떤 것인가요? 앞에 설명했듯이 평안이란 '하나 된 상태'를 의미하는데 자기 속에서 두 존재가 갈등구조를 그리고 있는 것조차 인식하지 못할 때에는 그쪽도 '평안'이란 말입니다. 마치 앞에 자매가 예배를 드릴 때 평온했다고 하는 것처럼 말입니다. 이것이 세상의 평안입니다.

마치 대낮에는 한 점 어두움이 없어 평안인 것처럼, 칠흑 같은 한밤중도 한 점 빛이 없어도 평안인 것과 같습니다. 갈등 즉 싸움이 일어나 평안이 깨지는 시점은 칠흑의 어두움에 성령의 빛이 비추기 시작하면서부터입니다. 이때로부터 두 '평안'의 다툼이 시작되는데 이것이 곧 해산의 아픔(요 16:21)이요, 이 고통을 지난 기쁨이 곧 새로운 평안, 어두운 곳이 하나도 없는 '빛 안에서의 평안(눅 11:36)'

입니다. 한동안 다툼이 일어난 다음에 제 3의 존재들이 성령으로 제압이 되면 예수님의 평안으로 바뀌는 것입니다. 그러므로 본문이 말씀하고 있는 '세상의 평안'은 세상과의 연합을 의미하는 것이고, '예수님의 평안'은 예수님과의 연합(엡 2:14-17)을 의미합니다.

문제는 오늘날 신자들의 대부분이 과연 '세상'과 '예수님'이라는 두 상극의 갈등구조(롬 7장)인 몸으로 영-혼-육이 성령의 지배와 장악을 받지 못하고 살아가고 있다는 것입니다. 문제는 예수님에게 연합되었느냐에 있습니다. 그 갈등과 고통의 체험 없이는 이해할 수가 없고 느낄 수가 없습니다. 이는 시간적인 문제가 아니라, 지식적인 문제가 아니라, 영-혼-육이 성령의 지배를 받느냐 받지 못하느냐의 실제적인 문제입니다. 영-혼-육이 성령의 지배와 장악이 되지 않은 상태에서 예수를 믿는다는 것은 감히 단언하건대 거짓말입니다. 왜냐하면 자신이 세상과 연합하여 있기 때문입니다. 육체가 있기 때문입니다. 우리 인간은 누구나 세상과 하나 되어 살던 존재들이었습니다(엡 2:1-3). 평안한 삶을 누리던 사람이 예수를 만나게 되면 그 가치체계의 다름 때문에 심각한 근심과 갈등을 했던 것이 성경에 기록되어 있기 때문입니다. 대표적인 사례가 사도행전 9장에 거론되는 다메섹 도상의 바울의 이야기입니다. 바울처럼 체험해야 이해하고 과거를 버리고 돌아설 수가 있기 때문입니다.

예수를 믿는 길은 '나의 목숨'이라는 비용이 든다는 것을 기억해야 합니다. 그냥 '믿으면'이 아니란 말입니다. 내 목숨을 버리지 않으면 괜히 공사를 시작만하고 이루지 못하는 불쌍한 사람이 된다(고전 15:19)는 말입니다. 그러므로 좁고 협착한 길입니다. 자기 목숨을 '위하여' 전심전력으로 사는 삶이 주는 평안이 있는데 이것이 곧 '세상이 주는 평안'이요, 자기 목숨을 '잃음으로써' 얻는 평안이 있는데 이것이 곧 '예수의 평안'입니다.

둘 다 평안이라는 말을 쓸 수 있는 것은 전자는 자기 목숨 이외의 것이 보이지 않음으로 평안이요, 후자는 자기 목숨이 없어지고(십자가에서 예수와 함께 죽음, 갈 2:20), 성령의 지배와 장악된 그리스도의 생명으로 살기 때문에 주어지는 하늘나라 천국의 평안입니다. 근심이 있고 갈등이 있다는 얘기는 자기 목숨과 그리스도의 생명 사이에서 방황한다는 말입니다. 몸으로는 자기 목숨을 위하여 살면서 입으로는 그리스도를 믿는다고 자랑스러워할 일이 아닙니다. 분명하게 성령으로 전인격을 굴복시켜야 합니다. 전인격이 성령의 지배와 장악이 되고 성령의 인도를 받아야 '예수의 평안'을 영-혼-육의 온몸으로 느끼면서 살아갈 수가 있는 것입니다. 천국은 자신 안에 있는 성전에서 예수님의 평안이 넘쳐나는 상태를 말합니다.

첫째, 세상이 주는 평안. 평안이란 세상에서도 가볍게 무시할 수 있는 성질의 것이 아닙니다. 세상에서도 나름대로 사찰에서 하는 법회참석, 마음수련, 명상호흡, 단 월드, 단전호흡, 기 치료, 명상, 웃음치료, 프로포폴 투약 등을 통하여 나름대로 평안을 누리고 있기 때문입니다. 더구나 본문에서 말하는 세상은 일반적으로 생각하는 세상이 아닙니다. 즉 부정과 부패가 난무하는 저 '로마'의 백성들이 아니라, 하나님을 향하여 기도하던 '유대'백성들이 곧 '세상(눅 12:30)'입니다. 말로는 하나님을 사랑한다고 하면서 그의 계명을 가지고 지키는 것(요 14:21)이 무엇인지 모르는, 그래서 진리의 영(성령)을 받지 못하는 대상이 곧 세상이라는 말입니다(요14:17). 다른 말로 하면 '자기 목숨을 위하여' 신앙 생활하는 사람들이 성경적 '세상사람'들입니다. 예수는 믿었지만 영-혼-육이 성령의 지배와 장악이 되지 않은 사람들을 가리켜 주님은 세상의 평안이라고 하십니다.

세상은 이런 사람들에게 자기의 평안을 선물하는데 이것이 곧 '기도함으로써' 누리는 평안이요, '보시, 구제함으로써' 가지는 평안입니다. 기도는 자신의 욕구를 충족하는 내용으로 간구하는 기도요, 기도시간을 때워야 율법을 범하지 않기 때문에 하는 인간적인 기도를 말합니다. 그래서 어렵사리 '큰 일' 한 건 하고 나면 몸은 피곤해도 소위 영혼은 하나님 앞에 뿌듯하고 자랑스럽고 평안한 것입니다.

그러나 이 모든 것은 어떠한 일을 '자기가 함으로써' 주어지는 것들이요, 자기 신앙의 수준에 따라 조령모개(朝令暮改)로 변하는 평안입니다. 자기 자신만 알고 인정해주는 평안이라는 말입니다. 그때뿐이고 순간뿐인 평안입니다. 그래서 하나님 앞에 열심히 살지 못하면 죄송스럽고, 그래서 또 눈물 흘리며 회개 기도하고 나면 속이 후련하고, 그러면 또 그 용서에 감격해서 평안하고, 마치 냄비에 죽 끓듯, 다람쥐 쳇바퀴 도는 것과 같은 것이 오늘날의 신앙 행태입니다.

신앙의 주체가 '자신'에게 있기 때문입니다. 신앙의 주체가 '자신'에게 있기 때문에 자신이 기도를 하건 아니하건, 예배를 드리건 안 드리건 상관이 없다는 말입니다. 자신의 마음대로 해야만 평안한 사람은 아직 예수의 평안이 무엇인지 모르고 세상이 주는 평안을 예수의 그것인 줄 착각하고 있는 것입니다. 알아야 할 것은 예수를 믿는다는 것은 주체의 옮김을 뜻합니다. 즉 자신의 평안이 아니라, '예수의 평안'을 가지게 된다는 말인데, 따라서 주체가 '예수'이므로 '자신'의 행위나 감정적 변화에 전혀 영향을 받을 필요가 없게 됩니다. 자신이 진리의 말씀과 성령으로 죽어야 가능한 것입니다.

왜냐하면 우리가 하나님을 사랑하므로 평안한 것이 아니라, 하나님의 사랑을 받으므로 평안한 것이어야 하기 때문입니다. 사랑을 받아 본 사람만이 사랑할 수 있습니다. 하나님의 사랑을 모르고 하나님을 사랑함으로써 누리는 평안이 곧 세상이 주는 평안입니다. 이것은 분명히 '예수의 평안'과는 다릅니다. 왜냐하면 전자는 우리가 하나님을 사랑할 때만 누리는 평안이요, 후자는 그냥 내 속에 존재하는 평안이기 때문입니다.

그래서 본문의 '끼치노니'라는 말은 「ajfivhmi(앞히에미)」로서 '허락하다. 곁에 두다' 는 말입니다. 즉 너희를 평안하게 해 주겠다는 말이 아니라, 너희에게 '평안'을 허락한다는 말입니다. 이것은 곧 '나의 평안'인데 26절의 아버지께서 내 이름으로 보내실 진리의 성령이시요, 다른 보혜사이십니다. 그러므로 우리는 하나님의 자녀(요 1:12)이면서 평안(엡 2:14)의 아들(눅 10:6)입니다.

성령의 지배와 장악이 되어 성령의 인도를 받는 상태인 예수님의 평안을 누리며 살아야 합니다. 그래야 예수님이 원하시는 부자가 될 수가 있습니다. "너희는 마음에 근심도 말고 두려워하지도 말라." 예수님은 근심하지도 말고 두려워하지도 말라고 하셨습니다. 근심과 두려움은 마귀에게 속한 것입니다. 그래서 성경은 평강의 하나님께서 사탄을 우리 발아래서 곧 멸하시리라고 하셨습니다

(롬 16:20). 마귀를 멸하는 것은 전투를 뜻합니다. 그렇다면 능력의 하나님께서 사탄을 멸하시리라고 하지 않고, 왜 평강의 하나님께서라고 하셨을까요? 사탄은 불안, 불화, 근심, 염려의 근원입니다. 사탄은 불안과 공포를 일으켜서 자신을 섬기라고 하는 입니다. 사탄은 이런 것을 무기로 사용합니다. 하나님은 평강의 근원이십니다. 하나님은 평강을 무기로 사용하십니다. 근심과 두려움을 이기는 것은 평강입니다. 하나님은 자신의 평강으로 불안과 근심과 두려움의 원흉인 사탄을 멸하십니다.

하나님은 그 넘치는 평강, 그 깊은 평강으로 우리를 어지럽히는 사탄을 멸하십니다. 사탄의 역사가 일어납니까? 불안하고 초조합니까? 진리의 말씀을 성령으로 깨달으시기를 바랍니다. 성령의 지배와 장악을 받으시기를 바랍니다. 성령께서 자신의 전인격을 장악해야 평안을 누리게 됩니다. 불안과 초조의 문제보다 더 큰 힘이 있어야 누릴 수 있습니다. 질병보다 더 큰 힘이 있어야 누릴 수 있습니다. 우리 안에 계신이가 세상보다 더 크십니다. 우리는 그 분의 능력으로 환경을 이길 수 있고 문제도 이길 수 있고 병도 이길 수 있습니다. 우리는 예수님의 능력으로 그 어떤 문제를 만나도 이길 수 있기 때문에 평안을 누릴 수 있는 것입니다.

성령의 힘으로 누리게 해 주십니다. 예수님이 제자들에게 나의 평안을 너희에게 주신다고 하셨는데 실제로 제자들이 평안을 누린 것은 오순절에 성령 충만 받고 나서부터였습니다. 항상 두려워하고 불안해하던 그들이 성령 받고 나서는 담대하고 평안했습니다. 베드로는 다음 날이면 감옥에서 끌려 나가 죽게 되었는데도 평안하게 깊이 잠들었습니다. 그들은 매를 맞으면서도 죽음 앞에서도 평안을 누렸습니다. 성령님은 예수님이 주신 평안을 누릴 수 있는 힘이 되십니다. 예수님은 자신의 평안을 우리에게 주셨고, 그 평안을 누릴 수 있도록 성령님을 보내 주셨습니다.

그래도 불안할 때가 있습니다. 우리는 예수님의 평안을 받았으면서도 누리지 못하고 불안해 할 때가 많습니다. 대개 그런 때는 우리가 성령님의 뜻을 거스를 때입니다. 성령님의 뜻을 거스를 때 내 속에서 성령님이 근심합니다. 그러면 내 마음에 불안, 근심, 두려움이 일어납니다. 이는 성령님께서 우리를 바로 세우기 위해 사용하시는 도구입니다. 자신을 깨닫게 하고 바로 세우기 위해서 성령님은 불안, 근심을 사용하십니다. 이런 근심은 유익한 것입니다. 이런 근심 후에는 반드시 더 큰 평안을 누리게 됩니다.

세상이 주는 평안도 맛보고 예수께서 주는 평안도 맛을 본 사람만이 세상의 평안을 알 수 있습니다. 세상이 주는 평안으로 잘 먹고 잘 살던 경험이 과거지사가 아닌 사람은 현재의 삶이 그것이라는 반증입니다(물론 예수 '믿고' 나서부터입니다). 그래서 세상이 주는 평안이 크면 클수록 힘써 하나님의 평안을 거부하게 됩니다. "그러므로 '저희'가 평안하다 안전하다 할 그 때에 잉태된 여자에게 해산 고통이 이름과 같이 멸망이 홀연히 저희에게 이르리니 결단코 피하지 못하리라"(살전 5:3). 우리 모두 하나님의 평안을 선물로 받아서 세상의 평안에 만족하며 사는 사람들에게 하나님의 평안을 소개하는 사람이 되시기를 바랍니다. 예수님의 평안을 주변사람들에게 전이시키는 우리가 되어야 합니다.

둘째, 예수님의 평안을 어떻게 정의할 수 있을까요? 예수님의 평안의 상태로 들어가려면 먼저 진리의 말씀을 성령으로 깨닫고 성령의 세례 받아야 합니다. 예수님의 평안은 온몸으로 진리의 말씀을 깨닫고 성령의 지배와 장악이 된 상태라고 정의 할 수가 있습니다. 그리하여 내적 만족, 내적 고요함, 마음의 안정, 침착함, 제 3의 영적존재의 다툼으로부터 해방됨, 안식, 세상환경에 방해 받지 않는 영혼의 상태를 말합니다. 저는 내적인 평안을 소유한 그리스도인과 있을 때에 저 역시도 평안에 거하게 되는 것을 느낍니다. 아니 많은 부분에서 제가 그렇게 평안을 끼치는 사람이 되기를 원합니다.

그리스도 안에 있는 생명의 피, 곧 구속을 통하여 진정한 평안에 거하게 되었습니다. 엡 2장 13~14절에 "이제는 전에 멀리 있던 너희가 그리스도 예수 안에서 그리스도의 피로 가까워졌느니라 그는 우리의 화평이신지라 둘로 하나를 만드사 중간에 막힌 담을 허시고" 저는 성도의 이름을 가졌지만, 여전히 죄 가운데 불안해하고, 평안을 누리지 못하는 성도들을 볼 때가 있습니다. 조그만 일에도 불안해하고 두려워합니다. 그러면서도 믿음이 있다고 아멘 합니다. 그것은 어떤 면에서 사단에 의해서 거짓에 속고 있는 모습이 아닌지 모르겠습니다. 하나님을 믿는데 불안해하고 두려워하는 것은 거짓 믿음입니다.

이사야 기자는 이렇게 기록합니다. "오직 악인은 능히 인정치 못하고 그 물이 진흙과 더러운 것을 늘 솟쳐내는 요동하는 바다와 같으니라. 내 하나님의 말씀에 악인에게는 평강이 없다 하셨느니라"(이사야 57:20-21). "그들은 평강의 길을 알지 못하며 그들의 행하는 곳에는 공의가 없으며 굽은 길을 스스로 만드나니 무릇 이 길을 밟는 자는 평강을 알지 못하느니라"(이사야 59:8). 귀하는 혹 이렇게 말할 지도 모릅니다. "저는 악인이 아닙니다. 저는 하나님을 믿고 그분 안에 있습니다." 생각해 보시기 바랍니다. 하나님 편에서 악인의 기준은 무엇일까요? 우리 안에 있는 정욕, 술 취함, 또는 약물중독, 미움, 시기, 질투 이것 보다 더 근본적인 중요한 사실이 있습니다.

무엇입니까? 하나님께서 말씀하시는 악인의 기준은 그리스도께서 허락하신 모든 평안을 알면서도 이를 누리고 실증하려고 하지 않고, 성령의 역사를 거부하고, 그의 은사를 부인하는 자입니다. 좀 더 쉽게 설명하면 주님 안에서 "내가 너희에게 평안을 주노라"하신 주님의 초청을 믿지 못하고, 받아들이지 못하며, 거부하며, 불안해 하고 두려워하는 것입니다.

출애굽기 32장은 이스라엘 백성들의 배교의 사건을 기록하고 있습니다. 하나님의 임재의 모습인 불기둥과 구름 기둥을 눈만 들면 그들이 바라 볼 수 있었습니다. 그러나 그들의 마음은 하나님과의 교제가 단절되었습니다. 그러므로 그들에게 가장 먼저 찾아 온 것, 그들의 반응은 두려워하는 모습입니다. 불안해하는 모습입니다. 그 결과가 하나님께 배교라는 엄청난 결과를 낳았습니다. 이것은 많은 인명 피해도 낳았습니다. 출애굽기 32장 28절에 "레위 집안의 백성은 모세에게 복종했습니다. 그 날 이스라엘 백성 중에서 삼천 명 가량이 죽었습니다."

아마도 광야 생활 가운데에서 하나님의 뜻을 받들고 약속의 땅을 향해 가던 백성들에게 모세가 보이지 않는 것은 큰 두려움이 되었을 것입니다. 여전하게 하나님께서 함께 동행 하고 계시는데 보이지 않으니 보이는 카리스마 있는 사람을 의지한 결과입니다. 그래서 백성들이 아론에게 찾아 와서 우리를 인도할 신을 만들어 달라고 요구한 것이 무리는 아닐 것입니다. 그러나 이것은 철저하게 하나님을 신뢰하지 못하는 불신앙 자체였습니다. 그러므로 그들의 방법대로 우상을 만들고 그것을 향하여 "너희를 애굽 땅에서 인도하여 낸 너희 신"이라고 하는 망언을 쏟아 놓았던 것입니다. 문제는 무엇입니까? 보이지 않지만 살아서 역사하고 계시는 하나님의 대한 불신앙입니다. 살아계신 하나님께서 자신을 통하여 나타나고 있다는 것을 믿고 누리고 실증하는 사람이 되어야 하나님이 은혜로 부자가 될 수 있습니다.

　귀하가 불안해하는 이유가 무엇입니까? 과연 예수 그리스도께서 당신의 피 흘리심으로 하나님 아버지와 막힌 담을 허셨음을 믿습니까? 그 분이 이루신 화평을 믿습니까? 그러므로 그 분의 약속 안에 속한 백성이 되었음을 확신하십니까? 성령의 역사가 자신의 주인으로 역사한다는 것을 믿습니까? 그러면 예수님의 평안을 누려야 합니다. 예수 그리스도의 피는 우리의 생명입니다. 보혈의 피를 믿는 자는 생명을 얻었고, 진정한 그리스도의 평안을 누리는 자가 되었습니다.

　이 세상에 모든 사람들이 평안을 꿈꾸고 소망하고 있는데, 그들은 모두가 이 평안을 누리고 있습니까? 오늘 본문 요한복음 14장 27절 말씀에 예수님께서 말씀하셨습니다. "나의 평안을 너희에게 주노라… 너희는 마음에 근심하지도 말고 두려워하지도 말라" 이렇게 예수님께서 말씀하심은 첫째로 내가 평안을 주겠다는 것입니다.

예수님께서 십자가에 돌아가시고 난후 두려워 떠는 제자들에게 부활하신 주님이 찾아 오셔서 하셨던 말씀이 "너희에게 평강이 있을지어다"(요20:26)입니다. 또는 적어도 이렇게 말씀하심은 그 평안을 줄 수 있는 확실한 대안이 있다는 말씀입니다. 분명하게 주님 안에 참된 안식이 있고, 평안이 있는 줄로 믿습니다. 예수님으로 하나가 되었을 때 평안을 누리는 것입니다.

그러나 이 시대에 많은 그리스도인들이 마음에 근심과 두려움과 공포와 불안에 고통하고 있습니다. 특히 성도들의 우리의 삶도 예외는 아닌 듯합니다. 믿음이 있는 성도인데 우리의 현실은 여전히 소수의 성도들만이 지속적인 마음의 평안을 누리고 있다는 것입니다. 많은 그리스도인들이 마음에 근심과 두려움과 공포와 불안에 고통 하는 원인은 예수님으로 하나가 되지 못했기 때문이라고 생각합니다. 예수님으로 하나가 된 다는 것은 인간적으로 안다고 하나가 되는 것이 아닙니다. 예수님은 영이십니다. 살아계십니다. 초자연적으로 역사하시고 계십니다. 살아서 초자연적으로 역사하시는 예수님이 믿는 자의 마음 안을 성전삼고 주인으로 계십니다.

그러나 온전하게 전인격을 지배하고 장악을 한 상태는 아닙니다. 그렇기 때문에 온전하게 예수님의 평안을 만끽하며 살아가지 못하는 것입니다. 반대로 예수님의 평안을 누리고 사는 소수의 크리스천은 자신 안에 성전삼고 주인으로 계시는 성령님이 전인격을 지배하고 장악했으며, 성령의 인도를 받는 사람들입니다. 그렇기 때문에 예수님의 평안을 누리면서 살아가려면 진리의 말씀과 초자연적인 성령의 역사로 자신이 하나가 되는 역사를 일으켜야 합니다.

15장 세속적인 기도를 함으로

(눅 11:1)"예수께서 한 곳에서 기도하시고 마치시매 제자 중 하나가 여짜오되 주여 요한이 자기 제자들에게 기도를 가르친 것과 같이 우리에게도 가르쳐 주옵소서"

예수를 믿는 성도의 기도는 세상에서 하는 기도 식으로 비나이다. 비나이다. 하는 기도가 아닙니다. 우리가 밝히 알아야할 것은 성령으로 세례 받고 성령으로 거듭난 사람이 성도입니다. 성령으로 세례를 받음과 동시에 성도로서 출발하는 것입니다. "무릇 하나님의 영으로 인도함을 받는 사람은 곧 하나님의 아들이라(롬 8:14)" 예수를 믿고 그냥 교회에 다니는 사람은 교인입니다. 교인과 성도의 기도가 달라야 합니다. 성령으로 거듭난 성도들은 성령 안에서 기도해야 합니다. 그런데 기도에 대하여 명확하게 알려주는 분이 없다는 것입니다. 무조건 기도하세요. 기도하면 문제가 풀립니다. 어떻게 하라고 하지를 않고 무조건 열심히 하라는 것입니다. 무조건 기도하라고 하니까, 세상에서 하던 방식으로 기도를 하는 것입니다. 세상에서 하던 방식으로 하니 아무리 기도를 열심히 해도 변화가 일어나지를 않습니다.

기도는 분명하게 영의 활동입니다. 어떻게 기도하느냐에 따라서 성령이 역사할 수도 있고, 귀신도 역사할 수가 있는 것입니다. 기도가 바르지 못하면 아무리 많이 기도해도 변화되는 것이 없을 수 있습니다. 왜 그렇겠습니까? 기도할 때마다 귀신이 역사하기 때문입니다. 그렇기 때문에 기도훈련을 받아야 합니다. 바른 목회자에게 바르게 기도하는 훈련을 받으면 실수가 없을 것입니다. 기도는 바르게 배우고 바르게 해야 합니다.

세속적인 기도인 거울 앞 기도란 어떤 기도일까요? 오로지 자신을 위한 기도입니다. 영육 간에 잘되게 하여 주옵소서. 건강하게 하여 주옵소서. 사업이 잘되게 하여 주옵소서. 부부 금술이 좋게 하여 주옵소서. 마음의 상처를 치유하여 주옵소서. 귀신 쫓아내 주옵소서. 위장병 고쳐주옵소서. 우리 아들 잘되게 하여주옵소서. 우리 딸 좋은 대학가게 하여주옵소서. 우리 아들 취직되게 하여 주옵소서. 우리 딸 남편 잘 만나게 해 주옵소서. 우리 아들 배우자 잘 만나게 해주옵소서. 우리 아들 병을 고쳐주옵소서. 우리 남편 하는 일에 복 주옵소서. 거울 앞 기도는 자신의 소욕을 만족시키기 위하여 하나님께 간구하고 구하는 기도입니다.

첫째, 무조건 구하는 기도이다. 우리가 바르게 알고 고쳐야 할 것이 있습니다. "구하라 그러면 주실 것이요 찾으라. 그러면 찾을 것이요 문을 두드리라 그러면 너희에게 열릴 것이니라."는 성경 구절을 믿고 열심히 세상 복을 구하는 많은 교인들이 있습니다. 그런데 주님이 여기서 하신 말씀의 핵심이 무엇인가를 알아야 합니다. 여기서 구하라는 것은 성령과 하나님의 뜻을 구하라는 것입니다.

"하늘에 계신 너희 아버지께서 구하는 자에게 좋은 것으로 주시지 않겠느냐" 라는 말씀이 이 구절의 핵심이라고 나는 생각합니다. 그런데 좋은 것이 무엇인가요? 좋은 직장인가요? 좋은 학교인가요?

부자가 되는 것인가요? 만사형통인가요? 하는 일마다 만족이 채워지는 것인가요? 과연 이것들이 좋은 것일까요? 그것은 성령과 하나님의 뜻입니다.

주님은 이 세상은 마귀에게 속해 있다고 말씀하셨습니다. 즉 세상 것을 구하지 말고 오직 하늘의 것을 구하라고 말씀하셨습니다. 내 심령이 하늘나라를 이루는 것을 구하라는 것입니다. 내 심령이 하늘나라를 이루어 하나님의 음성을 바르게 듣고 순종하는 것입니다.

그렇다면 좋은 것이란 오직 하늘에서 내려 주시는 것 외에는 없는 것이 아닌가요? 하나님이 세상 것을 가지고 좋은 것이라고 말씀하셨을 리는 만무하지 않은가요? 세상 것은 아무리 많이 가져도 만족이 채워지지 않는 물거품이 아닌가요? 그런데 하나님이 과연 이런 물거품을 가지고 좋은 것이라고 말씀하셨을까요?

좋은 것이란 변함이 없는 것이 되어야 합니다. 그런데 세상 것에서는 변치 않는 물질이란 없습니다. 즉 영원한 생수가 될 수 있는 것이 없다는 것입니다. 영원히 변치 않는 영원한 기쁨이란 오직 주님의 영이 내게 임하는 것이 아닌가요? 바로 주님이 말하는 좋은 것이란 성령을 말하는 것입니다. "나더러 주여! 주여! 하는 자마다 천국에 가는 것이 아니라, 오직 하늘에 계신 내 아버지의 뜻대로 행하는 자라야 들어가리라"(마태7장)라는 말씀은 바로 인간들의 욕심적 기도는 전혀 이루어지는 것이 아니라는 것을 말하는 것입니다.

오직 반석을 구하라는 것입니다. 반석이 무엇인가요? 바로 주님이 아니신가요? 주님의 은혜를 구하는 것 외에는 모두가 죄악이요,

모래위에 지은 집이요, 우리가 알아야 할 것은 "주님! 수많은 능력으로 귀신을 쫓아내고 훌륭한 목사나 종교지도자가 되었습니다." 말한들 주님은 "이런 자들을 불법을 행하는 자들아 내게서 떠나가라" 라고 하시며 모른다고 부인하는 이유는 이런 자들의 구하는 기도가 바로 자신들의 능력을 구했기 때문입니다.

귀신을 쫓아내고 병을 고친다 한들, 이들이 주님의 뜻보다 이런 능력을 구하는 기도를 했다면 그것이 바로 마귀의 능력을 구한 탓이 아니었을까요? 즉 주님께 물어보고 주님이 원하시는 뜻대로 행해야 한다는 것입니다. 예수님께 물어보고 하라는 대로 순종하라는 것입니다. 주님은 영이십니다. 고로 주님께 물어보고 뜻대로 하려면 영의 상태가 되어야 합니다. 영의 상태는 성령으로 충만해야 가능한 것입니다. 성령이 충만해야 하나님의 음성을 들을 수 있기 때문입니다. 하나님의 음성이 들려야 매사를 하나님의 뜻대로 행할 수 있기 때문입니다.

성경에서 말하는 좋은 것이란 오직 성령이 자신에게 임하는 것 외에는 다른 것이 없음을 말하는 것입니다. "너희가 악할지라도 좋은 것을 자식에게 줄 줄 알거든 하물며 너희 하늘 아버지께서 구하는 자에게 성령을 주시지 않겠느냐 하시니라"(눅 11:13).

그런데 세상 욕심으로 가득한 육신에 속한 목자들은 애당초 욕심으로 가득한 눈으로 성경을 읽어본 탓에 무엇이든지 하나님에게 구하면 준다고 해서, 성도들에게 온갖 세상적인 기도를 쉼 없이 하게 하는 것입니다. 온종일 열심히 구하면 다 들어주신다고 말하며, 하루 종일 또는 철야하며 무엇이든지 구하라고 말합니다. 무슨 문제이건 정확하게 진단하지 않고 무조건 기도하라고 합니다. 그러나 아무리 구해도 응답을 받지 못할 뿐만 아니라, 자신의 심성이 변하지를 않는 다는 것입니다. 무조건 구하라는 이런 육신에 속한 목회자들 덕분에 자신의 심령이 변하고, 하늘의 것만을 구하는 자들은 찾아보기 힘들고 온통 세상적인 기도만이 넘쳐나게 됩니다.

세상에서 이루어진 가시적인 일들이 과연 하나님이 이루어 주신 것인지, 마귀가 이루어 준 것인지 무엇으로 알 수 있는가요? 병을 고치고 부자가 되고 원하는 일이 이루어진다고 한들 그것이 과연 하나님이 해주신 일인지 마귀가 해준 것인지 무엇으로 보장한단 말입니까? 우리는 바르게 알아야 합니다. 세상의 잡신을 섬기는 자들 (남묘호랭객쿄)이 등이 기도해도 병이 고쳐진다는 것입니다. 그러므로 병만 고쳐졌다고 하나님의 응답이라고 단정하면 안 됩니다.

육신에 속한 성도들은 자기에게 유익하면 좋은 쪽으로 해석하는 경향이 있습니다. 즉 자기가 원했던 일이 이루어지면 그것을 하나님의 일이라고 하고, 실패하면 마귀의 일이라고 말한다는 것입니다. 과연 그럴까요? 마귀가 응답을 해도 처음에는 맞는 다는 것을 알아야 합니다.

그러나 하나님의 음성을 듣지 않았기 때문에 하나님과 상관이 없는 사람이 됩니다. 나에게 유익이 되면 하나님의 도우심이고, 기도가 이루어 진 것이고, 유익이 없고, 실패한다면 하나님의 기도가 이루어진 것이 아닐까요?

이처럼 우리 인간들은 하나님의 뜻을 스스로는 알 수가 없습니다. 반드시 성령으로 충만한 영적인 상태에서만 분별이 가능한 것입니다. 그렇기 때문에 세상적인 기도는 애초에 할 필요가 없는 것입니다. 그래서 기도는 바르게 배워서 성령으로 해야 합니다. 예수님의 제자들이 누가복음 11장 1절에 "예수께서 한 곳에서 기도하시고 마치시매 제자 중 하나가 여짜오되 주여 요한이 자기 제자들에게 기도를 가르친 것과 같이 우리에게도 가르쳐 주옵소서" 한 것을 기억해야 합니다. 기도는 반드시 바르게 배워서 성령으로 해야 합니다. 성령으로 기도를 하지 않기 때문에 마귀가 응답을 해도 분별할 수가 없는 것입니다.

우리가 기도하면서 기도 내용이 악의 것인지 하나님의 일인지 알 수도 없는 것들을 구해서 이루어 진다한들 무슨 의미가 있느냐는 말입니다. 때문에 우리들은 성령으로 충만한 가운데 오직 주님의 은혜만을 구해야 하는 것입니다. 그것만이 확실한 하나님의 은혜임을 느끼고 알 수 있는 사실이 되는 것입니다. 이것 외에는 모두가 물거품입니다. 인간의 욕심입니다.

이런 가장 소중하고 가장 값진 진주를 모르고, 세상 욕심을 주님과 바꾸지 못하고 움켜쥐면서, 주님을 사랑한다고 주님을 따른다고 모든 것을 받았다고 자랑하니 한국교회의 지붕위에는 온통 쓰레기 같은 기도만이 울려 퍼지는 것입니다. 성도들의 심령이 치유되고 예수님의 성품으로 변화되어 주님의 음성을 듣고 순종하는 기도가 되지 못하는 것입니다.

주님 이외의 다른 무엇이 필요하다면 바로 그것이 간음하는 것이 아닐까요? 당신이 예수를 믿고 교회에 다니는 성도라면 한번쯤 남들이 모두 눈을 감고 기도할 때 눈을 뜨고 그들의 기도하는 것을 바라볼 필요가 있습니다. 과연 세상적인 기도가 아닌 것이 있는가를 말입니다. 복달라고 아우성치는 자들로 가득하니 복이 무엇인지 애초에 모르던 자들이었다는 것을 느끼게 될 것입니다.

그런데 왜 눈을 감고 기도를 할까요? 눈을 뜨고 기도하면 미안해서 일까요? 창피해서일까요? 차라리 눈을 뜨고 기도한다면 그렇게 많은 욕심이 가득한 기도는 많이 줄어들지 않을까라고 혼자 생각해 볼 때가 있습니다.

오직 성령이 임재하여 자신을 장악하기 위하여 기도하는 것 외에는 모두가 인간의 욕심입니다. 좋은 것은 성령만으로도 차고 넘칩니다. 더 이상 세상적인 욕심을 구하는 기도는 하지 말아야 합니다. 인간은 욕심이 끝이 없는 것처럼, 끝없는 간구를 하는 본능이 있습니다. 본능은 육입니다. 매 순간을 쉼 없이 기도하는 것입니다. 그런데 이것이 바로 인간의 기도입니다. 이런 자신들의 추악한 기도를 깨우치고, 끊임없이 이런 욕심이 가득한 자신의 기도를 없애달라고 주님께 기도하는 것이 주님이 가르쳐 주신 기도가 되는 것입니다. 욕심이 가득한 기도 때문에 자신의 추악한 모습을 되돌아보고, 회개하며 오직 주님의 은혜를 소원하는 기도만을 하는 것이 바로 주님의 뜻이요 주님의 은혜라고 봅니다.

주님의 은혜를 모른다면 세상적인 기도는 절대로 멈추지 않으리라 생각이 듭니다. 오직 주님의 은혜만을 소망하는 상한 심령으로 살아가기를 소원합니다. 조용히 눈을 감고 자신의 기도를 진단하여 보세요. 잘못되었다면 빨리 고쳐야 할 것입니다. 그래야 자신이 변하여 하나님의 군사가 될 수 있습니다. 잘못된 기도를 찾아내어 성령으로 기도하는 우리가 되기를 소원합니다.

하나님께 무엇이든지 구하면 주시지 않습니다. 어린 유아가 칼을 달라고 하면 칼을 줄 부모가 없을 것입니다. 칼로 자신에게 상처를 입힐 수 있기 때문에 주지 않습니다. 하나님도 마찬가지 일 것입니다. 아무거나 달라는 대로 주시지 않습니다.

둘째, 중언부언 독백의 기도이다. 기도는 엄연하게 성령 안에서 성령으로 깊은 기도를 해야 하는 데 자신의 생각과 욕심을 가지고 중언부언하면서 기도를 합니다. 새벽기도에 가서도 과거 정안수 떠놓고 빌던 방식대로 기도를 합니다. "무조건 비나이다"입니다. 실제로 제가 부교역자 할 때 제가 잘 아는 권사님이 계셨습니다. 이 권사님이 새벽기도에 나와서 꼭 제 뒤에서 기도를 하십니다. 제 뒤에서 기도를 하면 기도가 잘 된다고 꼭 제 뒤에서 기도를 합니다. 이분이 하는 기도가 아무 재미가 있습니다. 기도하는 소리를 들어보면 이렇습니다.

"하나님! 우리 아들 직장생활 잘하게 해주시옵소서. 믿음생활도 잘하게 해주시옵소서. 손자들도 공부 잘하고 잘 자라게 해주시옵소서. 우리 큰 딸이 우울증에 걸려서 고생을 합니다. 우울증을 치유하여 주시옵소서. 우리 큰 사위가 술을 끊지를 못하고 있습니다. 술을 끊도록 도와주시옵소서. 외손자 외손녀가 상처 받지 않고 잘 자라게 해주시옵소서. 하나님! 우리 작은 딸이 질병으로 고생을 합니다. 병을 치유하여 주시옵소서. 사위도 사업이 잘되고 믿음 생활도 잘하게 하여 주시옵소서. 외손자가 건강하게 잘 자라기를 원합니다."

이렇게 조랑, 조랑, 조랑, 조랑, 조랑, 조랑, 하며 주시옵소서. 기도를 하는 것입니다. 이것이 무슨 이유입니까? 샤머니즘의 영향입니다. 그러다가 제가 교회를 개척하고 집회할 때 찾아 오셨습니다. 자기 딸들이 몸이 불편하여 치유 받게 하려고 데리고 온 것입니다. 이 권사님이 오셔서 기도하다가 성령의 세례를 받고 방언이 터졌습니다. 방언이 따다다, 따다다, 하고 나오니까, 종전에 하던 식으로 아들과 딸들을 위하여 간구를 할 수가 없는 것입니다. 저에게 따지는 것입니다.

왜 방언이라는 것을 받게 해가지고 나를 이렇게 답답하게 하느냐고 말입니다. 물어보니 이렇게 대답을 합니다. 아들과 딸들을 위하여 기도를 못하겠다는 것입니다. 제가 몇 번에 걸쳐서 설명을 하다가 이해하시지 못하여 그만 두고 권사님이 알아서 기도하시라고 한 적이 있습니다. 이와 같이 처음 교회에 들어올 때 기도에 대하여 바르게 가르쳐 주지 않으니 삼십년을 예수를 믿어도 샤머니즘적인 기도를 탈피하지 못하는 것입니다.

셋째, 샤머니즘적이고 무속적인 기도이다. 저는 개인적으로 이렇게 생각을 하고 있습니다. 성도가 예수를 믿고 교회에 들어오면 성령으로 세례를 받고 내적인 상처를 치유하면서 깊은 영의기도를 바르게 가르치고 배워서 깊은 기도를 숙달해야 한다는 것입니다. 저는 목사가 되기 전에 평신도 생활을 십오 년 정도 했습니다. 그런데 어느 목회자가 기도에 대하여 바르게 알려주지를 않았습니다. 그저 기도하세요. 기도해야 하나님과 교통할 수가 있습니다. 기도해야 문제가 풀립니다. 기도해야 질병이 치유됩니다. 기도를 어떻게 하라고 원리를 알려주지 않고 무조건 기도하라고 합니다. 그러니 모두 지난 세월 하던 샤머니즘적인 기도를 합니다. 아침에 밥솥 앞에 정안수 떠놓고 기도하던 것이 생각이 나니 그렇게 기도를 합니다. 돌무더기 앞에서 기도하던 것이 생각이 나니 그렇게 기도를 합니다.

절에 가서 불공을 드리며 빌던 것이 생각이 나니 그렇게 기도를 합니다. 이렇게 기도를 해도 누구하나 기도를 바로 잡아주는 사람이 교회에 없습니다. 그러니 무조건 기도 많이 하면 믿음이 좋은 것으로 생각을 하고, 기도하면 거듭난 성도인줄 믿어버립니다. 그러나 여기 에는 엄청난 잘못이 숨어 있습니다. 기도는 영의 활동입니다. 기도를 어떻게 하는 가에 따라서 성령의 역사도 일어나고 귀신도 끌어들일 수가 있습니다.

무당들도 철야하면서 얼마나 기도를 많이 합니까? 무당들이 북을 치고 장구를 치면서 기도하면 귀신들이 옵니다. 큰 귀신에게 접신 받으려고 무당들은 철야하며 기도합니다. 또 한가지 웃기는 것은 기도하면서 팔을 흔들거나 몸에 진동이 오면 성령으로 충만한 줄로 압니다. 그러나 기도를 하면 좌우지간 영의 상태가 됩니다. 귀신의 영향도 잘 받는 상태이고 성령의 영향도 잘 받는 무의식 상태가 됩니다. 이때 성령으로 충만한 사람은 성령의 역사가 나타나는 것입니다.

그러나 예수를 믿어도 샤머니즘적인 신앙의 잔재를 성령으로 치유 받지 못했으면 불을 보는 것과 같이 환한 귀신의 역사가 나타나는 것입니다. 일부 영적으로 눈이 열린 목회자들이 우려를 하고 있는 것이 사실입니다. 문제는 그런 양신의 역사를 분별하여 해결하지 못하는 것에 있습니다. 우리 기독교인들이 영적인 수준을 높여야 합니다. 그래서 "기도클리닉"을 하여 샤머니즘적이고 무속적인 기도가 바른 성령의 인도받는 깊은 영의기도가 되도록 해야 합니다. 기도는 훈련해야 합니다. 바르게 가르치고 훈련하여 숙달해야 합니다.

　기도회를 인도할 때 보신 분들은 제가 하는 이야기를 이해하실 것입니다. 예를 든다면 가족 중에 무당의 내림이 있는 분은 진동을 심하게 합니다. 팔을 흔들고 머리를 흔들면서 기도를 합니다. 더 지나면 발을 동동 구르면서 기도를 합니다. 이는 성령이 충만해서 일어나는 현상이라고 단정을 지으면 안 됩니다. 정확하게 성령의 임재로 무당의 영이 정체를 드러내는 것입니다.

　그리고 중풍의 영향을 받는 분들도 팔과 다리를 흔들면서 기도를 합니다. 일부 초보 목회자들이 이를 성령의 역사라고 우기는 분들도 있습니다. 그러나 아닙니다. 성령의 임재로 그 사람 안에 역사하는 악한 세력이 정체를 폭로한 것입니다.

　이것을 분별하여 해결해야 할 분들이 누구입니까? 목회자분들입니다. 제가 분명하게 말씀을 드리면 기도하면 만사가 해결되는 것이 아닙니다. 바르게 성령으로 성령 안에서 기도를 해야 합니다. 성령으로 정확하게 기도를 하면 앞에서 지적한 모든 것이 해결이 됩니다. 교회에서 이런 현상이 일어난다고 경계해서 해결이 되는 것이 아닙니다. 원인을 찾아 해결해야 합니다. 우리 교회는 매 예배나 집회 시에 40-50분간 기도를 합니다. 기도를 어떻게 하라고 안내하고 모두 기도를 하도록 하고 제가 돌아다니면서 안수를 합니다. 안수하면서 이상한 현상을 일으키거나 귀신의 역사가 일어나는 분들은 성령께서 저에게 알려주십니다. 저는 기도를 정지시키고 축사를 합니다. 몇 번만 축사하면 모두 떠나갑니다. 왜냐하면 기도를 많이 해서 열려 있기 때문에 쉽게 드러나고 떠나가는 것입니다. 귀신이 떠나가니 편안하게 잔잔하게 기도를 합니다. 본인이 느낍니다. 기도도 성령으로 잘되고, 영육의 질병도 문제도 해결이 되는 것을 말입니다. 목회자는 이런 상황을 영안으로 분별하여 해결해주어야 합니다. 그래야 성도들이 영적으로 깊어지는 것입니다.

성도들이 기도를 많이 하고 신앙생활을 오래해도 변하지 않는 것은 목회자가 무조건 기도하면 문제가 해결이 된다고 하기 때문입니다. 무조건 기도하라고 해서 생각나는 대로 기도를 하니 이런 영적인 문제가 해결이 되지 않는 것입니다.

제가 여기에서 부가해서 말한다면 성령의 역사가 바르게 일어나면 샤머니즘적인 잔재들이 떠나갑니다. 그러기 때문에 성령으로 기도하면 잔잔하게 성령의 역사만 일어나는 것입니다. 분명하게 분별하여 치유해야 성도들이 하나님과 친밀하게 지내며 하나님의 복을 받을 수가 있습니다. 바른 기도를 하는 습관을 들여야 합니다. 습관이 잘못되면 고치는데 시간이 많이 걸리고 힘이 들기 때문입니다.

16장 하늘나라가 되지 못함으로

(눅17:20-21)"바리새인들이 하나님의 나라가 어느 때에 임하나이까? 묻거늘 예수께서 대답하여 이르시되 하나님의 나라는 볼 수 있게 임하는 것이 아니요. 또 여기 있다 저기 있다고도 못하리니 하나님의 나라는 너희 안에 있느니라."

부자가 되는 것은 자신이 하늘나라가 되어야 가능합니다. 먼저 하늘나라가 되어야 부자가 될 수 있는 조건이 되는 것입니다. 그래서 하나님은 모든 크리스천들이 지금 이 땅에서 천국을 누리기를 원하십니다. 천국은 진리를 바르게 알고 사모해야 누린다고 생각합니다. 천국에 대한 진리를 바르게 알지 못하면 교계에 문제를 일으키고 있는 어느 사이비집단 사람들과 같이 사후에 천국에 들어간다고, 천국에 들어가려면 자기 집단에 속해야 되고, 자기 집단의 교주가 말한 대로 열심히 순종해야 된다고 알고 믿어, 교주의 종노릇, 아니 노예생활을 할 수 있기 때문입니다.

하나님의 뜻(생각)은 모든 크리스천들이 지금 이 땅에서 심령에 천국을 누리며, 아브라함의 복을 받아 누리며, 하나님의 나라를 건설하는 것입니다. 예수님도 산상수훈(마4-10장)에서 그렇게 말씀하셨습니다. 그런데 많은 크리스천들이 재림예수를 기다리면서 세상을 떠나야 천국을 누리는 것으로 잘못알고 있는 것이 사실입니다. 이 땅에서 천국을 누리는 것은 뒤로하고 죽은 다음에 하늘나라에 가서 상급을 받겠다고 열심히 신앙생활을 합니다. 자신 안에 임재하신 천국을 관심을 갖지 않으니 자연스럽게 현실 세상에서는 여러 가지 환란과 풍파를 당하면서 살아갑니다.

크리스천들은 항상 천국에 대하여 궁금하게 생각합니다. 하지만 정작 천국은 이 세상 일이 아니라고 아직 먼 곳에 있는 천국을 이야기하는 경우가 많습니다. 그래서 누가 깊은 임재(임신) 가운데 천국을 갔다가 왔다고 간증하는 것을 부러운 눈초리를 하면서 듣기도 합니다. 필자는 천국은 죽고 난 후에 크리스천들이 들어가 누릴 곳이 아니라, 세상에 살아서 살아가는 지금 이 순간, 예수님께서 크리스천들에게 주신 천국을 찾아야 되고, 천국을 마음껏 누리는 것이라고 생각하고 믿고 있습니다. 예수를 믿고 성령으로 거듭난 크리스천은 이 땅에서 천국을 누리는 권리가 주어진 것입니다. 하늘나라 천국인 예수님을 자신 안에 성전에 주인으로 모시고 살기 때문입니다. 이 땅에서 천국을 누리다가 사후, 또는 예수님 재림 시에 영원한 천국이 입성하는 것입니다. 하나님의 나라 시민권이 있는 성도들이기 때문입니다.

우리 크리스천들의 사고가 바뀌어야 합니다. 발상과 생각의 전환이 절대적으로 필요합니다. 특별하게 영적인 일은 관심이 중요합니다. 자신이 이 땅에서 천국을 누리다는 관심을 갖게 되면 천국을 누릴 수가 있다는 말입니다. 천국에 대한 관심이 죽어서 가서 누리는 것으로 알고 있으면 그대로 된다는 말입니다. 예수님은 분명하게 이 땅에 지금 천국을 건설하려고 오셨습니다. 예수님이 십자가에서 이루어 놓으신 천국을 누려야 합니다.

첫째, 천국가려고 예수를 믿는다. 천국은 하늘나라 곧 하나님이 계신 나라를 말합니다. 때문에 아무리 귀한 황금보석으로 꾸며진 나라가 있다 해도 그곳에 하나님이 계시지 않으면 천국이 아니라는 말입니다. 오늘날 기독교인들은 천국을 하늘의 어느 특정한 곳으로 진주와 보석으로 꾸며진 아름답고 화려한 나라, 그리고 눈물도 슬픔도 죽음도 없이 항상 기쁘고 평안한 나라로 알고 있습니다. 그러나 천국은 장소적 개념(槪念)이 아니라, 존재적 개념으로 하나님의 아들 예수님을 말하고 있습니다.

왜냐하면 천국은 하나님이 계신 곳을 말하는데 하나님께서는 하나님의 말씀으로 창조를 받아 하나님의 생명으로 거듭난 하나님의 아들(예수님) 안에 계시기 때문입니다. 그러므로 천국은 하나님의 말씀으로 하나님이 거하실 성전이 자신 안에 건축되면 성령, 즉 하나님이 임하시어 안식하심으로 이루어지는 것입니다, 이렇게 천국은 하나님의 백성들이 가고 오는 것이 아니라, 하나님의 성령이 임하여 자신 안에 이루어지는 것입니다. 성령으로 진리이신 예수님을 따라가면 이 땅에서도 천국을 누리고 이 세상 하직하면 영원한 천국에 이르는 것입니다. 천국가기 위하여 예수 믿고 믿음 생활하는 것이 아니라, 천국을 누리기 위해서 예수님을 믿고 심령을 생명의 말씀과 성령으로 정화하면서 성령으로 진리이신 예수님을 따라가는 것입니다.

왜냐하면 예수님도 요단강에서 세례요한으로 부터 세례를 받을 때 하늘에서 성령(하나님)이 예수님 안에 임하여 천국이 이루어 졌기 때문입니다. 예수님께서 유대인들을 향해 "회개하라 천국이 가까이 와 있다"고 말씀하신 천국은 곧 예수님 자신(천국)을 말하기 때문에 예수님이 가까이 와있으니 내게로 돌아오라고 하신 말씀입니다. 즉 자신이 보해사라고 성도들을 속이는 이상한 목자에게 속아서 방심하면서 종으로 살다가 멸망의 길에 들어가지 말고, 참 목자가 인도하는 좁고 협착한 생명의 길로 돌아오라는 뜻입니다. 협착한 길이란 지금 천국을 누리기 위하여 생명의 말씀과 성령으로 바뀐 믿음생활을 하라는 것입니다. 예수님이 주인 되어 마음 안에 성전 된 크리스천으로 살아가라는 것입니다. 자신 안에 성전이 되어 예수님의 인도를 받으면서 지금 전인적인 평안을 누리면서 살아가라는 것입니다. 지금이야 어떻게 살던 문제될 것이 없고, 죽어서 천국가면 된다는 자칭 자신이 보혜사라고 성도들을 속이는 목사의 말을 믿지 말고 따라가지 말고 분별해보라는 것입니다. 아니면 한 시간이라도 빨리 돌아서야 합니다. 그래야 지금 천국을 누리면서 살아가다가 영원한 천국에 갈 수가 있습니다.

　이렇게 하나님의 생명으로 거듭난 하나님의 아들들은 지옥이나 천국이나 또한 살아 있을 때나 죽은 후에도 그리고 모든 장소나 환경을 초월한 존재들을 말합니다. 왜냐하면 자신 안에 천국이 이루어진 자는 지옥 같은 생활을 해도 천국이지만, 자신 안이 지옥인 자들은 천국에 가있어도 지옥이기 때문입니다. 그래서 예수님이 계신 곳은 지옥이나 천국이나 그 어느 곳이라 해도 모두 천국이라 말한 것입니다.

　문제는 천국이 예수를 믿는다 해서 가는 곳이 아니라, 하나님의 뜻대로 행한 자, 곧 예수님을 구주로 믿고, 그의 음성을 듣고, 그 입에서 나오는 생명의 말씀을 일용할 양식으로 날마다 먹고, 하나님의 아들로 거듭난(예수 믿을 때 십자가에서 죽고 예수로 태어난) 자들에게 이루어지는 것입니다. 즉 성령으로 진리를 따라가는 자들에게 지금 천국이 이루어지는 것입니다. 이렇게 지금 천국이 이루어진 자들은 예수님과 같이 하나님이 계신 영원한 세계에서 하나님과 함께 살아가는 것입니다.

책을 읽는 분 천국에 대해서 이해가 되십니까? 그래도 천국에 대한 말씀을 들으며 의구심이 있는 분은 누가복음 17장 21절을 보면 예수님께서 "하나님의 나라는 볼 수 있게 임하는 것이 아니며 또한 여기 있다 저기 있다고도 못하리니 하나님의 나라 즉 천국은 너희 안에 있다"고 말씀하시지 않으셨습니까? 때문에 필자는 천국이 내 안에 있다고 믿고 있었습니다. 그런데 바르게 깨닫고 보면 예수님께서 천국이 너희 안에 있다고 하신 말씀의 뜻을 바르게 깨달아야 합니다. 만일 천국이 우리 안에 있다면 내가 곧 천국인데 무엇 때문에 천국을 가려고하며 또한 무엇 때문에 천국을 다시 이루려고 애를 쓰는 것입니까?

분명하게 천국은 예수님 자신이라고 말씀하셨습니다. 예수님께서 천국이 너희 안에 있다고 하신 말씀을 이해하려면 예수님이 말씀을 전할 당시의 상황을 알지 못하면 이해할 수가 없습니다. 예수님께서 바리새인들에게 말씀을 전하실 때 예수님은 중앙에 서서 계시고 바리새인은 예수님을 중심으로 하여 원형으로 둘러 앉아 있었습니다. 때문에 예수님께 천국이 언제 임하느냐고 묻는 바리새인들에게 "천국(예수님)은 지금 너희 안에 있다." 즉 너희가 둘러 앉아

있는 중앙에 서있는 내가 곧 천국이라고 말씀을 하신 것입니다. 누가복음 17장 20-23절에 보면 "바리새인들이 하나님의 나라가 어느 때에 임하나이까? 묻거늘 예수께서 대답하여 이르시되 하나님의 나라는 볼 수 있게 임하는 것이 아니요. 또 여기 있다 저기 있다고도 못하리니 하나님의 나라는 너희 안에 있느니라. 또 제자들에게 이르시되 때가 이르리니 너희가 인자의 날 하루를 보고자 하되 보지 못하리라. 사람이 너희에게 말하되 보라 저기 있다 보라 여기 있다 하리라 그러나 너희는 가지도 말고 따르지도 말라" 쉽게 설명하면 예수님이 자신의 주인으로 계시면 천국이라는 뜻입니다.

예수님을 주인으로 모신 사람 안에 천국이 있다는 말입니다. 천국은 기본적으로 하나님의 통치를 받는 나라(영역)로서, 내가 성령님을 주인으로 모시고 살아가는 상태를 뜻합니다. 그래서 지금 예수님이 자신 안에 성전에 주인으로 계시면 천국이 자신 안에 있는 것입니다. 때문에 필자는 예수님을 내 안에 있는 성전에 주인으로 모시고 성령의 인도를 받으며 살아가고 있기 때문에 천국이 내 안에 있다고 믿고 있습니다.

예수님은 영이십니다. 그러나 살아계신 실체이십니다. 자신 안에 예수님이 주인으로 계신다고 항상 찾고 구하고 믿는 자가 천국이 자신 안에 있는 것입니다. 필자는 매주일 성도들에게 이번 주도 자신 안에 예수님을 주인으로 모시고 걸어 다니는 성전으로 살아가라고 강조합니다. 예수님이 자신 안에 주인으로 계시지 않으면 아무리 열심히 믿음생활을 한다 해도 천국에 갈수가 없을 수도 있는 것입니다. 지금 자신 안에 성전에 예수님을 주인으로 모시고 살아가는 성도는 지금 천국을 누리는 성도입니다.

그렇기 때문에 죽어서 천국가려고 예수님을 믿는 사람들은 잘 못하면 죽어서 천국에 갈수가 없을 수도 있다는 것입니다. 지금 자신 안의 성전에 예수님을 주인으로 모시고 사는 성도만이 천국을 누리다가 영원한 천국에 가는 것이 보장된 것입니다. 그런데 천국가려고 믿음생활하시는 분들은 자신의 믿음을 진리의 말씀과 성령으로 분별해 보아야 합니다. 천국가려고 예수님을 열심히 행위로 믿음생활하는 신앙에서 탈피하여, 예수님을 자신 안 성전에 주인으로 모시면서 천국을 누리는 신앙으로 전환해야 합니다.

그런데 오늘날 기독교인들은 예수님이 말씀하실 당시의 상황을 모르기 때문에 예수님께서 천국이 너희 안에 있다는 말씀을 오해하고, 모두 천국이 우리 안에 있다고 주장을 하는 것입니다. 이제 천국이 너희 안에 있다는 말씀을 이해 할 수 있겠습니까? 우리는 날마다 이런 깊이 있는 진리의 말씀을 듣는 것을 축복으로 생각해야 합니다. 지금 책을 읽는 분들 중에 이런 영적인 말씀을 처음 듣기 때문에 모두 다 이해 할 수는 없지만 너무나 놀랍고 경이로울 것입니다. 우리가 영적인 말을 조금이라도 들을 수 있는 것은 하나님의 은혜를 받았기 때문이며 복된 자인 것입니다. 하나님은 분명하게 "귀 있는 자는 성령이 교회들에게 하시는 말씀을 들을지어다"(계 3:22). 하시면서 여러번 경고하시는 것입니다.

둘째, 죽어서 천국 간다가 성도들이 변화되지 못하게 한다. 천국은 메시야 시대가 도래하여 하나님이 통치하시는 새로운 시대의 세상입니다. 정확하게 예수님의 초림 때 시작되어 재림 때 완성이 되는 것입니다. 지금 천국은 예수님을 믿는 사람들 안에서 시작되고 있습니다. 예수님은 이 땅에 천국을 건설하려고 오셨습니다. 그럼 지금 이세상은 우리에게 어떤 의미일까요? 천국을 저 세상으로 생각하는 사람과 천국은 지금 우리의 순종을 통해 여기서 성장하고 있다는 사람과 차이는 극명할 것입니다. 지금 천국을 누리려고 하는 크리스천은 생명의 말씀과 성령으로 변화되려 노력할 것입니다. 진리이신 예수님을 따라가려고 생명의 말씀과 성령으로 거듭나는 믿음생활을 할 것입니다. 성령의 인도를 받으려고 할 것입니다. 지금 천국을 누려야 하기 때문입니다. 이를 밝히 알고 있는 사단과 마귀 귀신들이 예수를 믿고 천국을 누리면서 살아가는 성도들을 가는 길을 여러 가지 방법으로 방해하고 훼방하고 있기 때문입니다.

그래서 진리를 따라가지 못하고 비 진리를 따라가도록 교묘하게 훼방하는 것입니다. 우리는 이를 밝히 깨달아 마귀의 계략에 속지 말고 성령으로 진리이신 예수님을 주인으로 보시고 살아가야 합니다. 진리이신 예수님을 자신 안의 성전에 주인으로 모시고, 성령의 인도를 받고 살아가는 성도는 지금 천국을 누리는 것입니다. 그래서 성령님이 말이 아니라, 환경에 나타나는 증표를 보고 따라가게 하시는 것입니다. 마귀의 간계에 속지 않도록 성도들을 보호하시는 성령님의 배려입니다.

그래서 하나님은 성경에다가 열매를 보라고 말씀하시는 것입니다. "그들의 열매로 그들을 알지니 가시나무에서 포도를, 또는 엉겅퀴에서 무화과를 따겠느냐? 이와 같이 좋은 나무마다 아름다운 열매를 맺고 못된 나무가 나쁜 열매를 맺나니, 좋은 나무가 나쁜 열매를 맺을 수 없고 못된 나무가 아름다운 열매를 맺을 수 없느니라. 아름다운 열매를 맺지 아니하는 나무마다 찍혀 불에 던져지느니라. 이러므로 그들의 열매로 그들을 알리라"(마 7:16-20). 열매로 천국을 누리면서 살고 있는 가 아닌가가 분별이 됩니다. 우리 성도들은 열매를 보고 판단하여 바르길 진리를 따라가야 합니다. 자신 안에 성전에 주인으로 계시는 성령께서 열매를 보고 분별하여 진리 속으로 들어가게 하실 것입니다. 죽어서 천국에 들어가는 것이 아니고 지금 천국을 누리기 위해서 예수님 믿고 믿음 생활하는 성도로 변할 것입니다.

분명하게 지금 천국은 피안의 저 세상이 아니라, 고난이 있어야 성령으로 진리를 깨닫고 자라나는 자신 안이요, 현 세상입니다. 천국은 차별 없는 세상, 가난하고 힘이 없어 무시당하고 여자라서, 흙수저라, 학벌 때문에 외국인 노동자라, 인격까지 무시당하는 세상을 파괴하고 하나님의 통치를 실현하는 세상입니다. 하나님은 지금 자신 안에 성전에 주인으로 성령으로 임재 하여 계십니다. 그러므로 천국은 이미 도래한 것입니다. 현 세상에서 천국을 누리기 위하여 예수를 믿고 믿음생활하면서 자신을 생명의 말씀과 성령으로 잠재의식에 형성된 세상의 독소를 녹이고 배출하는 것입니다. 지금 천국을 누리기 위하여 자신을 바꾸는 것입니다.

필자는 내세 천국을 믿고 중요하게 생각하면서도, 현세의 천국을 특별히 강조하고 싶습니다. 나중(내세)의 영원한 천국이라도 나중에(장차) 가는 게 아니라, 지금 성령의 인도로 진리이신 예수님을 주인을 모시고 가는 중이라고 믿기 때문입니다. 천국은 기본적으로 하나님의 통치를 받는 나라(영역)로서, 내가 성령님을 주인으로 모시고 살아가는 상태를 뜻합니다. 따라서 지금 내가 천국에 머문다면, 장래의 천국은 자동적으로 이어지는 것이라 생각합니다. 한번 생각하여 보시기를 바랍니다. 지금 천국을 누리는 성도가 다가올 영원한 천국에 들어가지 못하겠습니까? 지금 예수님을 자신 안 성전에 주인으로 모시고 살아가는 성도가 이 세상 하직하면 어디로 가겠습니까? 뻔한 것 아닙니까? 예수님이 통치하고 계시는 영원한 천국에 가는 것입니다.

그런데 문제는 죽어서 천국 간다고 예수 믿고 신앙 생활하는 성도들입니다. 이분들이 지금 천국은 안중에도 없고 죽어서 천국 간다고 관심을 집중하고 살아가고 있습니다. 지금 천국을 누리지 못하는 성도가 죽어서 천국 간다는 보장은 10%도 안 될 것입니다. 지금은 자다가 깰 때입니다. 천국가기 위하여 열정으로 믿음생활을 하고 있으니 자신 안에 성전삼고 계시는 하나님께 관심도 없으니 어찌 하나님께서 통치하시는 천국에 들어가겠습니까? 하나님은 이렇게 말씀하십니다. "너희는 너희가 하나님의 성전인 것과 하나님의 성령이 너희 안에 계시는 것을 알지 못하느냐"(고전 3:16). 지금 성전인 자신 안에 주인으로 계시는 하나님과 관계가 열려야 천국이 보장되는 것입니다.

정확하게 말하면 사후 우리의 소망은 부활입니다. 이해를 돕기 위해 극단적으로 말하자면 사후세계에 관해 하늘 소망을 말하는 것은 기독교가 아니라, 극락을 말하는 불교에 가깝습니다. 물론 불교가 윤회를 말하기에 이는 단순 설명을 위해 단순화 시킨 도식으로 보아야 합니다. 윤회란 불교 교리 가운데 하나로서 중생이 죽은 뒤 그 업(業)에 따라서 또 다른 세계에 태어난다는 것을 천명한 사상을 말합니다. 죄로 말미암은 사망권세를 이기는 부활소망이 기독교입니다.

우리말에서 천국은 저 세상의 의도가 강합니다. 그러나 성경에서 천국을 논할 때 가장 중요한 핵심은 "저 세상"이 아니라, 하나님이 창조하신 "이 세상"의 갱신과 새 창조가 중요하다는 사실입니다. 우리는 이 세상 안에 살지만 이 세상에 속해 살면 안 됩니다. 전도서에 살아있는 개가 죽은 사자보다 낫다는 말씀이 있습니다. "모든 산 자들 중에 들어 있는 자에게는 누구나 소망이 있음은 산개가 죽은 사자보다 낫기 때문이니라"(전9:4).

유대인들은 저 세상에 큰 관심이 없습니다. 그들이 꿈꾼 것은 좋은 현세의 삶과 하나님의 통치가 완벽하게 실현되는 미래의 세상입니다. 우리도 지금 여기의 천국을 말해야 하고 예수님의 재림으로 다가올 하나님 나라의 미래를 꿈꾸어야 합니다.

지금 그분의 나라를 실현하면 여기도 살만한 세상이 됩니다. 죄를 멀리하고 하나님을 경외하면 이 세상은 소중합니다. 자꾸 죽어서 천국 가는 것 말고 여기서 잘 살 수 있는 하나님 나라의 도래를 선포하고 그분의 통치를 실현하며 하나님 나라의 확장을 위해 살아야 합니다. 하나님 나라를 위해 가난한 자 도와주고 병든 자 고쳐주고 사탄과 돈에 포로가 된 사람을 풀어주고 억눌린 자 자유롭게 하는 사역을 해야 합니다.

셋째, 죽어서 천국가려고 행위로 지식으로 믿음생활하지 말라.
현세천국을 소홀히 하는 내세천국 사상은 근본적으로 잘못된 것이기 때문입니다. 현세천국을 시인하는 것이, 상대적으로 내세천국만을 내세우는 것보다 오히려 건전한 신앙사상일 것이라 생각합니다. 왜냐하면 정상적인 현세천국의 신앙은 내세천국에 자연스럽게 연결되는 본질적 신앙이기 때문입니다. 그에 반하여, 현세천국을 소홀히 하는 내세천국 사상은 근본적으로 잘못된 것이기 때문입니다.

"꿩 잡는 게 매"라는 식의 결과 지향적인 그릇된 사상은 세속적인 욕심에 기초하는 것이므로, 거기서 배금사상과 공덕사상, 그리고 믿음과 행위의 이중주의 같은 신앙의 부조리 현상이 쏟아져 나올 수밖에 없습니다. 바르게 알아야 할 것은 우리가 믿는 내세는 현세의 연장이 아닙니다. 내세는 현세의 신앙의 연결은 되지만 연장은 아닙니다. 즉, 그곳은 현세와 근본적으로 동일하지 않습니다. 장가도 아니 가고 시집도 가지 않으며, 슬픔이나 고통 그리고 싸움도 없는 곳으로, 그야말로 새 하늘과 새 땅입니다.

성경에 표현된 상징적 영적 표현으로 이해하고 수용할 뿐, 인간의 언어와 감각으로 설명하기란 불가능합니다. 따라서 하나님이 성령으로 내게 감동을 하시니 아멘 하고 믿으며, 지금의 삶을 그리스도 안에서 의롭게 실행해나갈 따름입니다. 그 의미가 "여기 있다 저기 있다고도 못하리니, 하늘나라는 너희 마음 가운데 있느니라."는 예수님의 말씀입니다. 예수님이 하늘나라, 천국이십니다. 예수님을 자신 안에 있는 성전에 주인으로 모신 성도가 천국을 누리는 것입니다.

내세천국은, 개인의 영적 경험으로 얼마든지 감동에 이를 수 있다고 생각합니다. 그렇지만 그것은 객관성을 지니는 것이 아니므로 남에게 동일하게 강조되거나 요구되어서는 안 됩니다. 그리고 성경에 형상적으로 표현된 천국의 내용이 내세천국의 전형인 것처럼 설명되는 것도 조심스럽게 지양되어야합니다. 그 이유는, 내세가 현세와 근본적으로 다르다는 사실, 그 다른 실체를 현세적 언어로 표현할 수밖에 없었으므로 상징성의 요소가 들어있다는 사실 때문입니다.

예수를 믿고 성령으로 거듭나 진리이신 예수님을 따라가면서 천국을 누려야 합니다. 마가복음 16장 17절에 "믿는 자들에게는 이런 표적이 따르리니 곧 그들이 내 이름으로 귀신을 쫓아내며" 귀신을 쫓아내야 천국을 누릴 수가 있습니다. 자신과 집안에 귀신이 있으면 우환, 질고가 끝나지 않습니다. 자신과 가족이 지옥 같은 삶을 살아가는 것입니다. 천국을 이루기 위해서는 귀신을 쫓아내야 됩니다. 그냥은 안 나갑니다. 우리가 성령으로 충만한 가운데 예수 이름으로 명령을 해야 쫓겨나가는 것입니다. 예수님께서 귀신을 쫓아내어 천국을 누리기를 소원하여 크리스천에게 권능을 주신 것입니다. 예수님은 이 땅에서 천국을 누리게 하기 위해서 오셨습니다.

17장 사람을 귀하게 여기지 않아서

(출 1:19-21) "산파가 바로에게 대답하되 히브리 여인은 애굽 여인과 같지 아니하고 건장하여 산파가 그들에게 이르기 전에 해산하였더이다 하매 하나님이 그 산파들에게 은혜를 베푸시니 그 백성은 번성하고 매우 강해지니라. 그 산파들은 하나님을 경외하였으므로 하나님이 그들의 집안을 흥왕하게 하신지라"

하나님은 사람을 귀히 여기십니다. 기독교는 사람을 귀하게 봅니다. 사람에게 초점을 맞춥니다. 사람을 크게 봅니다. 한 영혼을 천하보다 귀하게 여깁니다. 천하보다 더 귀하고 큰 것이 사람입니다. 하나님은 쓸모없는 사람을 거듭나게 해서 하나님의 영광을 드러내게 하십니다. 하나님의 손에 붙잡히면 살인자도 새사람이 됩니다. 죄인도 의인이 됩니다. 하나님 보시기에 존귀한 사람이 됩니다. 마귀는 사람을 귀히 여기지 않습니다. 사람을 유혹해서 죄짓게 하고, 가정을 파괴하는 것이 마귀입니다. 마귀가 주장하는 나라는 사람의 생명을 하찮게 여깁니다.

사람을 귀하게 여기는 나라가 좋은 나라입니다. 미국이 좋은 나라인 것은 사람을 귀히 여기기 때문입니다. 북한에 억류되어 있던 두 기자를 위해 클린턴 전 대통령이 직접 북한을 방문해서 구해왔습니다. 얼마 전에는 카터 전 대통령이 북한을 방문해서 억류돼 있던 미국 시민을 구해왔습니다. 한 사람을 위해 대통령이 움직이는 나라가 미국입니다. 우리나라도 좋은 나라입니다. 북한 연평도 폭격으로 숨진 두 병사를 위해 대통령이 조문을 하고 온 나라가 애도했습니다. 사람을 귀하게 여기는 사회가 건강한 사회입니다. 사람을 소중하게 여기고 사람을 키우는 사회는 발전합니다. 사람을 키워야 합니다. 그때 나라가 발전하고, 공동체가 성장하게 됩니다. 요셉 한 사람이 역사에 등장했을 때, 애굽의 경제문제가 해결되었습니다. 정치 문제가 해결되었습니다. 가족 문제가 해결되었습니다.

하나님은 모든 사람을 귀히 여기시지만 특별히 귀히 여기시는 사람이 있습니다. 기도하는 사람입니다. 성경을 읽어보면 하나님이 기도하는 사람을 통해 큰일을 이루시는 것을 보게 됩니다. 아브라함, 모세, 여호수아, 다니엘, 느헤미야, 에스더, 그리고 바울을 생각해 보십시오. 그들은 기도의 사람들이었습니다. 성경에 보면 하나님은 세상적으로 조금 부족해도 기도하는 사람과 더불어 일하시는 것을 봅니다. 저는 기도를 최고의 가치로 두고 살고 있습니다. 왜냐하면 기도할 때 하나님께 존귀하게 쓰임 받을 수가 있기 때문입니다. 우리 함께 기도함으로 하나님이 보시기에 존귀한 성도가 되도록 합시다.

첫째, 애굽의 산파에게 주신 은혜입니다(출1:21). "그 산파들은 하나님을 경외하였으므로 하나님이 그들의 집안을 흥왕하게 하신지라(출 1:21)" 이방 사람이나 택한 백성이나 사람을 귀하게 여긴 자들을 하나님은 그들의 집안을 흥황하게 하십니다. 당시 상황은 이렇습니다. 이스라엘 사람들이 요셉의 인도로 고센 땅에 정착했습니다. 세월이 흘러서 요셉도 죽었습니다. 바로왕도 죽었습니다. 이스라엘 사람들이 크게 번성하였습니다. "이스라엘 자손은 생육하고 불어나 번성하고 매우 강하여 온 땅에 가득하게 되었더라(출 1:7)" 그러자 애굽 왕이 특단의 조치를 내립니다. 이스라엘 사람들에게 고역을 심하게 시키라는 것입니다. 그리고 이스라엘 여인들이 해산할 때 여자아이는 살려두고 남자아이는 죽이라는 것입니다.

1)애굽 왕이 등장한 상황입니다(출1:15). "애굽 왕이 히브리 산파 십브라라 하는 사람과 부아라 하는 사람에게 말하여(출 1:15)" 당시의 애굽 왕은 누구인가요? 요셉을 알지 못하는 바로입니다. 성경에는 바로라는 도인물이 많이 나옵니다. 본문에 등장하는 바로는 아래의 세 번째의 인물입니다.

바로의 뜻은 큰 집, 태양입니다. 애굽 왕의 통칭인데 성경에 기록된 바로는 12인 있습니다. 첫째는 아브라함 때의 바로 왕입니다. 이는 아브라함의 아내 사라를 취하려다가 여호와가 징계 하 심으로 돌려보낸 자입니다(창12:15-20). 둘째는 요셉 때의 바로 곧 히스고스 조 마지막 왕 아브히스인 듯합니다(주전1876- 1850). 어떤 날 두 가지 꿈을 꾸고 해몽을 못하여 번민 중에 술 맡은 관원장의 소개 로 옥중에 있는 히브리 소년 요셉을 불러내어 해몽합니다. 하나님의 영에 감동 되에 정확히 해석하고 조치를 취하도록 합니다. 바로는 요셉의 명철이 하나님에게 난 줄을 알고 소년 요셉을 총리대신에 임명하여 7년 풍년 때에 저축하여 7년 흉년을 잘 해결 하였습니다(창41장). 가나안에서 흉년으로 사정을 헤매는 요셉의 가족 70명을 오라하여 기름 진 고센 땅을 주어 경작하게 합니다(창46:27 47:6-11).

요셉 별세 후 모든 신하와 장로를 가나안 장지까지 보내고 병거와 기병으로 요셉을 호종하게 하니 그 장례가 국장이나 다름없이 장엄하게 거행 하였습니다(창 50:7-11). 셋째는 모세 출생할 때 바로입니다. 이스라엘 백성의 번성함을 시기하여 핍박을 하고 노예화 시키고 남자를 낳으면 죽이라고 명령하였습니다. 그 때에 모세가 출생 하였습니다(출1:1-2:).

넷째는 출애굽시의 바로 왕입니다. 모세와 아론이 하나님의 명령을 받고 바로에게 찾아가 이스라엘 백성을 놓아 달라는 것을 거절 하다가 열 가지 큰 재앙을 당하고 나서 출발을 허락하여 이스라엘 백성은 자기들의 모든 재산과 애굽인의 금 은 까지 빼앗아 가지고 출발 하였습니다(출8장-12장). 이스라엘 백성 출애굽 후 약속을 위반하고 군사를 거느리고 추격하다가 홍해에서 전멸하였습니다(출14:27). 다섯째는 유대인 레멘의 처 비디아의 부친입니다(대상4:18). 여섯째는 솔로몬의 장인입니다(왕상3:1). 일곱째는 솔로몬의 대적 하닷의 동서입니다(대상11:14-19). 여덟째는 르호보암을 치던 시삭입니다(대하12:2). 아홉째는 이스라엘 왕 호세아 때의 소입니다(왕하17:4). 열째는 히스기야 왕 때의 바로입니다(왕하18:21). 열한 번째는 애굽 26왕조 제2대 왕인 느고 2세입니다(주전 609-579). 스에즈 운하를 제일 먼저계획한 사람입니다. 므깃도 평원에서 유대와 싸워 요시아를 죽인자입니다(왕하23:29-33,대하35:20-22). 열두 번째는 시드기야 왕과 예레미야 때의 호브라입니다(렘37:5, 44:30).

산파 '얄라드'는 '해산하다', '출산을 돕다'란 의미의 동사입니다.

유대역사가 요세푸스(Josephus)와 그리고 일부 주석가들은 여기 산파들을 히브리 여인의 해산을 돕는 애굽인들이라 보았습니다. 맛소라 본문에는 분명 히브리 산파라 기록되어 있으며 문맥상으로도 이것이 훨씬 타당한 것입니다. 그리고 산파들의 이름인 '십브라'(아름답다는 뜻)와 '부아'(소리치는 자란 뜻)가 함족이 아닌 셈족 계통의 이름이라는 점에서 이를 뒷받침하는 것입니다.

2)산파 십브라라와 부아을 선발한 상황입니다. 애굽 왕 바로는 사파들에게 명령을 합니다. "이르되 너희는 히브리 여인을 위하여 해산을 도울 때에 그 자리를 살펴서 아들이거든 그를 죽이고 딸이거든 살려두라(출 1:16)"

해산을 도울 때에 그 자리를 살펴서 '그녀들이 조산대 위에 있는 것을 볼 때에'를 가리키는 말씀입니다. 요즈음도 애굽에서는 분만 예정 2-3일전에 출산부의 집에 산대를 비치해 놓는 다고 합니다. 이 조산대는 산모의 출산 고통을 덜기위해 고안된 특수 의자입니다. 한편 조산대를 '산아 목욕통'으로 보는 견해도 있습니다. 이는 남자 아이를 구별하여 죽이라는 바로의 명령에 근거할 때 조산 태를 산아의 성별 구분이 용이한 목욕통으로 볼 수 있다는 것입니다. 아모든 바로는 히브리백성의 출생에 대하여 남자인가 여자인가를 살피라는 명령이었습니다.

3)남자는 죽이라는 상황입니다. "이르되 너희는 히브리 여인을 위하여 해산을 도울 때에 그 자리를 살펴서 아들이거든 그를 죽이고 딸이거든 살려두라(출 1:16)", "아들이거든 그를 죽이고" 바로의 이 유아 살해 명령은 히브리인들을 생육, 번성케 하신(출1:7절) 절

대자 여호와께 대한 정면 도전입니다. 인간의 생명은 오직 여호와만 관할할 수 있는 고귀한 것입니다. 따라서 생명의 존엄성을 무시할 때는 반드시 그에 준하는 하나님의 징계가 따랐던 것입니다. 지금 시대에도 마찬가지입니다. 한 영혼을 천하보다 귀하게 여기는 사람은 축복하십니다. 그러나 사람의 목숨을 천하게 여기면 저주를 받습니다. 이번에 국정농단 사건을 통하여 모두 체험하셨을 것입니다. 율법서에 나오는 살인자 사형 제도가 그 한 조처인 것입니다.

한편 하나님께서는 80여년 후 이스라엘의 출애굽 시 애굽 장자들을 몰살시킴으로써(12:29, 30), 생명의 존엄성을 파괴한 애굽인들에게 하나님께서 준엄한 심판을 집행하셨던 사실을 부인 할 수 없는 것입니다.

"아들이거든 그를 죽이고 딸이거든 살려두라" 아주 잔인 하고 혹한 명령이었습니다. 그러므로 히브리 백성들은 근심과 슬픔에 순간들이었습니다. 두렵고 무서움에 공포에 현장 그 자체이었습니다. 이 때에 하나님의 도우심에 역사가 나타나야합니다. 성도역시 이악한 세상에서 살아갈 때에 이러한 암담한 일을 당할 때에 성도는 주님의 음성이 들려 져야 할 것입니다. 주 음성 외에는 더 기쁨 없습니다.

둘째, 산파에게 주신 은혜를 받을 수 있는 믿음은 무엇일까?.
출애굽기 1장 15-22절에 보면 " 애굽 왕이 히브리 산파 십브라 하는 사람과 부아라 하는 사람에게 말하여 (16) 이르되 너희는 히브리 여인을 위하여 해산을 도울 때에 그 자리를 살펴서 아들이거든 그를 죽이고 딸이거든 살려두라 (17) 그러나 산파들이 하나님을 두려워하여 애굽 왕의 명령을 어기고 남자 아기들을 살린지라 (18) 애굽 왕이 산파를 불러 그들에게 이르되 너희가 어찌하여 이같이 남자 아기들을 살렸느냐 (19) 산파가 바로에게 대답하되 히브리 여인은 애굽 여인과 같지 아니하고 건장하여 산파가 그들에게 이르기 전에 해산하였더이다 하매 (20) 하나님이 그 산파들에게 은혜를 베푸시니 그 백성은 번성하고 매우 강해지니라 (21) 그 산파들은 하나님을 경외하였으므로 하나님이 그들의 집안을 흥왕하게 하신지라 (22) 그러므로 바로가 그의 모든 백성에게 명령하여 이르되 아들이 태어나거든 너희는 그를 나일 강에 던지고 딸이거든 살려두라 하였더라."

이러한 지경에 어떻게 헤쳐나가며 해결 할 수 있을까요? 그것은 믿음에서의 역사가 이러나야 하는 것입니다. 이제 히브리백성의 출생하는 남아들은 모두 산파에 손에 달려 있습니다. 이 산파들의 믿음을 살펴 은혜받기를 사모합니다.

1)산파들은 하나님을 두려워하는 믿음의 사람들입니다. "그러나 산파들이 하나님을 두려워하여 애굽 왕의 명령을 어기고 남자 아기들을 살린지라(출 1:17)", "그 산파들은 하나님을 경외하였으므로 하나님이 그들의 집안을 흥왕하게 하신지라(출 1:21)" 산파들은 하나님을 두려워했다고 성경을 말씀하십니다. 그리고 하나님을 경외했다고 성경은 말합니다.

산파들이 하나님을 '두려워하여' 기본 동사(야레)라는 말은 '놀라다'는 의미 외에 도덕적으로나 종교적으로 상급자 혹은 하나님에 대해 '경외심을 갖는다.'는 뜻입니다(레19:3,14). 성경은 하나님을 두려워하는 것이 지식과 지혜의 근본이라고 말씀하셨습니다(잠 1:7;9:10). 또한 히브리기자는 참 성도의 신앙에 자세라고 교훈하셨습니다(히11:27).

여기 산파들은 하나님을 경외 하면서 하나님을 두려워하는 믿음을 소유한 자들이었습니다. 왕의 명령 보다는 하나님의 율법을 더 존귀하게 여기는 신앙이었습니다. 우주를 지배하시는 그분이 하나님이십니다. 나의 생명과 나의 행복을 주관 하시는 그분이 하나님이십니다. 나에게 용기를 주시고 약하게 하시는 그분이 하나님이십니다. 들리고 보이는 현실 앞에서 강하게 하시는 그분이 하나님이십니다. "내게 능력을 주시면 하는 고백으로" 담대한 주님에 군병이 될 수 있는 것입니다.

2)왕의 명령을 어기는 믿음입니다. "그러나 산파들이 하나님을 두려워하여 애굽 왕의 명령을 어기고 남자 아기들을 살린지라(출1:17)" 산파들은 하나님을 두려워하여 바로의 명령을 두려워하지 아니하는 용기를 얻었습니다. "애굽 왕의 명령을 어기고" 고대 전제군주 국가에서 왕의 명(命)은 곧 국법이었습니다. 따라서 그것을 어긴 자에게는 죽음의 형벌을 면 할 수 없었습니다. 그럼에도 불구하고 인간 군주보다 하나님을 더 두려워할 줄 알았습니다(마10:28).

이 산파들에게서 우리 성도는 위대한 신앙을 찾아 볼 수 있는 것입니다. 세상을 살아 갈 때에 성도는 이보다도 연약한 일들 앞에서도 어느 때는 하나님의 명령보다는 사람의 명령과 지시 그리고 요청에 귀를 기울이고 그 곳에 따르는 이들이 있습니다. 참 성도는 하나님의 명령을 따르기 위해서는 인간의 어떠함의 지시에도 어길 수 있는 권세와 능력을 소유하여야 하는 것입니다.

　예를 든다면 일본에 신사찬배에 주기철 목사님은 일본의 권유와 위협에도 굴하지 아니했습니다. 스데반 집사님은 돌에 맞아 피투성이가 되어도 "내 영혼을 받으소서." 인본주의 신앙은 지금 당장에 지경에서 살아야 하나님의 일을 할 수 있지 하는 생각을 가지도록 사탄에 유도에 유혹당하고 맙니다. 그러나 참 믿음을 소유한 신본주의 신앙은 삶과 죽음 까지 하나님께 맡기는 믿음으로 강하여 지는 것입니다. 성도는 위협에서도 하나님의 도우심을 받아 강력자가 되어야합니다.

　3)이르기 전에 해산하더라는 생명존중믿음입니다. "애굽 왕이 산파를 불러 그들에게 이르되 너희가 어찌하여 이같이 남자 아기들을 살렸느냐, 산파가 바로에게 대답하되 히브리 여인은 애굽 여인과 같지 아니하고 건장하여 산파가 그들에게 이르기 전에 해산하였더이다. 하매(출 1:18-19)" 이제 히브리백성의 남아들이 다 살았습니다. 바로가 히브리 백성의 출생하는 남아들이 살았다는 보고를 받고는 산파들을 불었습니다. 어찌하여! 히브리백성의 남아들이 살아 있는 것이냐는 것입니다. 이때에 산파들이 바로에게 고합니다.

　산파들이 대답합니다. 히브리 여인은 애굽 여인과 같지 아니하고 "건장하여" 건장하여 란 용어의 뜻은 '강한', '활기찬', '정정한'이란 말씀입니다. 산파들의 이러한 변명은 결코 거짓말만은 아니었습니다. 실제 히브리 여인들은 혼자서도 별 무리 없이 해산하고 뒤처리까지 할 수 있는 체력을 지니고 있었습니다. "이미 당도하기 전에 출생하였다"는 것입니다. 말씀대로 성도는 "건장하여야" 합니다. 마귀에게 처한 세상에서 비실거리면 잡아먹히고 맙니다.

동물의 왕국을 저는 자주 봅니다. 호랑이나 사자들이 사냥할 때에 잘 살피다가 혼자 있는 동물이나, 연약함이 보이는 동물을 선택하고 사냥합니다. 사탄은 성도의 생활근처에서 긴밀하게 살피고 있습니다. 교회와 멀어져 혼자 살아가려는 자를 찾고 있습니다. 또한 믿음에 강함이 없는 연약한 믿음이 보이면 잡아먹으려고 덤벼드는 것입니다. 성도는 사탄에 식욕에 대상이 되어서는 안 됩니다. 성도는 주님이 떠나가시면 내 생명이 헛되고 마는 것입니다.

셋째, 산파에게 주신은혜의 그 결과는 이렇습니다. 출애굽기 1장 15-22절에 보면 " 애굽 왕이 히브리 산파 십브라라 하는 사람과 부아라 하는 사람에게 말하여 (16) 이르되 너희는 히브리 여인을 위하여 해산을 도울 때에 그 자리를 살펴서 아들이거든 그를 죽이고 딸이거든 살려두라 (17) 그러나 산파들이 하나님을 두려워하여 애굽 왕의 명령을 어기고 남자 아기들을 살린지라 (18) 애굽 왕이 산파를 불러 그들에게 이르되 너희가 어찌하여 이같이 남자 아기들을 살렸느냐 (19) 산파가 바로에게 대답하되 히브리 여인은 애굽 여인과 같지 아니하고 건장하여 산파가 그들에게 이르기 전에 해산하였더이다 하매 (20) 하나님이 그 산파들에게 은혜를 베푸시니 그 백성은 번성하고 매우 강해지니라 (21) 그 산파들은 하나님을 경외하였으므로 하나님이 그들의 집안을 흥왕하게 하신지라 (22) 그러므로 바로가 그의 모든 백성에게 명령하여 이르되 아들이 태어나거든 너희는 그를 나일 강에 던지고 딸이거든 살려두라 하였더라."

1)산파들에게 은혜를 베푸심입니다. "하나님이 그 산파들에게 은혜를 베푸시니 그 백성은 번성하고 매우 강해지니라(출 1:20)" 이제 히브리백성의 출생에 대하여는 아무런 문제가 없게 되었습니다. 이제 하나님께서 이 산파들에게 주시는 축복이 있어집니다. "하나님이 그 산파들에게 은혜를 베푸시니" 하나님께서 '잘해 주셨다'(deal well), '선대하셨다'(욥 24:21)는 것을 말씀하십니다.

실로 하나님의 백성을 선대한 자에 대하여서는 하나님께서 선대하여 주십니다(룻1:8). 하나님께서는 하나님의 백성들이 모이는 회집의 예배당에 대한 선대하는 마음을 소유한 그들을 선대하여 주십니다. 하나님께서는 하나님의 백성들을 선대하는 그들에 대하여 선대하심의 은총을 베풀어 주십니다.

이 지구촌 전 세계에 하나님에 교회가 세워져 있는 나라가 못사는 나라는 없습니다. 거의 다 선진국이요 하나님의 축복을 받은 나라들입니다. 히브리백성에게 선대한 이 산파들에게 하나님께서 "은혜를 베풀어" 주셨습니다. 하나님께서 이 산파들에게 잘 해주셨습니다. 성도에게도 하나님께서 다 잘 해주는 형통함의 시작이 되시기를 바랍니다.

2)백성은 생육과 번성에 은혜를 입었습니다. "하나님이 그 산파들에게 은혜를 베푸시니 그 백성은 번성하고 매우 강해지니라(출 1:20)" 내가 도와주었는데 잘 안되면 마음 아픈 것입니다. 그런데 여기 산파들이 도와 준 히브리백성들이 잘 되었습니다. "백성은 번성하고 매우 강해지는 은혜를 입었더라."고 말씀하시고 계십니다.

더 큰 백성 더 큰 나라는 세계를 지배할 수 있게 되는 것입니다. 우리나라에 이러한 복을 주시는 것은 하나님의 특별하신 축복임을 믿으시기를 바랍니다. 강건하여 더 늘어나는 축복의 은혜가 임하시기를 주님의 이름으로 축원합니다.

　3)산파들의 집이 왕성케 되었습니다. "그 산파들은 하나님을 경외하였으므로 하나님이 그들의 집안을 흥왕하게 하신지라(출1:21)" 이제 "산파들은 확실한 믿음으로 여호와를 경외하게 되었습니다." 이 산파들에게 더 주신 축복이 있었습니다. 그 축복은 "하나님이 그들의 집안을 흥왕하게 하신지라" 여기서 "흥왕하게 하신지라"란 '일으키다', '만들다', '제공하다'는 말씀인 것입니다(삼하7:11).

　그러므로 위의 말씀은 "그가 그들을 위하여 집들을 만드셨다"는 말씀입니다. 그런데 '집을 만들다' 또는 '집을 세우다'(바나바이트)라는 말씀은 '가정을 이룬다.'는 것을 말씀하시는 것입니다(창30:30;시127:1). 하나님께서 산파들의 가정을 축복하셔서 가업을 번영케 하셨다는 것입니다. 이와 같이 하나님을 경외하는 하나님의 백성과 그 자녀들의 가정은 흥왕할 수밖에 없다는 구조적이며 실체적이고 사실적인 말씀으로 확언 하시는 말씀인 것입니다(삼하7:11).

　복음 중의 복음은 하나님이 우리 인간을 사랑하시고 귀히 여기신다는 것입니다. 한 영혼을 천하보다 귀하게 여기십니다. 하나님이 우리를 사랑하십니다. 그러므로 자신을 사랑하시고 귀히 여기시기 바랍니다. 주변 사람을 사랑하시고 귀하게 여기시기를 바랍니다. 힘들고 어려운 일이 있다고 쉽게 낙심하거나 자신의 삶을 포기하지 마시기 바랍니다. 자기 자신을 비하하지 마시기 바랍니다. 무시하지 마시기 바랍니다. 아무렇게나 막 사시려고 하지 마시기 바랍니다. 하나님이 우리들을 사랑하십니다. 그러므로 귀하는 하찮은 존재가 아니고 귀한 존재입니다. 이 사실을 믿으실 수 있기를 바랍니다.

사람들을 사랑하고 귀히 여기시는 우리가 되시기를 바랍니다. 사람을 사랑하면 복 받습니다. 특히 사람들에게 소외되고 무시당하는 사람들을 사랑하고 귀히 여기면 복을 받습니다. 사람을 귀히 여기고 사랑하는 것이 하나님의 가장 큰 복을 받는 지름길이라는 사실을 마음에 명심하실 수 있기를 바랍니다. 그러나 사람을 깔보거나 마음 아프게 하면, 자신의 이익을 위하여 다른 사람에게 억울한 손해를 끼치거나 특히 사람의 인격을 무시하면 천벌을 받습니다. 그와 같은 생각과 행동은 하나님을 대적하는 일이 되기 때문입니다.

우리는 마태복음 8:28-34절을 통하여 정말 돼지 한 마리 값도 안 나가는 귀신 들린 사람을 천하보다 귀히 여기셨던 예수님의 마음을 깨달을 수 있습니다. 하나님은 우리를 사랑하십니다. 하나님은 사람을 귀하게 여기십니다. 하나님의 사람을 살리는 사람을 축복하십니다. 하나님의 온 관심은 사람에게 있으시며, 하나님의 삶의 목적도 우리 인간에게 있으십니다. 그만큼 하나님은 우리 사람을 사랑하시며 귀히 여기십니다. 자신과 사람을 사랑하고 귀히 여기며 사시는 우리들이 되실 수 있기를 바랍니다.

4부 부자 되려면 이렇게 하라

18장 모든 소유를 하나님께 돌려라

(고전 15:10)"그러나 내가 나 된 것은 하나님의 은혜로 된 것이니 내게 주신 그의 은혜가 헛되지 아니하여 내가 모든 사도보다 더 많이 수고하였으나 내가 한 것이 아니요 오직 나와 함께 하신 하나님의 은혜로라"

하나님은 예수를 믿고 성령으로 거듭난 자녀들이 무엇보다도 소유의 개념을 분명하게 하십니다. 모든 소유를 하나님께 돌린자들을 부자되게 하십니다. 우리가 가지고 있고 받은 것은 모두 하나님으로부터 온 것입니다. 우리의 재물, 재능, 모두가 하나님께로부터 옵니다. 우리가 헌금하고 남에게 베푸는 것도 모두 하나님으로부터 받은 것 중에서 내는 것입니다. 우리 것이라고 주장할 것이 아무것도 없습니다.

다윗 왕은 이렇게 말했습니다. "여호와여 광대하심과 권능과 영광과 이김과 위엄이 다 주께 속하였사오니 천지에 있는 것이 다 주의 것이로소이다… 나와 나의 백성이 무엇이관대 이처럼 즐거운 마음으로 드릴 힘이 있었나이까. 모든 것이 주께로 말미암았사오니 우리가 주의 손에서 받은 것으로 주께 드렸을 뿐이니이다"(역대상 29:11,14). 그렇습니다. 우리가 가진 모든 것이 하나님의 것입니다.

우리가 항상 이런 소유의 개념을 바르게 깨닫고 있어야 합니다. 우리가 하나님의 전에 헌금하는 것은 하나님의 은혜로 받은 것을 다시 하나님께 돌려드리는 것입니다. 우리는 하나님의 소유를 나누어 주는 통로에 불과하다는 것을 알고, 하나님에게 모든 영광을 돌려야 합니다.

절대로 하나님의 것을 자기 것으로 삼지 말아야 합니다. 여호수아 7장에 보면 아간이라는 사람이 나옵니다. 아간은 여리고성을 점령할 때 하나님의 것을 도적질했습니다. 여리고성 전투에서 실패한 여호수아가 기도하니 하나님의 것을 도적질 했다고 하십니다. 여호와 앞에서 뽑으니 아간이 뽑혔습니다. 아간이 하는 말입니다. "내가 노략한 물건 중에 시날 산의 아름다운 외투 한 벌과 은 이백 세겔과 그 무게가 오십 세겔 되는 금덩이 하나를 보고 탐내어 가졌나이다 보소서 이제 그 물건들을 내 장막 가운데 땅 속에 감추었는데 은은 그 밑에 있나이다 하더라"(수 7:21). "여호수아가 이스라엘 모든 사람과 더불어 세라의 아들 아간을 잡고, 그 은과 그 외투와 그 금덩이와 그의 아들들과 그의 딸들과 그의 소들과 그의 나귀들과 그의 양들과 그의 장막과 그에게 속한 모든 것을 이끌고 아골 골짜기로 가서, 여호수아가 이르되 네가 어찌하여 우리를 괴롭게 하였느냐 여호와께서 오늘 너를 괴롭게 하시리라 하니 온 이스라엘이 그를 돌로 치고 물건들도 돌로 치고 불사르고, 그 위에 돌무더기를 크게 쌓았더니 오늘까지 있더라 여호와께서 그의 맹렬한 진노를 그치시니 그러므로 그 곳 이름을 오늘까지 아골 골짜기라 부르더라"(수 7:24-26). 이렇게 하나님은 소유를 분명하게 하시는 하나님이십니다.

첫째, 자신의 소유에도 성령의 세례를 받아야 합니다. 우리가 하루하루를 살아가는 삶에서 찾아내야 할 영적 의미에 관한 요령을 구약성경을 통해서 발견할 수 있습니다. 성령이 역사하는 교회시대를 사는 우리들에게 가장 중요한 것이 구원입니다. 이것이 없다면 우리는 하나님과 아무런 상관이 없으며, 그리스도의 죽음은 헛된 것일 뿐입니다. 구원에 관한 증거로 세례가 있습니다(벧전 3:21). 구약시대에는 할례가 이스라엘인이 된 증거이며, 그것이 구원 받은 백성의 증표이기도 했습니다. 할례의 논쟁은 초대 교회에서 뜨거운 쟁점이었던 것은 구원의 증표로 계속 의미가 있는 것인가 하는 문제였습니다.

할례는 구약의 증표이며, 신약의 증표는 성령 세례라는 사실을 교회가 공인함으로써 모든 그리스도인들에게 중요한 의식이 되었습니다. 저는 이런 세례가 물 뿐만 아니라, 성령의 불세례도 있다는 사실을 깨닫게 되었습니다. 이 두 가지 세례는 동시 또는 간격적으로 주어지는 것입니다. 그러나 이 두 가지 가운데 어느 하나라도 결여된다면 문제가 있을 수 있습니다.

물세례란 처음 그리스도인이 신앙을 고백하고 회개와 죄사함의 세례를 받으며, 사람들 앞에서 자신이 그리스도인이 되었다는 것을 선포하고 교회의 일원이 되는 의식입니다. 성령의 불세례는 성령 안에서 주의 백성이 되어 성령의 도구 즉 '그리스도의 몸'으로 인치는 증거로서 받아들이게 되었고, 거듭남의 증거로서도 인정하게 되었습니다.

그런데 이런 세례 가운데 우리가 이제까지 소홀히 여긴 부분이 있습니다. 구약성경의 출애굽은 종살이를 하던 이스라엘인들이 하나님의 부르심을 받아 종살이에서 벗어나 자유인이 되며, 약속의 땅인 가나안으로 들어가기 위해서 통과하는 일련의 과정을 소개하고 있습니다.

이는 죄인인 우리가 주님의 부르심에 의해서 의인이 되어 이 땅에서 벗어나 천국 백성이 되는 과정을 상징하는 것입니다. 그 첫 단계가 바로 물을 통과하는 것이었습니다. 이 과정을 신약성경은 세례라고 증거하고 있습니다(고전 10:1~2). 그런데 이집트를 탈출한 이스라엘은 몸만 나온 것이 아니라, 그들의 소유 모두를 가지고 나왔습니다. 가축은 물론 각종 살림살이들을 다 가지고 탈출했고 그것들 모두를 가지고 홍해를 건넜습니다.

이스라엘의 전 소유는 구름 아래 놓여있었으며, 물을 통과했습니다. 낮에는 구름기둥이요, 밤에는 불기둥의 보호를 받았습니다. 이로써 세례란 우리 몸뿐만 아니라, 소유 전부에 관한 것이었음을 알 수 있습니다. 육축이란 그 당시 삶을 살아가기 위한 주요한 수단이었습니다. 히브리인인 이스라엘은 농경문화에 익숙한 사람들이 아니라, 목축에 익숙한 사람들이었습니다. 그들이 소유하고 있는 가축은 생계수단이었습니다. 그리고 살아갈 근거가 되는 집과 옷가지들도 모두 구름 아래 그리고 바다를 통과했습니다. 이집트를 나오는 순간 모두 하나님의 소유이기 때문입니다.

이스라엘 사람들이 소유를 이집트에 두고 나와 하나님의 놀라운 능력으로 새로운 것을 장만한 것이 아닙니다. 그들이 지닌 과거의 모든 것을 가지고 물을 통과했습니다. 이는 우리들의 세례가 전혀 색다른 조건과 배경에 들어간 후에 받는 것이 아니라, 아직 죄인이었을 때 하나님과 화해하는 증거로 세례를 받습니다. 이 시기의 우리 몸은 여전히 죄인이며, 우리 소유 전체가 여전히 하나님의 것으로 드려지지 않은 상태인 것입니다.

우리 몸과 소유 전체에 대한 성령세례는 우리 것 전부가 주님의 소유가 되었음을 선포하는 것입니다. 그런데 우리는 흔히 세례를 받을 때 우리 몸만이 구원되었고 주님의 소유가 되었다고 생각합니다. 소유 전체에 대한 세례의 의식이 아직은 확립되지 못한 것입니다. 소유에 대한 성령세례는 물질적인 것뿐만 아니라, 비물질적인 것까지 포함하는 것입니다.

생계 수단인 가축의 성령세례는 오늘날 우리들의 생계 수단인 직업의 세례를 의미하는 것이며, 이 부분이 성령으로 세례를 받아 주님의 것으로 인정되었을 때에 우리는 그 속에서 주님으로부터 오는 재물의 축복을 누릴 수 있게 되며, 그 소유 전체에 대한 개인적인 권리와 주장을 포기할 수 있게 될 것입니다. 하나님의 소유가 되었다는 것입니다.

세례는 물과 불의 이원적인 의미를 지닙니다. 물은 정결하게 하는 것이며, 불은 태워 소멸하는 것입니다. 우리 몸은 이 두 가지 세례 과정을 통해서 전혀 다른 신분이 되었듯이 우리 소유와 직업 역시 이 두 가지 과정을 통과함으로써 전혀 새로운 것(하나님의 것)으로 거듭나게 되는 것입니다.

물세례는 침묵 적이고 내면적이라면 성령의 불세례는 역동적이고 외면적입니다. 물세례는 보이지 않지만 성령의 불세례는 가시적인 증상을 동반합니다. 성령의 불세례를 받을 때 자기도 느끼고 다른 사람도 알게 됩니다. 이 두 가지를 통과함으로써 진정한 그리스도인으로 거듭나듯이 우리의 소유와 직업이 이 두 가지 과정을 통과할 때 진정으로 주님의 축복의 통로가 되는 것입니다. 진정으로 주님이 다스리는 사람(소유까지)이 되었다는 것입니다. 다수의 그리스도인 가운데 물세례는 받았지만 성령의 불세례는 받지 못한 상태로 지내는 경우가 있습니다.

성령의 불세례의 대표적인 증상이 뜨거운 불이 내리는 기름부음의 체험을 가지게 되며, 성령의 능력이 나타나며, 방언을 말하며, 영적인 세계관의 변화 등이 일어납니다. 누가 보아도 성령의 불로 세례를 받았다는 사실을 알아차릴 정도로 그 변화가 가시적이며, 체험적이며, 급변 적입니다. 이는 누구도 부인할 수 없는 외형적 증거를 동반하기 때문에 눈으로 그 사실을 대부분 확인할 수 있습니다. 그러나 여기에도 그 정도의 차이는 있습니다. 그래서 간혹 둔감한 사람은 성령의 불세례를 미약하게 경험할 때 제대로 인식하지 못할 수도 있습니다.

성령의 불세례가 우리의 몸뿐만 아니라, 소유와 직업에 대해서도 일어나는 것입니다. 이것을 흔히 우리는 소명이라는 말로 대치해서 불러왔습니다. 그런 까닭에 물질에 대한 성령의 불세례에 대해서 별로 관심을 두지 못한 것입니다. 소유와 직업이 물로 정결해지고 불로 태워져서 전혀 새로워지지 않는다면 우리의 재산과 직업은 주님으로부터 쓰임을 받을 수 없을 것입니다. 방법은 모든 소유와 직업이 하나님의 소유라고 성령의 임재 하에 선언하는 것입니다.

하나님은 일하는 자에게 그 일에 필요한 모든 것을 제공합니다. 밭을 가는 소에게 망을 씌우지 않듯이(신 25:4, 딤전 5:18, 고전 9:9) 일군에게 그 삯을 주는 것입니다. 하나님이 만물을 창조하실 때 각 사람이 이 땅에서 지니고 살아갈 수 있는 분깃을 주셨습니다. 그것이 들꽃과 참새의 비유를 통해서 우리들에게 증거 하신 부분입니다. 그런데 우리는 일군으로서 일을 하게 될 때 더 많은 것들을 공급 받게 되는 것입니다.

자신의 소유와 직업이 성령의 불로 세례를 받아야 하며, 그 과정을 통과할 때 비로소 자신의 소유와 직업이 하나님의 나라에 기여하는 부분이 되는 것입니다. 몸이 성령의 불로 세례를 받게 되면 능력을 덧입게 되어 하나님 나라의 일군이 되며, 직업이 세례를 받으면 그 직업을 통해서 하나님 나라의 재정지기로서의 직무를 감당하게 되는 것입니다.

이 성령의 불세례를 받을 때 우리가 가졌던 소유가 타버리며, 직업이 새로워집니다. 그 실질적 현상이 바로 사업이 갑자기 기울어 재산의 손실이 오며, 직업을 잃게 되어 실직자가 되는 쓰라린 과정이 나타나기도 하는 것입니다. 지금 이런 위험스럽고 고통스런 과정을 밟고 있다면 이것이 자신의 소유와 직업에 대한 물과 불의 세례라고 인식해야지 실패나 징벌이라고 생각해서는 안 됩니다. 하나님께서 반드시 다시 잃은 소유를 일어나게 하실 것이기 때문입니다. 그렇기 때문에 우리는 전혀 낙심하거나 두려워할 필요가 없습니다. 오히려 이 과정을 통과하여 몸과 재물과 직업이 새로운 피조물로 거듭나게 됨으로써 하나님 나라의 주요한 일군인 재정지기가 되는 것입니다.

몸을 비롯해서 재산 전체에 대한 성령의 세례가 이루어질 때 우리는 비로소 완전한 존재가 되는 것입니다. 하나님은 자신의 완전함같이 우리들도 완전할 것을 요구하셨습니다(마 5: 48). 아직도 직업과 소유에 대한 성령의 불세례를 받지 못했다면 두려워하지 마십시오. 그리고 자신의 전 존재가 성령의 세례를 받을 수 있기를 사모하십시오. 몸만 성령의 세례를 받고 재물이 성령의 세례를 받지 않았다면 이는 마치 자기의 재산 전부를 이집트에 두고 몸만 빠져 나온 것과 같습니다.

재산에 대한 성령의 불세례를 두려워하는 것은 불신앙의 태도입니다. 이사야는 이 사실에 관해서 "시온의 죄인들이 두려워하며 경건치 아니한 자들이 떨며 이르기를 우리 중에 누가 삼키는 불과 함께 거하겠으며 우리 중에 누가 영영히 타는 것과 함께 거하리요 하도다"(사 33:14)라고 언급했습니다. 여기서 시온의 죄인들과 경건치 못한 자들이란 아직 불로 세례를 받지 못한 육신적인 그리스도인과 성령의 인도를 제대로 인식할 줄 모르는 미숙한 그리스도인을 의미하는 것입니다. 이런 사람들은 불 시험이나 불세례를 받게 될 때 이렇게 믿음 없는 말을 하게 되는 것입니다.

스스로가 성령의 인도하심을 깨닫고 응답할 수 있는 성숙한 그리스도인이 되어야 합니다. 그래야만 제대로 된 주님의 제사장이 될 것입니다. 그렇게 되면 이사야가 예언한대로 열방의 재물이 우리 것이 되고 우리는 그 재물을 마음껏 쓸 수 있는 날이 우리들에게 찾아오게 될 것입니다.

하나님은 우리에게 하나님의 일을 하게 하시기 위해서 열방의 재물을 허락하시는 것입니다. 제사장의 직무를 감당할 수 있을 때에 그 역사가 일어나는 것입니다. 그러므로 무엇보다 중요한 것은 각 사람이 스스로 성령 안에서 자신에게 주어진 직임이 무엇인지를 바르게 인식할 수 있어야 하는 것입니다. 지금처럼 교회가 제도적으로 만들어놓고 누구나 적당히 그 자리를 메우는 식은 더 이상 의미가 없을 뿐만 아니라, 주님의 제사장이 되는 길을 막는 방해가 될 뿐입니다.

우리가 성숙하지 못했을 때 어쩔 수 없이 주어진 몽학선생과 같고, 율법과 같은 제도는 이제 성숙해진 후에는 더 이상 필요하지 않은 장애물과 같다는 사실을 아는 것이 부귀영화가 우리의 것임을 자랑하게 되는 시대가 이루어지게 하는 것입니다. 그러므로 우리는 열심을 품고 영의 일을 사모하고 성령의 인도하심을 제대로 이해할 수 있어야 할 것입니다. 그런 까닭에 영성훈련은 무엇보다도 더 중요한 가치가 있음을 깨닫기 바랍니다. 훈련을 통해서 모두가 '하나님의 봉사자'가 되기를 간절히 소망합니다. 이것이 재물의 축복을 얻는 확실한 길이기 때문입니다. 할렐루야!

소유와 직업에 성령의 불세례가 임하게 하기 위하여 성령의 임재 가운데 이렇게 기도하시기를 바랍니다. "하나님 감사합니다. 저의 구원을 위하여 예수님을 십자가에서 해 받게 하시고 믿게 하시어 구원받게 하시고, 성령으로 세례 하여 인을 쳐주시고 하나님의 자녀삼아 주시니 감사합니다. 하나님! 저의 현재와 미래의 삶을 하나님에게 드립니다. 받아주시고 삶을 주관하여 주옵소서. 하나님! 저의 재능을 하나님에게 드립니다. 저의 재능을 통하여 영광 드러내소서. 하나님! 저의 재산과 소유를 하나님에게 드립니다. 받아주시옵소서. 하나님! 저의 직업을 하나님에게 맡깁니다. 저의 직업을 통하여 영광 받으시옵소서. 하나님! 저의 자녀를 하나님에게 맡깁니다. 저의 자녀들을 통하여 하나님 영광 받으시옵소서. 하나님! 저의 직장을 하나님에게 맡깁니다. 저의 직장을 통하여 영광 받으시옵소서. 하나님! 저의 남편(부인)을 하나님에게 맡깁니다. 저의 남편(부인)을 통하여 영광을 드러내소서. 예수님의 이름으로 기도합니다. 아멘"

둘째, 진정한 소유의 개념을 깨닫기를 바랍니다. 우주 만물을 지으시고 또한 다스리시는 살아 계신 여호와 하나님, 하나님의 크신 사랑에 감사드립니다. 이 세상의 무수한 천체 중에는 그 빛이 아직 지구에 닿지 않은 것도 많다고 들었습니다. 그런 크고 변함없는 우주 속의 지극히 작은 이 지구촌에서 저희들은 하나님의 은혜로 생명을 부여받아, 청지기로서 하루하루를 살아가고 있습니다. 또한 죄를 밥 먹듯 하며 살던 저희들의 죄를 예수 그리스도의 피로 사해 주시고 영원한 생명까지도 약속해 주셨습니다.

뿐만 아니라 하나님께서는 저희들에게 많은 것을 주셨습니다. 저 태양과 공기도 하나님께서 주셨고, 일용할 양식도 하나님께서 주셨습니다. 철따라 단비를 내려 곡식이 자라게 하시는 분도 하나님이십니다. 저희들의 목숨 자체도 하나님으로부터 비롯된 것임을 믿습니다. 또한 저희가 살아가는 이 세상의 모든 시간 역시 하나님의 것임을 고백합니다. 이처럼 지금까지 저희 것으로 알고 있던 모든 것이 사실은 다 하나님의 것이며, 저희는 빈손으로 거저 왔다가 그냥 빈손으로 가는 보잘것없는 인생들일 뿐입니다. 하나님 아버지, 저희로 하여금 진정한 소유의 개념이 무엇인지 깨닫게 하여 주옵소서. 하나님 앞에서 인색한 마음을 갖지 않게 하여 주옵소서! 착하고 충성된 종으로 주인의 즐거움에 참예하게 하옵소서.

셋째, 가장 좋은 신앙은 내 인생 하나님이 살아 주신다, 입니다.
따라 말씀해 보십시오. 내 인생 내가 사는 것이 아니요, 내 인생 하나님과 더불어 사는 것이 아니요, 내 인생 하나님이 살아 주신다. 하나님 앞에서 자기를 완전히 비워 버리고 하나님을 전적으로 주인으로 모시고 순종하고 믿고 의지하며 섬길 때 하나님이 우리 인생을 살아 주시는 것입니다. 갈라디아서 2장 20절은 바로 바울선생의 그와 같은 고백입니다. "내가 그리스도와 함께 십자가에 못 박혔나니 그런즉 이제는 내가 산 것이 아니요 오직 내 안에 그리스도께서 사신 것이라 이제 내가 육체 가운데 사는 것은 나를 사랑하사 나를 위하여 자기 몸을 버리신 하나님의 아들을 믿는 믿음 안에서 사는 것이라"

이제 완전히 주님이 우리 주인이 되시고, 우리는 주님께 복종하고 믿고 의지하고 섬기기 위해서 살게 되니까 이제 우리의 주인이 우리의 인생을 살아 주시는 것입니다. 그러므로 마태복음 6장 31절로 33절에 "그러므로 염려하여 이르기를 무엇을 먹을까 무엇을 마실까 무엇을 입을까 하지 말라 이는 다 이방인들이 구하는 것이라 너희 천부께서 이 모든 것이 너희에게 있어야 할 줄을 아시느니라 너희는 먼저 그의 나라와 그의 의를 구하라 그리하면 이 모든 것을 너희에게 더하시리라"

내가 하나님을 주인삼고 그 의와 그 나라를 구하고 살면 하나님이 책임져 주시는 인생을 사는 것입니다. 로마서 8장 31절로 32절에 "그런즉 이 일에 대하여 우리가 무슨 말 하리요 만일 하나님이 우리를 위하시면 누가 우리를 대적하리요 자기 아들을 아끼지 아니하시고 우리 모든 사람을 위하여 내어주신 이가 어찌 그 아들과 함께 모든 것을 우리에게 은사로 주지 아니하시겠느뇨" 우리가 인생을 살면서 하나님을 주인으로 모시고 살면 우리가 난관에 부딪힐

때도 늘 하나님이 주인이기 때문에 주인에게 물어보고 부탁하면 주인이 돌보아 주시는 것입니다.

중세의 유명한 성직자 토마스 아캠피스의 기도문은 전적인 주님의 주권을 고백한 것으로 유명합니다. 그는 다음과 같이 기도했습니다. "오! 주여 주께서 더 나은 길을 아십니다. 주께서 원하시는 대로 이것이나 저것이나 다 되게 하여 주옵소서. 무엇이나 주께서 원하시는 것은 원하시는 그것만큼 또 주께서 원하실 때 주옵소서. 꼭 주님의 존귀를 위하여 나에게 행하시옵소서. 주께서 보내고 싶은 곳에 나를 보내시고, 만사를 주 뜻대로 하시옵소서. 나는 주의 손에 있사오니 바퀴처럼 마음대로 돌리시옵소서. 나는 주님의 종입니다. 무엇이나 명령대로 하겠나이다. 나는 나를 위하여 살기를 원치 않나이다. 주님만을 위하여 살기를 원하나이다." 그렇습니다. 우리의 삶의 주권은 주님께 있습니다. 자신의 인생이 자신의 것이 아닙니다. 자신의 과거도 현재도 미래도 주님이 가지고 계시고 주님이 주권자인 것입니다. 하나님을 전적으로 주인으로 모시고 순종하고 믿고 의지할 때 하나님이 우리 인생을 살아 주십니다. 전인적인 거부가 되게 하십니다.

넷째, 우리 목사님들이 조심해야 할 것이 있습니다. 교회의 주인은 하나님이십니다. 목사는 교회에서 목회업무를 하는 사람입니다. 목사는 교회의 주인이 아닙니다. 일부 목사님들이 자신이 교회를 개척했다고 자신의 것과 같이 마음대로 하는데, 이는 하나님 앞에 중대한 범죄를 저지르는 것입니다. 이는 분명하게 하나님의 저주를 받습니다. 살아계신 하나님께서 가만두시지 않습니다. 소유를 분명하게 하시기를 바랍니다. 그래야 하나님께서 영-혼-육에 전인적인 거부가 되게 하며 인생을 성공하게 하십니다.

그래서 목사가 매일 설교하는 설교문도 엄연하게 하나님의 소유입니다. 어떤 분들은 설교를 하기 위해서 만든 설교 문이 담임목사 개인의 소유라고 생각을 하고 있는 분들이 있습니다. 그런데 이는 큰일 날 소리이고, 잘못인식하고 있는 것입니다. 설교문은 하나님의 것입니다. 설교는 목사가 기도하여 하나님께 '레마'를 받고, 성경말씀을 풀어 적은 것이 설교 문입니다. 엄연하게 하나님의 소유입니다. 목사가 자신의 설교 문을 자기 것이라고 한다면 하나님의 저주를 받습니다. 하나님은 살아계십니다. 하나님은 소유를 분명하게 하시는 분입니다.

저는 영적인 글을 많이 씁니다. 이를 종합하여 책도 몇 권 출간했습니다. 그런데 한권도 내 것이라고 말하거나 행동하지 않습니다. 하나님의 소유이기 때문입니다. 제가 내 것이라고 말하는 순간 하나님의 저주가 시작된다는 것을 잘 알고 있기 때문입니다. 지금 인터넷에 들어가 보면 제가 쓴 영적인 글이 말로 표현할 수 없을 정도로 각 지 교회 홈피와 카페에 올라가 있습니다. 이를 볼 때마다 저는 하나님께 영광을 돌리고 있습니다. "하나님 저를 사용하여 주시니 감사합니다."

19장 성령으로 영적인 기초를 다지라

(살전 5:23) "평강의 하나님이 친히 너희를 온전히 거룩하게 하시고 또 너희의 온 영과 혼과 몸이 우리 주 예수 그리스도께서 강림하실 때에 흠 없게 보전되기를 원하노라"

부자가 되려면 영적인 지반이 중요합니다. 어느 집마다 지반이 중요합니다. 그래서 지반공사를 제일 먼저 튼튼히 합니다. 지반이 튼튼하면 그 위에 지은 집이 오래가겠지요. 그러나 지반공사를 날림으로 하면 그 위에 지은 집은 이내 무너지고 말 것입니다. 그런데 집을 지을 지반 즉 그 터가 어느 건물에만 적용 되는 것이 아니라 우리 영혼의 집인 우리에게도 적용 됩니다. 왜냐하면 우리는 그저 육체가 아니라 영혼의 집이기 때문입니다. 바로 영혼의 집은 무엇을 터로 잡을 것인가가 매우 중요합니다. "터가 무너지면 의인이 무엇을 하랴 여호와께서는 그의 성전에 계시고 여호와의 보좌는 하늘에 있음이여 그의 눈이 인생을 통촉하시고 그의 안목이 그들을 감찰하시도다."(시11:3~4). 크리스천이 영적인 기초를 든든하게 하기 위하여 이렇게 하시기를 바랍니다.

첫째, 성령으로 세례를 받아야 한다. 성도들은 물세례 받는 것으로 만족하면 안 됩니다. 반드시 성령으로 세례를 받아야 합니다. 그래야 잠재의식이 정리되기 때문에 무기력이나 탈진을 예방할 수가 있습니다. 교회는 성도들을 성령으로 세례를 받게 하는 곳입니다.

성령세례는 성령세례 받은 사람(담임목사)을 통하여 전이 됩니다. 필자는 성령세례에는 관념적인 성령세례와 체험적이고 실제적인 성령세례가 있다고 생각합니다. 예수를 믿을 때에 성령님께서 믿게 하셨기 때문에 믿을 때 성령세례를 받았다고 하는 것은 관념적인 성령세례입니다. 우리는 체험적이고 실제적인 성령세례를 받아야 합니다. 예수님을 믿을 때 우리 안에 오신 성령께서 전인격을 장악하시는 것을 실제적 체험적인 성령세례라고 하는 것입니다. 성령세례를 받은 사람은 자기가 성령세례를 받았다는 것을 압니다. 다른 사람도 자신이 성령으로 세례를 받는 것을 볼 수가 있습니다. 성령세례는 우리가 의식할 수 있는 의식적 체험입니다.

오순절 성령강림이 있을 때 성령이 제자들 각 사람 위에 임하였습니다. 그리고 제자들은 나가서 복음을 증언하기 시작했습니다. 제자들에게 '여러분들은 언제 성령세례를 받았습니까?' 라고 물으면 '오순절입니다' 라고 분명히 대답할 것입니다. 사도바울이 갈라디아교회에 편지를 씁니다. "너희가 성령을 받은 것이 율법의 행위로냐 혹은 듣고 믿음으로냐?"(갈 3:2). 사도 바울이 이 질문을 하는 것은 갈라디아교회가 성령 받은 것을 알고 있었다는 것입니다.

성경은 성령 받은 것에 대해서 많은 기록을 남기고 있습니다. 빌립이 전도했던 사마리아교회, 고넬료의 가정, 에베소교회 등 성령 받은 교회나 가정들은 성령을 받은 것을 정확히 알고 있습니다. 성령세례는 우리가 알 수 있는 분명한 체험입니다. "당신은 성령을 받았습니까?"라는 질문에 대해서 딱 부러지게 "예" "아니오"로 대답할 수 있는 체험입니다. 아울러 성령세례는 하나님과 그리스도에 대한 감사와 사랑을 불러일으킵니다.

　성령세례는 예수를 믿을 때 영 안에 임재하신 성령께서 순간 전인격을 장악하는 것입니다. 성령으로 세례를 받을 때 하나님의 영광과 그분의 존재의 실상을 전인격이 자각하는 것을 의미합니다. 살아계신 성령의 역사를 몸으로 느끼고 눈으로 볼 수 있는 현상이 일어나는 것입니다. 물론 다른 사람도 자신이 성령으로 세례를 받는 것을 눈으로 볼 수가 있는 것입니다. 그래서 성령세례 받은 사람들은 이렇게 말합니다. "(벧전 1:8)예수를 너희가 보지 못하였으나 사랑하는 도다. 이제도 보지 못하나 믿고 말할 수 없는 영광스러운 즐거움으로 기뻐하니" 교회는 성도들이 성령으로 세례 받아 권능 있는 삶을 살게 하는 곳입니다. 성령으로 세례를 받아야 성도가 진정한 하늘의 사람으로 변화되기 시작합니다. 성령세례는 참으로 중요한 체험입니다.

　둘째, 기도를 바르게 해야 한다. 일부 크리스천들이 기도를 대수롭지 않게 여깁니다. 자신은 기도하고 있다고 생각하기 때문입니다. 그러나 기도는 바르게 해야 합니다. 기도가 바르지 못하니 내면이 정화되지 않는 것입니다. 기도는 영혼의 호흡이요, 하나님과의 대화라 합니다. 이것은 가장 깊숙한 곳에 거하는 영의 흐름이 외부적으로 흘러나오는 것입니다. 영력이 흘러나오고 영적 생명이 흘러나옴으로 영에 몰입됨으로 인하여 성령 안에서 기도할 수 있게 되는 것입니다. 영력은 우리 몸의 지성소인 영속에 임재 하여 계시는 하나님의 능력입니다. 우리가 지성소에 계시는 하나님을 만나기 위해서는 성령의 인도를 받는 깊은 영의 기도가 되어야합니다. 이 기도를 통하여 하나님으로부터 주어지는 각종 은혜와 능력과 응답을 받게 됩니다. 이러한 기도를 통하여 하나님으로부터 주어지는 생명이 우리의 심령을 거룩하게 만들어가고, 영적인 생명과 능력을 키워 나가는 것입니다. 열매가 맺어지고 영적인 지각이 예민해지고 영성이 개발되어집니다.

그러므로 성령 안에서 기도하는 훈련이 필요합니다. 우리의 간구는 마음의 소원이나 원하는 바를 구함으로 성령 안에서 기도하기가 심히 어렵습니다. 그러나 영으로 기도하고 마음으로 기도하면 성령 안에서 기도하기가 쉬워집니다. 성령에 몰입되어 아무런 자신의 생각이나 욕심도 없이 오로지 하나님으로부터 주어지는 것을 받게 되는 기회가 되기 때문에 영으로부터 주어지는 각종 은혜와 능력과 은사가 넘치게 됩니다.

영적인 기능과 지각이 발달됨으로 성령의 인도함을 따르는 성도가 됩니다. 성령 안에서 기도하기 위하여 성전 뜰에서 먼저 육신의 생각으로 기도하지만, 시간이 흐르고 마음이 안정이 되고, 생각이 주님의 사랑과 말씀을 묵상하면서 진지하고 순전한 마음으로 하나님의 성소에서 깊어지는 영의기도를 하게 됩니다.

그리고, 영으로 사는 삶을 통하여 성령의 인도를 받아야 합니다. 하나님은 데살로니가 전서 5장 17-18절에서 "항상 기뻐하라. 쉬지 말고 기도하라. 범사에 감사하라 이는 그리스도 예수 안에서 너희를 향하신 하나님의 뜻이니라." 고 말씀하십니다. 항상 영의 상태가 되게 하라는 것입니다. 영의 상태가 되어야 영이신 하나님과 동행하며, 교통하기 때문입니다. 기도에 대하여는 "기도 쉽게 바르게 하는 방법"과 "응답받는 기도 습관 20가지"을 참고하시기를 바랍니다.

셋째, 예배에 빠짐없이 참석해야 한다. 크리스천에게 예배는 참으로 중요합니다. 예배를 어떻게 드려야 하는지를 밝히 알고 행해야 합니다. 예수를 믿고 교회에 나가는 크리스천이 영혼의 만족을 누리지 못하고 영육에 변화가 없다면 건물교회에도 문제가 있고, 자신의 성전에도 문제가 있는 것입니다. 빠른 시간 내에 원인을 찾아 해결해야 할 것입니다. 건물교회는 하나님께 영과 진리로 예배드리면서 자신의 몸과 마음에 있는 성전이 잘되기 위해서 나가는 것입니다. 자신의 몸과 마음에 있는 성전이 잘되어 영혼의 만족을 누릴 수 있는 교회를 찾아야 할 것입니다. 자신의 영혼이 잘되게 하는 건물교회를 찾는 것은 정말로 중요한 일입니다.

하나님은 이렇게 말씀을 하십니다. "아버지께 참되게 예배하는 자들은 영과 진리로 예배할 때가 오나니 곧 이 때라 아버지께서는 자기에게 이렇게 예배하는 자들을 찾으시느니라. 하나님은 영이시니 예배하는 자가 영과 진리로 예배할지니라"(요 4:23-24). 온 몸과 마음이 하나님만을 주목하는 예배, 하나님께 참되게 예배하는 것은 무엇을 의미합니까? 어떻게 드리는 예배를 가리켜 아버지께 참되게 예배하는 것입니까?

하나님께 참되게 예배하는 자는 영으로 예배합니다. 영으로 드리는 예배가 무엇입니까? 우리가 이를 바르게 알기 위해서는 먼저 성경말씀을 바르게 알아야 합니다. 원래 헬라어 성경을 보면 24절에서 "하나님은 영이시니… 영으로 예배하라." 하는 구절의 '영'을 가리켜 '성령'(pneuma)으로 표기했습니다. 복잡하게 설명하지 않겠습니다. "하나님은 영이시니." 즉 하나님은 성령 하나님이십니다. 그러므로 "영으로 예배할지니라." 즉 성령 하나님으로 예배하라는 말씀입니다. 더 쉽게 설명을 드리면 '성령의 인도함 가운데, 성령님 안에서 예배하라.'는 것입니다.

하나님은 자신 안에 계십니다. 하나님은 고린도전서 3장 16절에서 "너희는 너희가 하나님의 성전인 것과 하나님의 성령이 너희 안에 계시는 것을 알지 못하느냐" 하나님은 영이시기 때문에 보이는 성전(건물교회)에 거하시는 것이 아니고, 성도의 마음과 몸의 성전에 임재 하여 계십니다. 영이신 하나님은 특정한 장소(건물교회)에 거하기 않으시고, 예수를 주인으로 영접한 사람의 심령에 좌정하고 계신다는 말입니다. 그래서 자신 안에 임재 하여 계신 하나님과 교통해야 합니다. 그래야 하나님과 항상 동행할 수 있습니다.

그렇다고 보이는 성전(교회)이 필요가 없다는 것이 아닙니다. 자신 안에 있는 성전을 깨끗하게 하려면 건물교회에 나와서 생명의 말씀을 들어야 합니다. 성령의 역사가 심령에서 일어나게 해야 합니다. 이렇게 자신의 심령이 생명의 말씀을 듣고 깨어나게 하려면 건물교회에 가서 예배를 드리면서 목사님으로부터 진리의 말씀을 들어야 합니다. 성령으로 기도하여 성령 충만을 받아야 합니다. 이렇게 자신의 영을 깨우고 성령으로 충만 받으려면 자신의 능력으로는 한계가 있습니다. 한계를 극복하기 위하여 건물교회가 있는 것입니다. 성도 간에 친교를 하고 모여서 말씀을 배우고 영성훈련을 하기 위하여 건물교회가 필요한 것입니다. 깊은 영성을 유지하고 영적으로 자라야 하나님과 동행하며 친밀하게 지낼 수가 있습니다. 자신이 영적으로 자라는 만큼씩 하나님의 복이 따르는 것입니다.

 자신의 믿음이 자라게 하기 위하여 보이는 건물교회가 필요한 것입니다. 건물교회에서 깊이 있는 생명의 말씀을 듣고, 성령으로 기도하며 성령 충만 받아 세상에서 살아가면서 자신 안에 계신 하나님과 끊임없이 교통하며 친밀하게 지내야 합니다. 그렇기 때문에 건물교회와 성도의 몸과 마음의 성전 모두가 잘되어야 하는 것입니다. 건물교회에 가서 목회자로부터 체험적인 진리의 말씀을 듣고 성령으로 기도하여 자신의 믿음이 자라기 위하여 보이는 교회가 잘되어야 합니다. 그런데 하나님을 섬기기 위하여 신앙생활을 하는 신자들은 하나님을 섬기기 위하여 보이는 교회만을 생각하고, 보이는 교회 중심으로 믿음 생활을 하게 됩니다. 보이는 건물교회중심으로 믿음 생활을 하다가 보면 자신에게 중요한 자신의 몸과 마음의 성전에 관심을 갖지를 못합니다. 자연스럽게 중요한 자신의 몸과 마음의 성전관리에 등한하게 됩니다. 이런 이유로 인하여 예수를 십년을 믿어도 믿음이 자라지 않고, 전인격이 변하지 않는 것입니다. 성도는 심령이 거하신 성령님이 자신을 완전하게 장악할 때에 예수님의 인격으로 변화되는 것입니다. 그런데 보이는 성전에만 관심을 가지고 자신의 몸과 마음의 성전에 관심을 등한히 합니다. 자연스럽게 자신 안에 성령하나님과 관계가 막혀서 예수를 믿어도 오만가지 문제로 고통을 당하면서 세상을 살아가는 것입니다.

넷째, 말씀 안에서 살아야 한다. 우리가 성경말씀을 배우는 목적이 무엇일까요? 머리에 저장하여 자랑하려고 하는 것은 아닐 것입니다. 성경말씀을 배우는 목적은 하나님의 뜻을 깨달아서 삶에 적용하여 풍성한 열매를 맺게 하기 위함입니다. 그러나 성경지식이 해박한 사람들도 하나님의 뜻을 삶에 적용하며 살아가는 이들은 보는 게 어렵습니다. 그 이유는 성경지식을 그냥 머리에 저장하는 데 그치기 때문입니다. 성경지식을 적지 않게 알고 있지만, 정작 삶에서 어떻게 적용할지 모릅니다.

건물교회에서는 적용하는 것 같은데 세상에 나가서는 다른 방식으로 살아갑니다. 예를 들어, 학교나 직업, 직장의 선택, 사업이나 투자에 대한 성경의 원칙, 성경적인 배우자의 선택, 자녀교육, 자녀의 인생이나 학업진로의 조언, 친구의 사귐, 돈의 사용 등 삶에 적용하는 하나님의 뜻에 대해 무지합니다. 그래서 일상의 삶에서 다양한 선택을 하고 결정을 할 때, 하나님의 뜻이 아니라, 세상풍조나 세상의 지혜에 따라 결정하며 살아갑니다. 말하자면 성경지식은 적지 않은 데, 하나님의 뜻에 무지한 채 살아가고 있는 현상입니다. 그래서 삶에서 아무런 열매가 없는 이들이 허다합니다. 사업과 투자와 직장에서 형통하지 못하고, 자녀들도 세속적인 사람들이 되고, 가정생활이나 가족관계도 평안하지 못하고 기쁨이 없습니다. 성경은 많이 배우고 알아서 비밀이 열리는 것이 아니라, 말씀을 삶에 적용함으로 깨달음을 통해서 비밀이 열리는 것입니다. 하나님의 뜻을 깨달아서 삶에 적용하려면 성령이 주시는 지혜가 있어야 가능합니다. 말하자면 성경을 읽거나 배울 때, 성령이 내주하는 기도의 습관을 들여서 성령께서 지혜를 주셔야 합니다. 성령이 주시는 지혜가 없다면 아무런 열매도 없으며 형통한 삶도 내 것이 아닙니다.

지혜가 있다는 것은 하는 일에 풍성한 열매가 있어 사람들이 칭찬해야 증명이 되는 것입니다. 또한 예수님도 종을 선택하는 조건으로 충성과 지혜를 들고 있습니다. 충성이란 하나님의 뜻에 순종하는 믿음직스러운 성품을 말하며, 지혜란 성령이 주시는 분별력, 통찰력, 이해력, 리더십 등으로 하는 일마다 풍성한 열매를 맺어야 합니다.

그러므로 성경말씀을 삶에 적용하려면 성령이 주시는 지혜가 있어야 하고, 지혜가 탁월한 성경교사로부터 삶에 적용하는 하나님의 원칙을 배워야 할 것입니다. 교회에서 하나님의 원칙을 알려주지 않으니 교회를 오래 다녔지만 삶에 힘이 없고 하는 일마다 형통한 열매가 없는 이유입니다. 삶에 적용하지 못하는 성경지식은 아무짝에도 쓸모없는 쓰레기일 뿐입니다. 성경말씀이 곧 하나님이라는 말을 곱씹어 보시기를 바랍니다. 하나님은 전지전능한 능력으로 자신의 존재감을 드러내시는 분이십니다. 그러므로 자신의 머리에 성경지식을 많이 쌓아두고 있지만, 삶에서 살아계신 하나님을 증명하지 못하는 이유를 찬찬히 생각해보기 바랍니다.

다섯째, 성령의 지배와 인도를 받아야 한다. 하나님은 모든 성도들이 성령의 지배를 받기를 소원하십니다. 영적인 무기력과 탈진을 예방하려면 영혼에 만족을 누려야 합니다. 영혼의 만족은 성령의 지배를 받아야 가능합니다. 왜 예수를 믿으면서 영혼의 만족을 누리지 못하는가? 자신의 전인격이 성령의 지배를 받지 못하기 때문입니다. 한마디로 세상 것이 섞여있기 때문입니다. 세상 것이 섞여서 방해함으로 영혼의 만족을 누릴 수가 없는 것입니다. 이것은 아주 심각하게 받아드려야 합니다. 그래야 성령의 역사에 관심을 가져서 성령의 지배를 받는 성도가 될 수 있기 때문입니다. 전인격이 성령의 지배를 받지 않고는 영혼이 만족을 누릴 수가 없기 때문입니다. 우리 예수 믿는 사람들의, 삶의 특징이 있다면, 그것이 무엇이라고 생각하십니까? 입으로만 예수를 믿는다고 시인하는 그런 보통의 신앙의 삶이 아니라, 예수를 믿고 난 다음에 변화된 삶을 살아가는 성도들의 특징을 말하는 것입니다. 이러한 성도들의 삶의 특징이 무엇이겠습니까? 그것은, "영-혼-육 전인격이 성령의 지배를 받는 삶"이라, 그렇게 말 할 수 있습니다.

그러면, 성령의 지배를 받는 삶이란, 또 무엇을 말하는 것입니까? 전인격이 성령께 사로잡혀 사는 것을 말하는 것입니다. 성령을 주인으로 모시고 세상을 살아가는 것입니다. 매사를 성령님과 의논하고 성령의 뜻을 따라 사는 것을 성령의 지배를 받는 삶이라고 말할 수 있습니다. 성령의 인도함을 받아, 성령의 능력에 의해서 살아가는 삶을 말하는 것인 줄로 믿습니다. 성령님이 나를 지배하고 다스리는 삶, 이전에 우리의 삶이, 육체의 본능이 지배하는 삶이었고, 죄가 지배하는 삶이었다면, 이제 예수를 믿고, 변화를 받고 난 다음에 나타나는 삶은, 성령에 의해서 지배를 받는 삶이 되어야 합니다.

성령님의 인도를 받아야 합니다. 성령님은 우리를 가르치면서 함께 하십니다. 아무리 함께 하셔도 지식이 없는 동행은 의미가 없습니다. 서로를 알고, 서로의 필요를 알고, 그 가르침이 따르는 것은 말할 수 없는 도움인 것입니다. 성령님은 결코 우리가 무지 속에 있기를 원하시지 않는 분이십니다. 성령님은 가르쳐 주시면서 우리와 함께 하시는 것입니다. 성령님은 지혜와 지식 그리고 모략의 신이신 것입니다. 성령님이 가르쳐 주시는 대로 나아가는 사람은 초자연적인 위대한 삶을 살아가게 됩니다. 이런 사람을 기뻐하시기에 하나님은 세상 끝날 까지 영원히 함께 하시는 것입니다. 성령의 인도를 받으시기 바랍니다.

성령님과 함께 하는 사람은 불가능이 없습니다. 우리가 성령님과 함께 거하면 무엇이든지 이루지는 것입니다. 성령님을 부르는 자에게 성령님이 함께 하십니다. 성령님을 찾아야 성령님은 임재하여 주시는 것입니다. 그리고 성령님이 부르실 때 아멘 하고 순종하여 나아오는 자와 하나님은 함께 하여 주시는 것입니다. 성령님을 부르십시오. 그리고 그분과 의논하십시오. 이제 모든 염려를 성령님에게 맡기시기 바랍니다. 성령님이 함께 하셔서 우리를 도와주시는 것을 확신하시기 바랍니다. 임마누엘의 하나님은 우에게 오셔서 우리를 축복하여 주시는 것입니다. 성령님의 임재를 확인하며 동행하는 즐거움을 항상 누리시는 우리가 되시기를 주의 이름으로 소원합니다.

20장 부자 되려면 창문 앞 기도로 바꾸어라

(왕하 19:15-16)"그 앞에서 히스기야가 기도하여 이르되 그룹들 위에 계신 이스라엘의 하나님 여호와여 주는 천하 만국에 홀로 하나님이시라 주께서 천지를 만드셨나이다. 여호와여 귀를 기울여 들으소서 여호와여 눈을 떠서 보시옵소서 산헤립이 살아 계신 하나님을 비방하러 보낸 말을 들으시옵소서"

부자가 되려면 기도의 창문으로 자신 안의 하나님을 바라보아야 합니다. 환난의 홍수와 근심의 물결이 밀어닥칠 때는 기도하라는 신호로 알고 하나님께 기도해야합니다. 기도하는 장소를 바르게 해야 한다는 것입니다. 필자가 어느 날 새벽에 기도하니까, 성령하나님께서 이렇게 감동하시는 것입니다. "왜 무당들이 유명한 산에 올라가 장구치고 북치고 하면서 기도하는지 알고 있느냐" 잠시 생각을 해보니까, 유명한 산에 역사하는 산신령을 접신 받으려고 유명한 산을 찾아 기도한다는 생각이 떠올랐습니다. 그래서 "산에 역사하는 산귀신을 접신 받으려고 산에 가서 기도하는 것입니다." 했더니 성령께서 "그렇다. 산에 역사하는 산신령을 접신 받으려고 산에 가서 기도하는 것이다." 말씀하시는 것입니다.

그러면서 목회자들이나 성도들에게 알려주어 기도 장소의 개념을 바르게 알고 기도하도록 하라고 말씀하셨습니다. 크리스천은 기도는 하나님이 계시는 자신 안에 마음 성전에 집중하여 기도하게 하라는 것입니다. 기도는 자신 안에 계신 하나님께 기도하시기를 바랍니다. 우리 성도들의 의식이 기도하려면 "기도원가야 한다. 산에 가야한다. 교회에 가야한다." 로 고정되어 있기 때문에 자신의 심령 안에 관심이 두지 않습니다. 자신의 마음 안에 관심을 두지 않기 때문에 예수를 믿으면서도 변화되지 못하는 것입니다. 그렇다고 교회나 기도원에 가서 기도하지 말라는 말로 이해하면 안 됩니다. 교회에 가서 기도에 대하여 바르게 배우고 바르게 해야 합니다. 교회에 가서 성령으로 세례도 받아야 합니다. 필자는 자신 안에 계신 하나님께 관심을 가지고 기도하라는 것입니다.

　기도는 자신 안에 계신 하나님께 기도하여 자신이 하나님의 입장이 되어 하나님의 길을 제대로 따라가고 있는지, 바르게 가고 있는지, 돌아가고 있는지를 보는 것입니다. 그리고 자신 앞에 있는 문제를 하나님께 기도하여 하나님의 해결 방법을 알아내는 것입니다. 그리고 알려주신 해결방법대로 순종하기 위해서 기도하는 것입니다. 기도는 하나님께 무엇을 얻어내려고 하는 것이 절대로 아닙니다. 자신의 상처를 치유하고, 성령으로 충만하며, 하나님과 대화하기 위하여 기도하는 것입니다. 지친 영혼의 쉼을 얻기 위하여 기도하는 것입니다. 기도는 영-혼-육이 쉼을 얻는 시간이라고 생각하며 성령으로 해야 합니다. 이 중요한 기도가 잘못되면 먼저 영혼이 만족을 누리지 못하는 것입니다. 다음은 혼이 만족을 누리지 못하니 정신이 안정되지 못하고 산란한 것입니다. 더 진전이 되면 육체의 질병으로 발생합니다. 따라서 예수를 믿으면서도 세상 사람들과 똑같은 영육간의 고통을 당하고 사는 것입니다.

첫째, 창문 앞 기도란 무엇인가? 기도는 마음을 비우는 것입니다. 비운 다음에 진리의 말씀으로 성령으로 채우는 것이 기도입니다. 기도는 부족한 무엇을 달라고 하는 것이 아니라, 내 안에 있는 좋지 않은 것을 비우는 것입니다. 하나님의 은혜, 하나님의 생명, 하나님의 능력을 담는 내면이라는 그릇을 깨끗하게 하는 것입니다.

세상의 근심, 욕심, 불안함, 시기, 질투, 염려, 야망, 하나님이 보시기에 가증스러운 것들을 비워야 합니다. 우리의 마음을 쓰레기통으로 만들지 마세요. 배설물 통으로 만들지 마세요. 비움 후에 하나님으로 채우는 것이 기도입니다. 이를 위해 자꾸 자기성찰을 해야 합니다. 그리고 주님의 마음, 주님의 평강을 중심에 가져다 놓는 것입니다.

묵상을 통해 자신을 성찰하여 마음에 가득한 것, 손에 꼭 쥐고 있는 것을 내려놓고 빈 손, 빈 마음이 되어야 합니다. 그래야 하나님으로 채워집니다.

기도에 기합이나 감정을 넣지 마세요. 풀어놓으세요. 내려놓으세요. 편안하게 풀어놓으세요. 무릎 꿇으려고 애쓰지 마세요. 기도는 사랑하는 아버지를 만나고 그분이 주시는 것으로 채우는 것입니다. 이를 사모하고, 속을 자꾸 비워야 합니다.

기도는 겸손한 자가 할 수 있으며 기도하는 자는 더욱 겸손해져야 합니다. 겸손한 자가 하나님을 만날 수 있습니다. 겸손과 기도는 분리할 수가 없습니다. 하나님은 겸손한 자를 사랑하고 들어 쓰십니다. 영적으로 깨어난 사람, 하나님과 교제하는 사람은 기능적인 능력만을 추구하지 않습니다. 기능적인 것은 언제라도 바뀔 수 있습니다. 성품으로 말하세요. 겸손한 성품을 추구하세요.

기도는 높은 자리에서 내려와 종의 자리에서 하는 것이며, 나의 중심에서 내려오고 주님을 자신의 중심에 모시고 그 발 앞에서 겸손히 그를 쳐다보는 것입니다. 그분과 내가 일체가 되고, 더 깊이 그분을 섬기고 따르려고 하는 것입니다. 이러한 마음의 자세가 가장 중요합니다. 하나님을 어떻게 생각하는가, 어떻게 그분을 모시고 있는가, 이것이 제일 중요입니다.

기도는 하나님과 인간이 만나는 신비한 체험, 접점입니다. 신비와 현실, 이성과는 거리가 멉니다. 그 거리를 좁혀주는 것이 체험입니다. 체험은 믿음의 기도로부터 옵니다. 체험은 하나님에게 접근하려는 사람에게 옵니다. 체험은 하나님을 경험하는 것이며 신비입니다. 이론이 실제의 경험이 되며, 상상이 현실화가 되며, 신앙의 활력을 주며 전환점이 됩니다. 기도 속에서 하나님을 만나야 합니다.

기도 속에서 하나님을 체험해야 합니다. 가장 보편적인 체험은 평안입니다. 기도 속에서 많건 적건 하나님이 주시는 평안을 체험해야 합니다.

기도에서 말을 하는 것이 중요한 것이 아니라, 영적상태에서 하나님을 만나는 것입니다. 그리고 이러한 만남이 체험이고 신비입니다. 이러한 만남을 위하여 속을 비워야 하고, 하나님을 만나려는 마음가짐이 중요합니다.

아픔과 고통과 부족함을 가리려고 하지 말고, 그것을 드러내고, 내려놓고, 맡길 때, 주님은 우리를 만나고, 그것들을 빼내시고, 좋은 것을 채워주십니다. 이것이 주님과의 교제를 통한 은혜, 만남의 은혜, 교제의 은혜, 기도의 은혜입니다. 이것이 기도입니다.

기도는 비운 마음에 그리스도로 채우는 것입니다. 빌립보서 2장 5절에 "너희 안에 이 마음을 품으라. 곧 그리스도 예수의 마음이니" 하셨습니다. 기도는 우리 속에 채워진 좋지 않은 것을 비워버리고 주님이 주시는 좋은 마음을 품는 것입니다. 우리 마음속에 예수 그리스도의 마음을 채우는 것입니다. 성령님의 마음으로 채우세요. 하나님의 마음으로 채우세요.

예수 그리스도의 마음을 품는 것은 즉 성령님을 품는 것입니다. 성령님을 사랑하고 사모하고 품는 것입니다. 그리할 때, 예수 그리스도의 마음을 품게 되는 것입니다. 성령님을 아주 많이 찾으세요. 입술로 찾지 말고, 마음으로 찾으세요. 마음 안으로 찾아야 합니다.

그러면 차츰차츰 성품과 행동과 생각과 삶이 변화하게 됩니다. 이것이 바른 기도를 한 것입니다. 기도의 열매입니다. 그분이 원하시는 것은 무엇이든지 하겠다는 생각이 들게 됩니다. 이것이 바로 주님의 마음입니다. 이러한 마음이 점점 내 마음을 채우는 것을 느끼게 됩니다.

기도는 마음에 심겨진 잘못된 감정, 상처를 성령님의 도우심으로 비우고 지우는 것이며, 거기에 하나님의 성품으로 채우는 것입니다. 시간이 지날수록 차츰 안정감을 느끼게 될 것입니다. 나이가 들수록 이러한 부분이 더욱 중요하게 다가옵니다. 외부의 안정, 환경의 안정이 아니라, 마음의 안정감을 찾으세요.

이러한 기도는 영적인 기도입니다. 영적인 기도는 영적상태에서 해야 합니다. 성령님을 자꾸 찾으면 성령님이 나타나시며 의식에서 무의식으로, 의식에서 영적상태로 바뀌게 됩니다. 이때 생각하는 것은 의식(두뇌)이 아니라, 무의식(영, 마음)입니다. 마치 눈을 감고 고향을 떠올리는 것처럼 의식에서 나오는 것이 아닙니다.

이러한 상태가 마음의 상태, 영적상태입니다. 이런 상태에서 성령님에게 묻고, 간구하고, 도움을 요청하세요. 치유를 받으세요. 간단하게, 그러나 반복해서, 지속적으로 하세요. 이처럼 영적상태에서 마음으로 하는 한마디가 그냥 입으로 하는 수천마디보다 더 강하게 역사합니다. 인간의 주체는 머리가 아니라, 마음입니다. 영적상태에서 하나님이 주시는 평안이 세상을 이기는 에너지입니다.

기도와 찬양, 기도와 성품은 서로 깊은 관계가 있습니다. 찬양이 마음의 상태를 이끌고 나갑니다. 찬양에 강한 힘이 있습니다. 시대를 알려면 노래를 알아보세요. 어떤 가사, 어떤 감정인가? 초신 자는 보혈, 죄 사함을 찬양하세요. 성숙한 성도는 하나님께 드리고, 하나님을 만나고, 하나님과 깊은 관계를 맺는 찬양을 하세요. 찬양도 발전해야 합니다. 찬양도 변해야 합니다.

예배와 섬김이란 그 대상의 성품을 닮고, 그 대상의 운명에 동참하게 되는 것입니다. 기도는 그 대상에게 나아가는 것이며, 만나는 것이고, 그 대상의 것이 내게 들어오는 것입니다. 그 대상과 내가 일체가 되는 것입니다.

둘째, 창문 앞 기도의 10가지 원리를 적용하라. 하나님께서 모든 영적생활의 원리를 말씀으로 제시하여 두셨습니다. 모든 원리들은 성령으로 말씀을 깨닫는 성도만이 알고 따라갈 수가 있습니다. 영적인 생활에는 모든 것이 원리가 있습니다. 원리를 따라가야 마귀에게 속지 않고 영원한 천국까지 도달할 수가 있습니다. 원리를 벗어나면 기차가 레일을 벗어난 것과 같이 탈선하기 쉽습니다. 창문 앞 기도에도 10가지의 원리가 있습니다. 원리를 적용하여 기도할 때 하나님과 대면하는 영성으로 발전하게 됩니다.

첫째로 기도는 나와 하나님의 인격적 교제입니다. 내가 하나님 안에 하나님이 내안에 들어오시는 인격적인 교제입니다. 서로의 사정을 알고 대화하는 것입니다.

둘째로 기도는 성령님의 도우심과 교통함으로 이루어집니다. 기도의 대상이 하나님이십니다. 그런데 하나님은 영이십니다. 영이신 하나님과 대화하려면 내가 영적인 상태가 되어야 하는 것입니다. 내가 영적인 상태가 되는 것은 성령으로 충만해야 합니다. 하나님의 사정은 하나님의 영외에는 아무도 알지 못합니다. 하나님의 영은 성령이십니다.

셋째로 기도는 기도의 대상을 설득시키는 것이 아니고, 하나님의 뜻에 의해서 내가 나를 설득하는 것이며 고백하는 것입니다. 감사와 사랑을 드리는 것입니다. 하나님은 이미 가장 소중하신 것, 자기를 우리에게 주셨습니다. 하나님께 드리면 드릴수록 더 받게 됩니다. 마음을 드리세요. 마음을 담는 그릇인 시간과 물질, 헌신, 몸을 드리세요. 이미 가장 귀중한 것을 받았으니, 드리세요. 하나님에게 쓰임 받다가 갑시다. 하나님은 우리를 쓰시려고 부르셨습니다. 쓰임 받기 위해서 드리세요. 드리고 또 드려야 합니다. 드려야 하나님으로부터 받게 됩니다.

넷째로 기도는 하나님의 거룩한 뜻을 나의 뜻에 접목시키는 것입니다. 기도는 하나님에게 집중하여 그분의 뜻을 아는 것입니다. 내 뜻을 아뢰는 것이 아니고 하나님의 뜻에 내가 순종하기 위해서 기도하는 것입니다. 하나님의 음성을 듣는 기도를 하려고 하세요.

다섯째로 기도는 하나님으로부터 심령의 상처, 질병을 치유 받는 것입니다. 기도는 회복입니다. 실로 깊은 경지에 들어가면 성령의 역사로 마음 안에 스트레스와 세상 노폐물들이 나갑니다.

여섯째로 기도는 기도의 대상에게 집중하는 것입니다. 하나님은 쉬지 말고 기도하라고 하십니다. 쉬지 말고 기도하라는 것은 쉬지 말고 하나님에게 집중하라는 것입니다. 기도는 하나님에게 집중하는 것입니다. 하나님에게 집중하려니 항상 하나님을 찾는 습관이 되어야 합니다.

일곱째로 기도는 마음으로 하는 것입니다. 마음을 열고 성령의 인도를 받으며 마음으로 하는 것이 기도입니다. 마음 안에 영이 있습니다. 영 안에 성령이 계십니다. 그러므로 기도는 머리로 하는 것이 아닙니다. 마음을 열고 마음 안에 계신 성령의 인도를 받으며 하는 것입니다.

여덟째로 기도는 진실, 단순해야 합니다. 순수하게 하나님을 찾는 것이 기도입니다. 목마른 사슴이 물을 찾는 것과 같이 단순하게 하나님을 찾는 것입니다. 하나님 사랑합니다. 하나님 감사합니다. 하나님 도와주세요. 하나님 용서하여 주세요. 이렇게 진실하고 단순하게 하세요.

아홉째로 기도는 말하기보다는 듣는 것입니다. 말하고 듣고, 묻고 듣는 것입니다. 내 안에서 음성이 들리게 될 때까지 귀를 기울이는 것입니다. 마음에서 들리는 소리를 들으세요. 실패하면 또 다시 해보세요. 위로하고 격려하는 음성을 들으세요. 주님은 위로하고 격려하시는 분, 편하신 분, 나를 편하게 해주시는 분입니다. 이 분을 편하게 찾아 나서세요. 하나님은 참으로 부드러운 분이십니다. 꿀보다도 더 달콤하고, 솜털보다 더 부드럽고, 더 따뜻한 분입니다. 이 분을 더 자주 찾으세요. 친절하신 분이며 겸손하신 분, 좋으신 분, 이분을 찾아 나서세요. 기능보다 인격적인 하나님을 찾아 나서세요. 만나고, 교제하고, 느끼세요. 그럴 때, 그 성품이 나에게 베어 들어옵니다. 쑥쑥 나에게 밀려들어옵니다. 하나님은 바로 이것을 원하십니다. 나도 남을 편안하게, 부드럽게 대해주게 됩니다. 나는 변할 수 있습니다. 주님을 통해서, 주님의 마음을 옮겨 받음으로 변할 수 있습니다.

열 번째로 기도는 사랑을 나누는 것입니다. 인격이신 주님과 사랑을 나누는 것입니다. 사랑을 주는 사람이 사랑을 받게 됩니다. 사랑의 말을 고백하세요. 인격적으로 사랑의 말을 나누세요. 주님의 사랑이 자신의 마음 안에 풍성하게 하세요.

셋째, 기도가 발전하는 단계에 순응하라. 일부 목회자와 성도들이 깊은 영의기도부터 하려고 합니다. 그냥 말로 하는 기도는 시시하다는 것입니다. 그러나 분명하게 기도가 발전하는 단계가 있다는 것을 명심해야 합니다. 예수를 믿고 성령으로 세례를 받고 성령의 지배와 장악이 되면서 성령의 이끌림을 받는 것입니다. 성령의 이끌림을 받으면서 기도가 발전하는 것입니다.

첫째로 부르짖는 기도 단계입니다. 성도가 기도를 처음 배울 때부터 통성으로 무조건 생각나는 대로 부르짖어 기도하는 습관을 먼저 드려야 합니다. 만약에 언어의 구사나 방언으로 통성기도를 못한다면 절대 다른 사람들의 기도에 기가 죽어서 가만히 앉아 있지 말고 통성으로 주여! 주여! 주여! 를 계속하든지, 아니면 할렐루야! 할렐루야! 할렐루야! 를 연속적으로 호흡을 들이쉬고 내쉬면서 배에서 나오는 힘으로 기도를 열심히 하다가 보면 자신도 모르는 순간에 성령으로 자신이 장악되어 저절로 주여! 주여! 주여! 나 할렐루야! 할렐루야! 할렐루야! 가 나오다가 방언이 터지는 것입니다.

둘째로 기도의 줄을 잡는 단계입니다. 계속 통성으로 기도를 하다가 보면 이제 어느 정도 숙달이 되어 언어통성기도나 방언통성기도나, 주여! 주여! 주여!나, 할렐루야! 할렐루야! 할렐루야! 가 저절로 되어 어느 정도 기도 줄이 잡힙니다. 그래서 기도는 훈련입니다. 자동으로 기도가 되는 것은 절대로 아닙니다. 본인의 의지가 어느 정도 결부가 되어야 나중에 성령께서 사로잡아 주시므로 기도가 되고 기도 줄이 잡히는 기도를 할 수가 있는 것입니다. 기도 줄이 잡히지 않더라도 지속적으로 해야 됩니다.

셋째로 영력이 끌려 올라오는 단계입니다. 이 단계가 되면 기도의 줄이 잡혀서 기도의 수고가 쉬워지므로 기도가 성령의 이끌림을 받게 됨으로 영으로 기도하면서 또 마음으로 기도하고 영으로 기도하게 됩니다. 이 단계가 되면 자신의 영 안에서 성령의 능력이 올라오는 시기이므로 자신의 안에서 올라오는 영력에 의하여 더욱 성령으로 충만하게 되고 무의식의 상처가 치유되면서 귀신이 떠나가니 기도의 수고가 쉬워지는 단계입니다.

넷째로 영력이 마음속에서 올라오는 단계입니다. 이 단계에 들어선 성도는 마음 안에 상처가 치유되고 상처를 붙들고 있던 귀신이 떠나가니 내 영안에 계신 성령하나님과 영의 통로가 열려 영으로 기도를 하는 단계입니다.

이 단계에 들어선 성도는 이제 기도가 자꾸 하고 싶어지고, 기도하면 할수록 성령이 충만하게 되고, 영안이 열려가므로 하나님의 말씀을 읽을 때나 들을 때, 목사님의 설교 말씀을 들을 때 영으로 말씀을 들으니 영이 자꾸 깨어나는 시기입니다. 이때가 되면 너가 왜 지금까지 예수를 믿노라 하면서 이렇게 고통을 당하면서 살았는가, 스스로 느끼고 고치고 치유 받으려고 노력하게 됩니다.

그래서 서서히 하나님의 군사가 되므로 환경에서 하나님의 역사가 보이고, 하나님이 자기의 인생에 개입을 하고 인도하고 계시는 것을 느끼게 됩니다. 그러므로 성도는 무엇보다 기도가 바르게 되어야 합니다.

다섯째로 영적인 기도의 단계입니다. 이 단계가 되면 성령하나님과 인격적인 관계가 되었기 때문에 주여! 하기만 해도 성령님의 임재를 느끼는 시기입니다. 필자가 항상 강조하는 항상 기도할 수 있는 시기입니다. 기도하며 하나님의 음성을 듣는 시기입니다. 주가 내 안에 내가 주안의 단계입니다. 5단계는 모든 육의 소욕과 자아가 무너지고 주님만이 기도의 목표가 되는 단계입니다. 필자는 이 단계까지 도달하도록 인도할 것입니다. 부디 성령으로 충만하여 영적인 말씀과 원리들을 이해하시고 내 것으로 만드셔서 능력이 오고 깊어지는 깊은 영의 기도를 모두 숙달하시어 하나님의 강한 군사가 되시기를 바랍니다. 그리하여 모두 하나님의 마음에 합한 자가 되어 쓰임 받으시기를 바랍니다.

21장 보물을 마음 하늘에 쌓으라.

(마 6:19-20)"너희를 위하여 보물을 땅에 쌓아 두지 말라. 거기는 좀과 동록이 해하며 도둑이 구멍을 뚫고 도둑질 하느니라. 오직 너희를 위하여 보물을 하늘에 쌓아 두라 거기는 좀이나 동록이 해하지 못하며 도둑이 구멍을 뚫지도 못하고 도둑질도 못하느니라."

부자가 되려면 "오직 너희를 위하여 보물을 하늘에 쌓아 두라."는 진리의 말씀을 바르게 깨닫고 적용해야 합니다. 바르게 깨닫지 못하면 예수님의 의중과는 상관없는 방향으로 적용이 될 수가 있습니다. 하나님은 이렇게 말씀하십니다. "먼저 알 것은 성경의 모든 예언은 사사로이 풀 것이 아니니 예언은 언제든지 사람의 뜻으로 낸 것이 아니요, 오직 성령의 감동하심을 받은 사람들이 하나님께 받아 말한 것임이라"(벧후 1:20-21). 그렇기 때문에 하나님의 말씀은 성령의 감동하심에 따라 풀어서 깨달아야 합니다. 본문을 바르게 깨달으려면 하늘에 대하여 바르게 알아야 합니다.

예수님께서 '하늘', '하늘나라'라는 말을 쓰신 것을 이해하기 위해서 구약에서의 사용한 예를 알아볼 필요가 있습니다. 다니엘 4장 26절에서 "하나님이 다스리시는"이라고 할 때, '하나님'은 원래 '하늘'이라고 씌어있습니다. 유대인들은 '하나님'이라는 말을 쓰려 하지 않았습니다. 두려운 하나님이시기 때문입니다. 그래서 '하늘'이라고 썼습니다. '하늘'은 '하나님' 대신 쓰는 말이었습니다. 하늘은 하나님의 통치가 이루어지는 곳입니다. 예수님 시대에도 마찬가지입니다. 예수님께서 쓰신 '하늘', '하늘나라'는 '하나님 나라'인 것입니다. 그래서 성경 말씀 안의 하늘이란, 세상과 대칭 되는 곳으로, 하나님이 계시고 하나님의 뜻이 이루어지는 곳이 곧 하늘입니다.

그럼 하늘이신 하나님께서 지금 어디에 계십니까? 하나님은 고린도전서 3장 16-17절에서 "너희는 너희가 하나님의 성전인 것과 하나님의 성령이 너희 안에 계시는 것을 알지 못하느냐? 누구든지 하나님의 성전을 더럽히면 하나님이 그 사람을 멸하시리라 하나님의 성전은 거룩하니 너희도 그러하니라." 분명하게 하나님께서 계시는 성전이 성도 안에 있다고 말씀하시고 계십니다. 그런데 성전 개념을 달리 생각하면 건물교회를 성전이라고 할 수도 있습니다. 여기에 대하여 하나님께서 분명하게 말씀하여 주셨습니다. "우주와 그 가운데 있는 만물을 지으신 하나님께서는 천지의 주재시니 손으로 지은 전에 계시지 아니하시고, 또 무엇이 부족한 것처럼 사람의 손으로 섬김을 받으시는 것이 아니니 이는 만민에게 생명과 호흡과 만물을 친히 주시는 이심이라(행 17:24-25)" 분명하게 하나님은 손으로 지은 전에 계시지 않는다고 말씀하십니다. 그리고 "무엇이 부족한 것처럼 사람의 손으로 섬김을 받으시는 것이 아니니 이는 만민에게 생명과 호흡과 만물을 친히 주시는 이심이라" 말씀하고 계십니다. 하나님은 영이시면서 인격이십니다. 상식적으로 생각해 보시기를 바랍니다. 인격이신 하나님께서 건물교회와 교통할 수가 없습니다. 인격체인 예수를 믿는 사람 안에 성전삼고 주인으로 계시는 것입니다. 그러니까, 예수님을 주인으로 영접한 성도들이 하늘나라입니다. 예수님께서 하늘나라이시기 때문입니다.

예수님은 하늘나라에 대하여 이렇게 말씀을 하셨습니다. "바리새인들이 하나님의 나라가 어느 때에 임하나이까 묻거늘 예수께서 대답하여 이르시되 하나님의 나라는 볼 수 있게 임하는 것이 아니요, 또 여기 있다 저기 있다고도 못하리니 하나님의 나라는 너희 안에 있느니라."(눅 17:20-21). 바로 바리새인들의 중앙에 서있는 예수님이 하늘나라이시라는 말씀입니다. 이 말씀을 좀 더 쉽게 설명한다면 예수님을 주인으로 영접한 사람 안에 계신다는 것입니다. 예수님을 주인으로 영접한 사람은 어떤 사람입니까? 예수를 믿을 때 죄인이던 자신은 죽고 다시 예수님으로 태어난 사람을 말합니다.

하나님은 이렇게 말씀을 하십니다. "그리스도의 사랑이 우리를 강권하시는 도다. 우리가 생각하건대 한 사람이 모든 사람을 대신하여 죽었은즉 모든 사람이 죽은 것이라. 그가 모든 사람을 대신하여 죽으심은 살아 있는 자들로 하여금 다시는 그들 자신을 위하여 살지 않고 오직 그들을 대신하여 죽었다가 다시 살아나신 이를 위하여 살게 하려 함이라"(고후 5:14-15). 예수를 주인으로 영접한 성도들은 모두가 예수를 믿을 때 죽었습니다. 그리고 순간 예수님으로 태어났습니다. 이제 예수님이 자신을 통하여 살고 계시는 것입니다. 예수님이 자신을 통하여 살고 계시기 때문에 믿는 자가 하늘나라가 되는 것입니다. 따라서 자신의 모든 소유역시 예수님의 소유가 되는 것입니다. 예수 믿을 때 죽은 사람이 소유권을 주장할 수가 없는 것입니다. 세상에서도 부모가 죽으면 자녀들에게 재산이 상속되는 것을 잘 알고 계실 것입니다.

　하나님은 이전 것은 지나갔으니 새것이 되었다고 말씀하십니다 (소후5:17). 이제는 육신을 따라 알려고 하지 말아야 합니다. 성령으로 깨달아야 합니다. 성령으로 진리의 말씀을 깨달아 순종해야 합니다. 히브리서 5장 12-14절에 보면 "때가 오래 되었으므로 너희가 마땅히 선생이 되었을 터인데 너희가 다시 하나님의 말씀의 초보에 대하여 누구에게서 가르침을 받아야 할 처지이니 단단한 음식은 못 먹고 젖이나 먹어야 할 자가 되었도다. 이는 젖을 먹는 자마다 어린 아이니 의의 말씀을 경험하지 못한 자요, 단단한 음식은 장성한 자의 것이니 그들은 지각을 사용함으로 연단을 받아 선악을 분별하는 자들이니라." 예수를 믿었으면 믿음이 자라야 합니다. 믿음이 자라는 자들은 성령으로 진리를 깨닫는 성도들입니다. 그런데 믿음이 자라지 않는 자들은 "너희가 다시 하나님의 말씀의 초보에 대하여 누구에게서 가르침을 받아야 할 처지이니"라고 하십니다. 이 말씀은 누구(사람)에게 가르침을 받아야 할 처지라고 하십니다. 예수를 믿고 시간이 경과하면 할수록 사람을 통하여 진리의 말씀을 가르침을 받아 깨닫는 자로 머물러서는 안 됩니다. 성령으로 진리를 깨달아야 합니다. 예수를 믿고 성령의 지배와 장악이 되고 성령으로 인도를 받으면서 "단단한 음식을 먹는 장성한 자"가 되어야 합니다. 그래서 성령으로 "선악을 분별하는 자들이" 되어야 합니다.

　이정도로 설명을 했으니까, 예수님께서 "오직 너희를 위하여 보물을 하늘에 쌓아 두라 거기는 좀이나 동록이 해하지 못하며 도둑이 구멍을 뚫지도 못하고 도둑질도 못하느니라."(마 6:20). 말씀을 바르게 깨달아 적용할 수가 있을 것입니다.

우리 인생의 지향점, 즉 성도인 우리가 나아가야 할 바른 방향은 무엇일까요? 오늘 본문 마태복음 6장 19~20절 말씀에서 예수님은 우리에게 보물을 어디에 쌓을 것인가에 대해서 말씀해 주고 있습니다. 여기서 보물이란 단지 눈에 보이는 재물만을 뜻하는 것이 아니라, 우리가 인생을 살면서 가장 중요하게 생각하는 것을 가리키는 것입니다. 그것이 어떤 사람에게는 돈이 될 수도 있고, 권력이 될 수도 있고, 명예나 인기 등이 될 수도 있을 것입니다. 그런데 으리 모두는 우리에게 중요하다고 생각하는 이런 것들을 추구하면서 살아가기 때문에, 결국 보물을 어디에 쌓는가는 우리가 무엇을 추구하며 사는지를 보여주는 것이라 할 수 있습니다. 예수님은 우리가 보물을 쌓아둘 수 있는 곳이 두 곳이라고 말씀합니다. 바로 땅과 하늘입니다.

즉 우리들은 땅에 우리의 보물을 쌓아두든지, 아니면 하늘에 보물을 쌓아두든지 할 수 있다는 것입니다. 그러면서 예수님은 땅에 보물을 쌓아두지 말고, 하늘에 보물을 쌓아야 된다고 말씀합니다. 그 이유가 무엇 때문입니까? 19절 하반 절에 보면 이렇게 말씀합니다. "거기는 좀과 동록이 해하며 도둑이 구멍을 뚫고 도둑질하느니라." 우리가 보물을 이 땅에 쌓아두어서는 안 되는 분명한 이유가 있습니다. 그것은 우리의 가장 귀한 보물을 쌓아두기에는 이 땅이 너무나 위험하기 때문입니다. 이 땅에 보물을 쌓아두면 좀 벌레가 파먹고, 녹이 슬고, 도둑이 와서 훔쳐간다고 말씀합니다.

그런데 아무리 귀중한 보물이 있더라도 그것을 안전하게 보관할 수 없다면 그것은 아무 소용없는 일입니다. 그래서 예수님은 뭐라고 말씀합니까? 우리가 보물을 쌓아야 할 곳은 이 땅이 아니라, 하늘이라고 말씀합니다. 하늘은 이 땅과 달리 안전하기 때문입니다. 20절을 다시 보시기 바랍니다. "오직 너희를 위하여 보물을 하늘에 쌓아 두라 거기는 좀이나 동록이 해하지 못하며 도둑이 구멍을 뚫지도 못하고 도둑질도 못하느니라." 하늘에 보물을 쌓는 것은 안전합니다. 왜냐하면 하늘에는 좀 벌레도 없고, 녹도 슬지 않으며, 더욱이 보물을 훔쳐갈 도둑도 없기 때문입니다. 그렇기 때문에 예수님은 우리에게 위험한 이 땅이 아니라, 하늘에 보물을 쌓으라고 말씀하는 것입니다.

첫째, 거기는 좀과 동록이 해하며 도둑이 구멍을 뚫고 도둑질하느니라. 이 말씀을 바르게 깨닫고 이해해야 합니다. 분명하게 우리들은 예수를 믿고 성령으로 거듭난 하나님의 자녀들입니다. 분명하게 예수를 믿을 때 예수님과 함께 죽었습니다. 그리고 예수님으로 다시 살아났습니다. 그래서 성경은 이렇게 말씀하십니다. "그리스도의 사랑이 우리를 강권하시는 도다. 우리가 생각하건대 한 사람이 모든 사람을 대신하여 죽었은즉 모든 사람이 죽은 것이라. 그가 모든 사람을 대신하여 죽으심은 살아 있는 자들로 하여금 다시는 그들 자신을 위하여 살지 않고 오직 그들을 대신하여 죽었다가 다시 살아나신 이를 위하여 살게 하려 함이라"(고후 5:14-15). 이제 우리는 예수님의 인생을 사는 것입니다. 그렇기 때문에 보물역시 예수님을 믿을 때 죽은 자신의 소유가 아니라, 예수님의 소유가 되어야 마땅합니다.

그런데 자신의 소유로 알고 보물을 땅에 쌓아 두니 예수를 믿기 전에 주인행세를 하던 마귀와 귀신들이 구멍을 뚫고 도적질해 가는 것입니다. 죄인인 자신의 소유이기 때문입니다. 그래서 하나님은 "거기는 좀과 동록이 해하며 도둑이 구멍을 뚫고 도둑질하느니라." 말씀하시는 것입니다. 소유권이 땅의 사람인 자신에게 있으니 마귀와 귀신들이 빼앗아 가는 것입니다.

소유권이 하늘나라이신 예수님에게 있느냐, 자신에게 있으냐의 문제입니다. 쉽게 설명하면 아담인 자신이 예수를 믿을 때 죽었느냐, 죽지 않았느냐의 문제도 됩니다. 하나님을 믿는 유대인과 같은 존재이냐, 예수를 믿을 때 죽고 예수로 다시 태어나 성령의 인도를 받는 '하늘나라' 성전이냐의 차이입니다.

이는 굉장하게 중요한 사안입니다. 예수를 믿었다고 큰소리치면서 교회를 다니지만, 죄인인 자신이 죽지 않아 옛 사람 아담이 여전하게 주인으로 살고 있다면 땅에다가 보물을 쌓는 것입니다. 보물을 가지고 자기 왕국을 건설하는 것입니다. 영적으로 하나님과 상관이 없기 때문에 마귀 귀신이 주인행세를 하면서 보물을 빼앗아가거나 훔쳐가는 것입니다. 그래서 하나님은 "너희를 위하여 보물을 땅에 쌓아 두지 말라. 거기는 좀과 동록이 해하며 도둑이 구멍을 뚫고 도둑질하느니라."하시는 것입니다. 이 말씀을 엄연하게 성령으로 거듭난 성도들만 성령으로 깨닫고 적용할 수가 있는 것입니다. 자신을 성찰하고 빨리 돌아서야 할 것입니다.

둘째, 보물을 하늘에 쌓아두라. 하나님은 "오직 너희를 위하여 보물을 하늘에 쌓아 두라 거기는 좀이나 동록이 해하지 못하며 도둑이 구멍을 뚫지도 못하고 도둑질도 못하느니라."(마6:20). 말씀하십니다. 그렇다면 하늘에 보물을 쌓는다는 것은 구체적으로 무엇을 말씀하는 것일까요? 우리는 어떻게 하늘에 보물을 쌓을 수 있을까요? 이 질문에 답하기 위해서 우리가 알아야 할 가장 중요한 것이 있습니다. 그것은 하늘이 어떤 곳이냐 하는 것입니다.

우선 예수님이 여기서 말씀하신 하늘은 그저 우리 눈으로 볼 수 있는 그런 하늘이 아닙니다. 예수님이 말씀하신 하늘은 바로 하나님이 계신 곳을 뜻합니다. 즉 하나님의 나라, 천국입니다. 우리는 이것을 예수님께서 가르쳐주신 기도, 즉 주기도에서 분명히 알 수 있습니다. 주기도문은 어떻게 시작됩니까? "하늘에 계신 우리 아버지여"입니다.

그러므로 하늘에 보물을 쌓으라는 것은 결국 하나님께 보물을 쌓아야 된다는 뜻입니다. 그럼 하늘이신 하나님께서 지금 어디에 계십니까? 하나님은 고린도전서 3장 16-17절에서 "너희는 너희가 하나님의 성전인 것과 하나님의 성령이 너희 안에 계시는 것을 알지 못하느냐? 누구든지 하나님의 성전을 더럽히면 하나님이 그 사람을 멸하시리라 하나님의 성전은 거룩하니 너희도 그러하니라." 분명하게 하나님께서 계시는 성전이 성도 안에 있다고 말씀하시고 계십니다.

예수님은 하늘나라에 대하여 이렇게 말씀을 하셨습니다. "바리새인들이 하나님의 나라가 어느 때에 임하나이까 묻거늘 예수께서 대답하여 이르시되 하나님의 나라는 볼 수 있게 임하는 것이 아니요, 또 여기 있다 저기 있다고도 못하리니 하나님의 나라는 너희 안에 있느니라."(눅 17:20-21). 바로 바리새인들의 중앙에 서있는 예수님이 하늘나라이시라는 말씀입니다. 이 말씀을 좀 더 쉽게 설명한다면 예수님을 주인으로 영접한 사람 안에 계신다는 것입니다. 예수님을 주인으로 영접한 사람은 어떤 사람입니까? 예수를 믿을 때 죄인이던 자신은 죽고 다시 예수님으로 태어난 사람을 말합니다.

예수님으로 다시 태어났기에 예수님이 자신의 주인이십니다. 예수님이 자신의 주인으로 역사하시며 계시기에 지장이 없도록 보물을 쌓아야 합니다. 예수님께서 역사하실 수 있는 사람은 주님의 뜻과 일치된 마음과 몸을 가진 사람입니다. 마음과 몸이 예수님과 일치되는 일에 보물을 쌓으라는 것입니다. 자신이 생각하는 모든 보물이 예수님의 소유입니다. 자신의 모든 소유가 예수님이 주인이십니다. 자신 안에 예수님께서 주인으로 역사하시며 계실 수 있도록 마음과 몸을 변화시키는데 보물을 쌓아야 할 것입니다. 그래야 모든 소유가 하나님이시기 때문에 마귀와 귀신들이 얼씬하지 못하는 것입니다. 그래서 예수님께서 "오직 너희를 위하여 보물을 하늘에 쌓아 두라 거기는 좀이나 동록이 해하지 못하며 도둑이 구멍을 뚫지도 못하고 도둑질도 못하느니라."(마6:20) 강조하시는 것입니다.

많은 분들이 하늘을 바르게 깨닫지 못하여 보이는 하늘과 건물교회로 착각하는 목회자와 성도들이 있습니다. 그래서 모든 소유를 팔아서 건물교회에 바치라고 하는 목회자도 있습니다. 어떤 여 목사는 자기 교회 여성도가 이혼하여 집을 위자료로 받았는데, 하나님께서 과부의 두랩돈을 받으셨다고, 하나님께 바치면 축복해주신다고 감언이설로 속여서 집을 팔아 교회에 바치고 교회 안에서 기거한다고 들었습니다. 이는 완전한 사기인 것입니다. 그렇게 말함으로 믿음이 성숙되지 못한 성도들이 시험 거리를 만들고 있습니다. 아니 교회를 떠나게 하는 일도 있습니다. 성경에 아브라함이 모든 소유를 하나님께 바치고 빈궁하게 살았다고 되어있지 않습니다. 오히려 은과 금과 소유가 풍부했다고 말씀합니다. 바르게 행해야 합니다. 분명하게 교회는 예수를 믿은 성도입니다. 하나님께서 교회에 대하여 바르게 알려주셨습니다. 고린도전서 3장 16-17절에서 "너희는 너희가 하나님의 성전인 것과 하나님의 성령이 너희 안에 계시는 것을 알지 못하느냐? 누구든지 하나님의 성전을 더럽히면 하나님이 그 사람을 멸하시리라 하나님의 성전은 거룩하니 너희도 그러하니라." 분명하게 하나님께서 계시는 성전이 성도 안에 있다고 말씀하시고 계십니다.

   그런데 성전개념을 달리 생각하면 건물교회를 성전이라고 할 수도 있습니다. 여기에 대하여 하나님께서 분명하게 말씀하여 주셨습니다(행 17:24-25). 분명하게 하나님은 손으로 지은 전에 계시지 않는다고 말씀하십니다. 하나님은 만물을 친히 주시는 분이라고 말씀하십니다. 하나님은 영이시면서 인격이십니다. 상식적으로 생각해 보시기를 바랍니다. 인격이신 하나님께서 건물교회와 교통할 수가 없습니다. 인격체인 예수를 믿는 사람 안에 성전삼고 주인으로 계시는 것입니다. 그러니까, 예수님을 주인으로 영접한 성도들이 하늘나라입니다. 예수님께서 하늘나라이시기 때문입니다. "오직 너희를 위하여 보물을 하늘에 쌓아 두라."(마6:20上) 라고 말씀하시는 것은 모든 소유를 예수님께 돌리라는 말씀입니다. 하늘나라이신 예수님께 보물을 쌓으라는 것입니다. 예수님은 "네 보물 있는 그 곳에는 네 마음도 있느니라."(마 6:21). 예수님이 어디에 계십니까? 마음에 예수님이 계십니다. 하늘인 예수님께 보물을 쌓아두었습니다. 그래서 "네 보물 있는 그 곳에는 네 마음도 있느니라."(마 6:21). 말씀하시는 것입니다. 모든 소유를 예수님께 돌리고 보물을 사용할 때 주인이신 예수님의 승인을 받고, 마음과 몸이 주님과 인치되는 일에 보물을 사용해야 합니다.

　예수님께서 말씀하시는 보물은, 실제 보물 뿐 아니라, 보물로 여기는 모든 것을 말한다고 볼 수 있습니다. 재물, 소유, 직장, 사업, 건강, 시간, 마음, 그 외에 보물처럼 아끼고 사랑하는 사람도 포함됩니다. 이 모든 보물들을 자신 안에 성전에 계시는 예수님께서 주인으로 역사하실 수 있도록 쌓으라는 것입니다. 많은 목회자와 성도들이 예수만 믿으면 자동으로 마음과 몸이 하늘나라가 되는 것으로 이해하는 경우가 많습니다. 그러나 그렇지 못합니다. 예수만 믿으면 바로 "그런즉 누구든지 그리스도 안에 있으면 새로운 피조물이라 이전 것은 지나갔으니 보라 새 것이 되었도다."(고후 5:17). 가 이루어진다면 얼마나 좋겠습니까? 그렇게 쉽게 마음과 몸이 하늘나라로 바뀌지 못합니다. 그래서 아브라함은 25년 동안 연단의 훈련을 받았습니다. 야곱은 20년 동안 연단의 훈련을 받았습니다. 그래도 완전하게 변화되지 못하여 얍복강 가에서 하나님의 사자와 밤이

새도록 씨름하다가 허벅지 관절이 어긋나 장애인이 되고서야 무서운 형에서를 만나 화해하고 자유하게 되어 하나님의 말씀에 온전하게 순종하는 사람이 된 것입니다. 요셉은 13년, 다윗도 13년 모세는 40년이 걸렸습니다. 그렇기 때문에 그렇게 쉽게 하늘나라가 될 수가 없는 것입니다.

필자는 보물을 자신이 온전하게 하늘나라가 되는 일에 쌓아야 한다고 생각합니다. 예수님이 온전하게 자신을 통하여 일하시도록 자신을 준비하는 일에 보물을 쌓아야 합니다. 자신의 잠재의식을 정화해야 온전하게 예수님이 주인으로 일하실 수가 있습니다. 자신 안에 섞인 세상 것을 정화하고 배출하는 일에 보물을 사용해야 합니다. 자신 안을 정화하는 일이 말과 같이 쉽지 않습니다.

자신 안에 하나님의 나라가 견고해지기 위하여 주기적으로 영적 검진을 하고, 성령으로 세례를 받고, 성령의 지배와 장악되기 위하 관심을 집중하고, 잠재의식을 정화하기 위하여 내적치유를 하고, 육체적인 문제 혈통적인 문제를 해결하기 위하여, 진리를 성령으로 깨달아 알기 위하여 시간과 마음과 보물을 사용하라는 것입니다. 그리고 하늘나라 천국이 견고해지기 위하여 예배에 빠짐없이 참석하고, 기도생활을 하며, 진리의 말씀을 깨달아 아는데 시간과 마음과 물질을 사용하라는 것입니다. 자신의 잠재의식을 정화하고 세상적인 것을 배출하려면 시간과 마음과 물질을 사용해야 합니다. 그것도 상당한 기간 동안 관심을 집중해야 자신 안의 하나님의 나라가 견고해집니다.

많은 수의 목회자와 성도들이 자신이 하늘나라 되는 것이 자동으로 되는 것으로 생각하는 경향이 있습니다. 필자가 20년간 성령사역을 하면서 체험한 바로는 그렇게 말과 같이 쉬운 것이 아니더라는 것입니다. 자신의 내 외면이 온전하게 하나님의 나라가 되기 위해서는 관심이 아주 중요합니다. 관심을 가지고 자기 관리를 해야 합니다. 상당한 시간과 노력과 관심이 있어야 가능한 일입니다. 자신을 온전하게 예수님이 주인 되게 하는 일에 보물을 사용해야 합니다. 자신의 내면을 정화하려면 전문적인 치유가 필요할 경우도 있습니다. 전문적인 치유를 받으려면 시간을 내야 합니다. 가서 치유 받으면서 헌금도 해야 할 것입니다. 장소가 멀리 있다면 교통비도 들 것입니다. 숙박이 필요하면 숙박비도 식사비도 들것입니다. 이 모든 것이 하늘나라에 보물을 쌓는 일입니다. 의식을 바꾸어야 합니다. 꼭 건물교회에 십일조하고 헌금하고 봉사하는 것만이 하늘에 보물을 쌓은 일이 아닙니다.

　예수를 믿고 성령으로 거듭난 자신을 하늘나라 천국을 만들기 위해서 교회 건물이 필요하면 건축헌금을 하는 것입니다. 자신의 내면을 정화하려면 교회가 있어야 되기 때문입니다. 교회 건물을 짓는 것은 성도들의 마음이 하나님의 나라를 만들기 위해서 건축하는 것이 목적인 되어야 합니다. 먼저는 자신의 마음 안 성전(하늘나라 천국)을 견고하게 하는데 보물을 사용하는 것입니다. 예수님이 자신을 통하여 온전하게 나타나시는데 보물을 쌓으라는 것입니다. 자신 안은 성전이 되지도 않았는데 보이는 성전을 건축하는데 헌금하였다고 자신 안이 천국 되는 것이 아니라는 것을 깨달아 알아야 합니다.

말로만 먼저 구하는 것이 아니라, 실제로 하나님의 나라와 하나님의 의와 뜻을 위해, 내 보물들을 최우선적으로 쓰고 사용하고 헌신하는 것을 말합니다. 마음 안에 있는 하나님의 나라에 보물을 쌓으라는 말입니다. 모든 소유를 예수님께 돌리라는 말씀입니다. 내 보물의 용도를, 하늘에 먼저, 곧 최우선 순위를 두라는 것입니다. 하나님의 나라는 하나님이 통치하는 모든 영역을 말합니다. 하나님 왕국입니다. 예수를 믿는 자가 하나님의 나라 왕국입니다.

내 나라는 내가 통치하는 모든 영역을 말합니다. 내 왕국입니다. 대부분의 사람들은 내 왕국을 건설하기 위해 자기의 모든 보물을 쏟아 붓습니다. 그래도 모자란데 어디 보이지도 않는 하늘 왕국을 위해서 쏟으라고요? 하고 물을 것입니다. 말도 안 된다는 것입니다. 땅의 계산법으로, 땅의 경제학으로 풀면 당연한 결론입니다. 하늘에 보물을 쌓아 두는 것은 하늘의 경제학으로만 풀 수 있는 것입니다. 하나님은 그의 나라와 그의 의를 위해 최우선으로 그 보물을 쓰면, 네가 염려하고 구하는 모든 것을 더하여 주신다고 하십니다.

22장 세상적인 것을 찾아 제거하라.

(창 12:1-4)"여호와께서 아브람에게 이르시되 너는 너의 고향과 친척과 아버지의 집을 떠나 내가 네게 보여 줄 땅으로 가라 (2) 내가 너로 큰 민족을 이루고 네게 복을 주어 네 이름을 창대하게 하리니 너는 복이 될지라 (3) 너를 축복하는 자에게는 내가 복을 내리고 너를 저주하는 자에게는 내가 저주하리니 땅의 모든 족속이 너로 말미암아 복을 얻을 것이라 하신지라 (4) 이에 아브람이 여호와의 말씀을 따라 갔고 롯도 그와 함께 갔으며 아브람이 하란을 떠날 때에 칠십오 세였더라"

하나님은 우리가 세상에서 살되 세속에 바지지 말고 구별된 삶을 살아가기를 소원하십니다. 세속에 빠지지 말고 하늘에 속한 사람답게 하나님께 집중하면서 천국을 누리면서 하나님을 모신 성전으로 살기를 원하십니다. 그래서 하나님은 우리가 아담을 떠나기를 원하십니다. 구습을 쫓는 옛사람을 가지고는 하나님 나라를 이룰 수가 없습니다. 그래서 하나님은 아브라함을 부를 때 고향과 친척과 아버지의 집을 떠나라고 하신 것입니다. 성도가 고향과 친척과 아버지의 집을 떠나지 않았다면 아직 마귀의 종의 멍에를 벗지 못한 육신에 속한 그리스도인 이라고 볼 수가 있습니다. 예수를 믿었으면 세상을 나와야 합니다.

그리고 하나님에게 깊숙하게 들어가야 합니다. 하나님은 영이십니다. 고향과 친척과 아버지의 집은 옛사람 아담, 육입니다. 아담은 하나님을 만나면 죽습니다. 예수 십자가의 대속의 은혜를 믿고 성령으로 인도를 받아야 영이신 하나님과 교통할 수가 있습니다. 그래서 하나님은 이스라엘 사람들에게 애굽에서 삼일 길을 나와 나에게 희생을 드리라고 말씀했습니다. 세상에서 삼일 길쯤 나와서 하나님에게 깊숙하게 들어가시기를 바랍니다. 그러면 세상이 보이지 않기 때문에 마귀의 시험을 받지 않습니다. 세상에서 삼일 길쯤 나오면 마귀의 유혹에서 멀어질 수가 있는 것입니다.

첫째, 하나님께서 아브라함을 부르실 때 어떻게 부르셨나요? 창세기 12장 1절에 "여호와께서 아브람에게 이르시되 너는 너의 고향과 친척과 아버지의 집을 떠나 내가 네게 보여 줄 땅으로 가라" 하나님을 따르기 위해서는 치르는 대가가 있습니다. 먼저 옛 삶을 버리고 떠나야 되는 것입니다. 하나님께서 아브라함에게 그냥 내가 네게 복주고 복주며 창대하게 하고 창대하게 하리라고 말씀하지 아니하셨습니다. 먼저 떠나라 했습니다. 네 고향과 친척과 아버지의 집을 떠나라 했습니다. 마귀의 종 되었던 옛사람, 아버지 집을 떠나야 새 사람, 하늘의 사람으로 하나님과 영적 교통하며 살아갈 수가 있는 것입니다. 그러나 칠십 평생을 살아온 고향 친척 아버지의 집을 떠난다는 것은 쉬운 일이 아닙니다. 그러나 하나님이 축복해 주시기 전에 반드시 옛 삶을 청산하고 떠나야만 되는 것입니다.

아담으로부터 온 육신의 정욕, 안목의 정욕, 이 세상 자랑을 떠나야 되는 것입니다. 이 세상과 하나님 나라를 다 가질 수는 없습니다.

사람들은 육신의 정욕이나 안목의 정욕, 이 세상 자랑도 떠나지 않고 하늘나라도 함께 소유하고 싶어 하지만은 절대로 그런 일은 일어나지 않습니다. 인간의 육체로는 하나님과 교통할 수가 없기 때문입니다.

오늘날 많은 그리스도인들의 모습이 하나님과도 더불어 살고, 세상과도 함께 더불어 살겠다는 것입니다. 그래서 어떻게 하겠느냐. 하나님과 또 더불어 살고 세상도 더불어 살고 두 손을 다 번쩍 들고 예수를 믿고 살려고 하는 것입니다. 그러나 이 세상과 하나님 나라를 겸하여 가질 수는 없습니다. 하나님을 따르기 위해서는 세상을 버려야만 하는 것입니다.

아브라함이 고향 친척은 버렸는데 아버지의 집은 버리지 못했습니다. 그 아버지의 집이 뭡니까? 조카 롯입니다. 조카 롯은 아브라함의 막내 동생의 아들입니다. 막내 동생 하란이 일찍 죽었습니다. 고아가 된 그 조카를 아브라함은 자기 친아들처럼 집에서 길렀습니다. 다 버리고 떠나라고 했는데 고향 친척은 떠났는데 아비집인 조카를 버리지 못하고 조카를 데리고 떠났습니다. 이것이 아브라함에게는 큰 화근이 되었습니다. 왜냐하면 그가 가나안 땅에 갔을 때 가나안땅에 큰 흉년이 다가왔습니다. 우물물이 다 마르고 풀들이 다 탔습니다. 짐승 떼들은 다 굶어죽고 종들은 다 뿔뿔이 헤어져 도망을 치고 그래도 하나님이 가나안 땅에 가라 했으니 가나안 땅에 죽치고 앉아서 기도하고 믿어야 되겠는데 조카가 배고프다고 자꾸 징징 거리고 우니 아브라함은 그 조카에 대한 측은한 마음, 불쌍한 마음이 하나님의 명령을 듣는 것보다 앞서게 된 것입니다.

세상을 끼고 있으면 어려움을 당할 때 세상이 칭얼대면 사람들은 세상으로 끌려가게 되는 것입니다. 아브라함이 그 위대한 하나님의 부르심을 받았음에도 불구하고 칭얼거리는 조카에 대한 불쌍한 마음과 측은한 마음 때문에 그만 그 아내와 조카를 데리고 애굽으로 내려갔습니다. 애굽은 세상을 상징하는 것입니다. 애굽으로 내려가지 말아야 되는데 아브라함은 내려갔습니다. 그 결과 아내를 바로에게 뺏기고 패가망신하는 수치를 당하고 하나님이 도와주지 않았으면 아브라함은 애굽에서 다시 풀려나지 못했을 것입니다. 하나님의 긍휼과 자비를 받아서 애굽의 바로왕에게서 놓여나서 다시 가나안땅으로 올라왔는데 이 조카 때문에 또 문제입니다. 왜냐하면 아브라함이 짐승 떼가 많고 조카도 짐승 떼가 많은데 목초지는 많지 않고 물도 많지 않습니다. 그러니까 아브라함의 짐승의 목자들과 롯의 짐승의 목자들이 서로 목초지를 점령하려고 서로 물을 점령하려고 싸웠습니다. 애들 싸움이 어른싸움이 된다고 그 목동들의 싸움이 아브라함과 조카 롯의 싸움이 되었습니다.

　세상에 객지에 나와서 이제는 삼촌과 조카가 싸움이 벌어졌습니다. 창피하기 말로다 할 수 없습니다. 이게 떠날 것을 떠나지 않았기 때문에 당한 끝없는 고통이었습니다. 그래서 아브라함이 결단을 내렸습니다. "하나님 말씀을 이제 순종해야 되겠다. 내 고향 친척 아버지의 집을 떠나라고 했는데 이제는 아버지의 집이 조카를 떠나보내야 되겠다." 그래서 창세기 13장 9절로 11절에 아브라함이 말했습니다. "네 앞에 온 땅이 있지 아니하냐 나를 떠나라 네가 좌하면 나는 우하고 네가 우하면 나는 좌하리라 이에 롯이 눈을 들어 요단들을 바라본즉 소알까지 온 땅에 물이 넉넉하니 여호와께서 소돔과 고모라를 멸하시기 전이었는고로 여호와의 동산 같고 애굽 땅과 같았더라 그러므로 롯이 요단 온 들을 택하고 동으로 옮기니 그들이 서로 떠난 지라" 비로소 떠났습니다. 비로소 아브라함은 고향 친척 아버지의 집을 완전히 떠나게 되었습니다. 그러자 마지막 아버지의 집을 버렸을 때 하나님께서 복을 주셨습니다.

창세기 13장 14절로 17절 보겠습니다. "롯이 아브람을 떠난 후에 여호와께서 아브람에게 이르시되 너는 눈을 들어 너 있는 곳에서 북쪽과 남쪽 그리고 동쪽과 서쪽을 바라보라 (15) 보이는 땅을 내가 너와 네 자손에게 주리니 영원히 이르리라 (16) 내가 네 자손이 땅의 티끌 같게 하리니 사람이 땅의 티끌을 능히 셀 수 있을진대 네 자손도 세리라 (17) 너는 일어나 그 땅을 종과 횡으로 두루 다녀보라 내가 그것을 네게 주리라"

마지막 아버지의 집을 버렸을 때 하나님이 복을 주셨습니다. 아버지의 집인 롯을 끼고 있을 때는 내내 시험과 환난과 고통이 떠나지 않았습니다. 우리가 썩은 것을 가지고 다니면 항상 똥파리가 따라오는 것입니다. 아무리 쫓아도 썩은 것을 가지고 있으면 똥파리가 따라 오지요. 아담이 마귀에게 내어준 세상을 끼고 있으면 항상 마귀가 따라옵니다. 아무리 사탄아 물러가라 해도 세상을 내가 끼고 있으니 세상은 마귀에게 속했으므로 마귀가 따라 옵니다.

창세기 12장 2절로 3절에 아브라함이 세상을 버리니 고향 친척 아버지의 집을 떠나 버리고 난 다음에야 "내가 너로 큰 민족을 이루고 네게 복을 주어 네 이름을 창대하게 하리니 너는 복이 될지라.

너를 축복하는 자에게는 내가 복을 내리고 너를 저주하는 자에게는 내가 저주하리니 땅의 모든 족속이 너로 말미암아 복을 얻을 것이라 하신지라"고 말한 것입니다. 하나님은 아브라함이 고향 친척 아버지의 집을 떠나니까 큰 민족을 이루게 하시고 이름을 창대케 하시고 복의 근원이 되게 하시고 그를 축복하는 자에게는 복을 주고 저주하는 자에게는 저주하시고 땅의 모든 족속이 그로 인하여 복을 받도록 하나님이 허락해 주신 것입니다.

둘째로, 우리 예수님의 생애를 보십시다. 예수님은 죄악 된 세상의 인생을 구원한다는 큰 하나님의 역사를 이루기 위해서는 천국을 버려야 되었습니다. 예수님이 천국에 그대로 계시면서 이 땅을 구원할 수 없어요. 천국의 그 영광과 보좌와 그 권세를 다 버리고 초라한 나사렛 동리의 처녀 마리아의 몸을 빌려서 사람으로 태어나야 되었습니다. 엄청난 희생입니다. 성경은 요한복음 1장 1절에 "태초에 말씀이 계시니라 이 말씀이 하나님과 함께 계셨으니 이 말씀은 곧 하나님이시니라"고 했습니다. 예수님은 하나님의 말씀이요, 하나님입니다. 하나님이 세상을 이처럼 사랑하사 독생자를 주셨으니 이는 누구든지 저를 믿으면 멸망하지 않고 영생을 얻으리라. 세상으로 왔습니다. 천국의 영광과 권세와 그 보좌를 버려야만 되는 것입니다. 그러지 않고는 사람을 구원하러 오실수가 없습니다.

또한 예수님은 인생을 구원하기 위하여 세상을 버려야 되었습니다. 세상에 오셨으나 세상을 버려야만 했던 것입니다. 마귀가 광야에서 세상을 받아들이도록 유혹했습니다. 식욕을 받아들이도록 유혹했으나 예수님은 하나님 앞에서 식욕을 버렸습니다. 명예욕으로 세상을 끌어 들이려고 했으나 하나님 앞에서 명예욕을 버렸습니다. 나중에는 세상 권세와 영광으로 유혹했습니다. 마귀도 자기를 따르는 사람에게 이 세상에서는 세상 권세와 부귀영화를 주는 것입니다. 그러나 예수님은 그것도 버렸습니다.

마태복음 4장 8절로 10절에 "마귀가 또 그를 데리고 지극히 높은 산으로 가서 천하만국과 그 영광을 보여 가로되 만일 내게 엎드려 경배하면 이 모든 것을 네게 주리라 이에 예수께서 말씀하시되 사단아 물러가라 기록되었으되 주 너의 하나님께 경배하고 다만 그를 섬기라 하였느니라" 예수님은 단호하게 육신의 정욕, 안목의 정욕, 이 세상 자랑을 버려 버렸습니다. 그렇기 때문에 예수님은 전혀 마귀의 유혹을 받지 않았습니다. 예수님이 세상에 계시나 세상은 예수 그리스도 안에 들어올 수가 없었습니다. 예수님은 인간에게 천국을 주시기 위하여 당신의 생명을 버려야 되었습니다. 당신의 생명을 재물로 내어주지 않고는 세상의 영혼들을 구원할 수가 없었기 때문인 것입니다. 주님도 삶의 애착을 가지셨습니다. 완전한 하나님이 완전한 사람으로 오신이상 사람이라면 다 살고 싶어 하지요. 생명에 애착이 없는 사람 누가 있습니까?

누가복음 22장 39절로 42절에 보면 "예수께서 나가사 습관을 좇아 감람산에 가시매 제자들도 좇았더니 그곳에 이르러 저희에게 이르시되 시험에 들지 않기를 기도하라 하시고 저희를 떠나 돌 던질 만큼 가서 무릎을 꿇고 기도하여 가라사대 아버지여 만일 아버지의 뜻이어든 이 잔을 내게서 옮기시옵소서 그러나 내 원대로 마옵시고 아버지의 원대로 되기를 원하나이다 하시니"

이 잔이란 세상 사람을 위해서 죄짐을 짊어지고 십자가에 죽는 것인데 하나님의 뜻이면 나를 죽지 않게 해달라고 기도했습니다. 그러나 생명의 애착을 주님은 나중에 버리셨습니다. 인류를 구원하기 위해서 구원의 큰 역사가 일어나기 위해서는 주님이 생명을 버려야만 했습니다. 주님도 살고 세상을 살리지는 못했습니다. 세상의 죄를 짊어지고 죽으셔야 세상을 살릴 수가 있었습니다.

누가복음 22장 42절에 "가라사대 아버지여 만일 아버지의 뜻이어든 이 잔을 내게서 옮기시옵소서 그러나 내 원대로 마옵시고 아버지의 원대로 되기를 원하나이다 하시니" 그래서 아버지의 원대로 십자가에 자기 몸을 내어 놓고 못박혀 죽으셨던 것입니다.

빌립보서 2장 5절로 8절에 보면 이와 같이 자기를 버리시므로 말미암아 하나님이 지극히 큰 축복을 주신 것을 기록하고 있는 것입니다. 우리 빌립보서 2장 5절로 8절을 보십시다. "너희 안에 이 마음을 품으라 곧 그리스도 예수의 마음이니 그는 근본 하나님의 본체시나 하나님과 동등됨을 취할 것으로 여기지 아니하시고 오히려 자기를 비어 종의 형체를 가져 사람들과 같이 되었고 사람의 모양으로 나타나셨으매 자기를 낮추시고 죽기까지 복종하셨으니 곧 십자가에 죽으심이라"

그러므로 버리심으로 얻은 축복은 뭡니까? 주님이 십자가에서 당신의 목숨을 버리면 그로써 망했습니까? 하늘나라는 하나님께 순종해서 버리고 떠나면 하나님의 축복으로 채워 주시는 것입니다. 세상의 것을 떠나고 버려야 하나님의 축복을 부어 주실 수가 있는 것입니다.

빌립보서 2장 9절로 11절에 보면 "이러므로 하나님이 그를 지극히 높여 모든 이름 위에 뛰어난 이름을 주사 하늘에 있는 자들과 땅에 있는 자들과 땅 아래 있는 자들로 모든 무릎을 예수의 이름에 꿇게 하시고 모든 입으로 예수 그리스도를 주라 시인하여 하나님 아버지께 영광을 돌리게 하셨느니라" 하늘의 영광을 버리고 하나님의 뜻에 따라 십자가에서 죽으신 예수님이 이제는 만왕의 왕, 만주의 주가 되어서 온 우주와 만물을 다스리는 역사를 나타내고 보좌에 앉아 계신 것입니다. 하늘의 복을 받기 위하여 하나님의 뜻에 순종하시기를 바랍니다.

셋째, 우리가 하나님을 따르기 위해서는 어떻게 해야 될까요? 우리도 마찬가지입니다. 아브라함처럼 예수 그리스도의 모범을 따라서 세상을 버려야 하는 것입니다. 세상을 사랑하고 세상을 섬기면 하나님과는 관계가 없습니다. 이 세상은 타락한 곳입니다. 아담과 하와가 하나님을 저버리고 멀리멀리 떠난 곳이 세상입니다. 세상에는 하나님도 계시지 않고 예수님도 계시지 않습니다. 세상 사람들은 살면서 1초도 예수님이나 하나님을 생각하지 않습니다. 세상은 마귀에게 잡혀 있습니다. 온 세상은 악한 자에게 속해 있는 것입니다. 그러므로 이 세상을 우리가 사랑하고 세상을 섬기면 하나님과 예수와는 아무관계도 없는 것입니다.

요한일서 2장 15절로 17절에 "이 세상이나 세상에 있는 것들을 사랑치 말라 누구든지 세상을 사랑하면 아버지의 사랑이 그 속에 있지 아니하니 이는 세상에 있는 모든 것이 육신의 정욕과 안목의 정욕과 이생의 자랑이니 다 아버지께로 좇아 온 것이 아니요 세상으로 좇아 온 것이라 이 세상도, 그 정욕도 지나가되 오직 하나님의 뜻을 행하는 이는 영원히 거하느니라"고 말한 것입니다.

담대하게 자기 십자가를 짊어지고 세상에 대하여 죽어야 되는 것입니다. 십자가는 죽는 것입니다. 십자가는 죽음의 십자가입니다. 어떠한 사람은 자기 남편이 십자가입니다. 믿음 생활하는 것을 괴롭히지요. 왜 그렇습니까? 남편이 십자가가 되어서 자신이 십자가에서 죽어 세상사랑, 남편에게서 자유로워지라는 것입니다. 십자가는 고통스럽고 나중에는 못박혀 죽는 괴로움이 따르는 것이지요. 어떤 사람은 아내가 십자가입니다. 너무 남편을 괴롭히고 고통스럽습니다. 그러나 하나님은 그 아내를 통해서 세상에 대해서 못박혀 죽고 하나님께 대해서 살라고 명령하신 것입니다. 우리에게 다 십자가가 있습니다. 예수님도 십자가를 짊어졌는데 우리에게 십자가 없을 턱이 없습니다. 십자가 없이는 세상이 안 죽습니다. 그러므로 남편이 혹은 아내가 자식이 이웃을 통하여 생활에 십자가 다가올 때 벗으려고 하지 마십시오. 십자가 벗으려는 것은 세상을 끌어 들이려는 것입니다. 십자가에 매달려서 죽으면 세상은 떠나가고 하늘나라가 다가오게 되는 것입니다.

마태복음 10장 37절로 39절에 "아비나 어미를 나보다 더 사랑하는 자는 내게 합당치 아니하고 아들이나 딸을 나보다 더 사랑하는 자도 내게 합당치 아니하고 또 자기 십자가를 지고 나를 좇지 않는 자도 내게 합당치 아니하니라 자기 목숨을 얻는 자는 잃을 것이요 나를 위하여 자기 목숨을 잃는 자는 얻으리라" 갈라디아서 2장 20절에 "내가 그리스도와 함께 십자가에 못 박혔나니 그런즉 이제는 내가 산 것이 아니요 오직 내 안에 그리스도께서 사신 것이라 이제 내가 육체 가운데 사는 것은 나를 사랑하사 나를 위하여 자기 몸을 버리신 하나님의 아들을 믿는 믿음 안에서 사는 것이라"

빌립보서 1장 21절에 "이는 내게 사는 것이 그리스도니 죽는 것도 유익함이니라"고 말한 것입니다. 자기를 버린다는 것 이것 굉장히 힘든 일이지만은 그러나 그렇게 하는 것이 진짜로 사는 것입니다. 세상에 있는 자기를 버리면 하늘나라에 있는 새로운 자기를 발견하게 되는 것입니다.

예수 믿는 사람은 그 나일강을 떠나서 가나안땅 예수 믿는 품으로 돌아오면, 우리는 그 나라와 그 의를 먼저 구하면 하나님이 복을 주어서 사는 것입니다. 세상이 주는 복이 아닙니다. 하나님이 주는 복을 받아서 사는 것입니다. 그러므로 세상이 주는 복과 하나님이 주는 복이 따로 있습니다. 하나님의 복을 받고 천국 가는 사람은 세상과 겸하여 하나님을 섬길 수는 없습니다. 세상을 섬긴다는 것은 마귀를 섬기는 것입니다. 세상 마귀를 섬기면 마귀를 통하여 환란과 고통만 다가오는 것입니다. 그렇기 때문에 세상을 섬기지 말라는 것입니다. 우리가 하나님 내 뜻대로 해주시옵소서. 그렇게 된다면 하나님은 자신을 섬기는 종이 되어야 되는 것입니다. 하나님 뜻대로 살기 위해서는 여러분 자신을 하나님께 내어 놓아야 되는 것입니다.

고아의 아버지 조지 뮬러는 오직 기도로 말미암아 남에게 부탁하지 아니하고 하나님의 은혜를 받아서 3천여 명의 고아들을 먹이고, 입히고, 성장시켰습니다. 여러분 자기 자식 한두 해도 키우기도 힘든데 3천명의 고아를 먹이고, 입히고, 교육시키고, 성장시키는 것 쉬운 일이 아니지요. 무슨 재산이 있는 것도 아니고 사업을 한 것도 아닙니다. 오직 기도를 통해서. 이 조지 뮬러는 이런 말을 했습니다. "나는 어느날 죽임을 당하였다. 나에 대하여 죽었고, 나의 의견에 대하여 죽었고, 나의 선택에 대하여 죽었고, 내가 좋아하는 것에 대하여 죽었고, 나의 의지에 대하여 죽었고, 세상에 대하여 죽었고, 세상의 칭찬과 책망에 대하여 죽었고, 심지어 친구와 형제들에 대하여 죽었다. 나는 오직 하나님께 대하여만 살아있다." 하나님께 대하여만 살아 있으니 하나님이 그를 통하여 이 위대한 일을 이룰 수가 있었던 것입니다.

  황금의 혀를 가진 위대한 스펄존은 말하기를 "헌신은 자신에 대한 소유권을 하나님께 드리는 것이다. 그렇기 때문에 진정한 헌신자는 더 이상 자신을 자신의 소유로 보지 않고 하나님의 소유로 보게 된다." 소유권 이전입니다. 소유권을 내가 가지고서 하나님을 믿으면 하나님과 늘 다투게 되지요. 소유권을 하나님께 넘겨 버리면 하나님과 나와 싸울 필요 없잖습니까? 야곱이 자기중심으로 살 때에는 얍복강에서 하나님과 씨름하여 허벅지 관절이 어그러졌습니다. 자기 자신을 하나님께 내어 맡겼을 때는 하나님이 야곱을 위해서 일해 주고 살아준 것입니다. 오늘날도 하나님께서는 우리를 위해서 일해주시고 살아주시기를 원하시는 것입니다. 그러나 그 조건은 자신의 소유권을 하나님께 내어 맡겨야 되는 것입니다.

세상복은 마귀를 쫓아오지만 하늘나라의 복은 예수님을 쫓아오시는 것입니다. 예수 믿는 사람이 예수를 믿는다고 하면서 세상 복을 받으려고 하면 이것도 저것도 다 잃어버리고 마는 것입니다. 우리가 단호하게 십자가를 짊어지고 주님 중심으로 서 나가면 하나님이 우리와 함께 살아주시는 것입니다. 이스라엘 백성은 농사 안지어도 하늘에서 만나가 와서 먹고 살았습니다. 의사가 없어도 기적으로 40년 동안 광야를 방황해도 병들지 않았습니다. 하나님은 전지, 전능, 무소부재하신 하나님이신 것입니다. 하나님께 능치 못하심이 없습니다. 하나님은 온 땅을 두루 살피사 진심으로 자기를 찾는 자에게 복을 주시기 위해서 기다리고 계신 것입니다. 자신을 전폭적으로 하나님에게 드리시기를 바랍니다. 자신의 모든 소유를 하나님에게 양도하여 하나님이 마음대로 사용하게 하시어 하나님의 복을 받는 모두가 되시기를 축원합니다.

5부 가난청산 부자 되는 영적비결

23장 부자가 되기 위한 영적인 조치

(출34:7)"인자를 천대까지 베풀며 악과 과실과 죄를 용서하리라 그러나 벌을 면제하지는 아니하고 아버지의 악행을 자손 삼사 대까지 보응하리라"

영적인 일은 관심이 중요합니다. 관심이 있어야 보이지 않은 영적인 면이 열리기 때문입니다. 질병으로 고통을 당해보아야 건강에 관심을 가지고 관리를 합니다. 이와 마찬가지로 영육으로 고통을 당해보아야 영적인 문제에 관심을 가지고 예방하려고 하는 것입니다. 필자는 예방 신앙을 많이 강조합니다. 사전에 예방하여 불필요한 고통을 당하지 말자는 것입니다.

교회에 다니는 사람들을 보면 이해지 못할 삶을 사시는 분들이 있습니다. 예들 든다면 형제가 다섯인데 모두 예수를 믿지 않고 자신이 혼자 예수를 믿는 사람이 있습니다. 그런데 문제는 예수를 믿는 자신이 환경이 제일 좋지 않다는 것입니다. 그러면서 저는 예수를 믿으면서도 왜 이렇게 사느냐고 하소연하는 분들이 있습니다. 이는 이렇습니다. 첫째는 예수를 믿는 자신이 열심히 해야 하나님의 복을 받는다는 신앙생활을 하는 경우와, 많이 알면 성령 충만하고 믿음이 있다는 것으로 알고 신앙생활을 하는 종교인이기 때문입니다. 쉽게 설명하면 인간적인 면에 치중하는 종교생활을 하기 때문입니다. 둘째는 율법적인 믿음 생활을 하기 때문입니다. 마치 유대인과 같은 종교인입니다. 율법적인 믿음 생활은 아무리 오래해도 살아계신 하나님께서 자신을 장악하지 못합니다. 셋째로 신에게 잘 보이고 잘 섬겨서 복을 받는 다는 샤머니즘의 믿음생활을 하기 때문입니다. 열심히 봉사하고 철야하면 하나님께서 감동하셔서 잘되게 하신다는 신앙입니다. 이런 샤머니즘의 신앙의 잔재가 지금 교회에 많이 있습니다. 이 모두 성령의 역사와 거리가 먼 신앙생활입니다.

그럼 어떡해야 지금 천국과 아브라함이 복을 받으면서 하나님의 군사로 쓰임을 받습니까? 성령의 인도를 받아 살아계신 하나님이 자신의 심령에 주인으로 계셔야 합니다. 쉽게 설명한다면 자신 안에 성전이 견고하게 지어져야 한다는 말입니다. 하나님께서 주인이 되셔야 합니다. 성령으로 세례를 받고 성령의 인도를 받으면서 성령이 지배를 받아야 합니다. 그래서 천국이 되어야 합니다. 그래야 다른 형제간보다 잘 되지 못하게 방해하는 세력이 물러갑니다. 이렇게 깨닫고 성령으로 지배받는 믿음 생활로 전환하여 3년만 싸우면서 마음안의 성전을 견고하게 건축하고, 가정이 천국이 되면 다른 형제들보다 월등하게 축복받는 생활을 하게 됩니다. 보이는 성전이 아니고 마음 안에 성전입니다. 알아야 될 것은 가계치유 한답시고 저주 끊는 기도나 하고, 귀신이나 쫓아내는 믿음 생활로는 절대로 반전되지 않습니다. 아마 죽을 때까지 저주 끊고 귀신 쫓아내다가 인생 끝날 수도 있습니다. 자신 안에 하나님의 나라가 견고하게 지어지지 않으면 헛것입니다. 바르게 알고 믿음 생활하여 지금 천국과 아브라함의 복을 받으면서 군사로 쓰임을 받아가 주님이 오라고 부르시면 영원한 천국으로 들어가는 것입니다. 이것이 우리 예수를 믿는 자들을 행한 하나님의 뜻입니다.

첫째, 가난의 원인을 바르게 깨달으라. 대대로 가난하게 하는 원인은 죄입니다. 죄는 타락이며, 하나님의 말씀에서 벗어나는 것입니다. 즉 죄란 하나님의 말씀에 불순종하는 것입니다. 하나님의 말씀을 믿지 않고 마귀나 사람의 말을 믿은 것이 죄악입니다. 하나님은 "내 양은 내 음성을 들으며 나는 그들을 알며 그들은 나를 따르느니라(요10:27)" 하시며 분명하게 말씀하셨습니다. 그리고 "문지기는 그를 위하여 문을 열고 양은 그의 음성을 듣나니 그가 자기 양의 이름을 각각 불러 인도하여 내느니라(요10:3)" 하셨습니다. 그리고 "나의 계명을 지키는 자라야 나를 사랑하는 자니 나를 사랑하는 자는 내 아버지께 사랑을 받을 것이요, 나도 그를 사랑하여 그에게 나를 나타내리라(요14:21)" 하나님의 말씀을 지키는 자라야 하나님을 사랑하는 자라고 했습니다. 그런데 아담 이후 모든 인간은 이런 하나님의 말씀에 순종하지 않고 아담과 같은 불순종이 습관이 되어있습니다. 즉 죄악에 익숙해 있는 것입니다. 그래서 불순종과 죄악을 해결하려면 고통스럽더라도 회개하고 불순종의 습관을 깨뜨려야 진정 하나님의 은혜 속에 들어가게 되는 것입니다.

조상의 불순종으로, 그래서 하나님의 진노 아래에 살면서도 스스로는 은혜 속에 있는 줄로 아는 것이야말로, 오늘날의 크리스천들에게 있어서 가장 비참한 착각입니다. 말씀과 성령으로 충만하여 영의 눈을 떠야 합니다. 그리고 이 불순종의 죄 성을 찾아서 성령의 임재가운데 찾아서 회개하여 변화시켜야 합니다. 우리 속에 있는 불순종을 성령의 능력으로 깨뜨리지 않고서는 하나님의 은혜 안으로 깊이 들어갈 수가 없습니다. 예수 믿고 교회에 들어와서 꼭 한번은 이 조상들의 불순종을 타고 들어와 자신을 괴롭히는 가난 마귀 저주 문제를 성령의 능력으로 해결해야 합니다. 성령의 임재가운데 무의식과 잠재의식에 형성된 가난의 근본을 찾아서 회개도 하고 용서도 해야 합니다. 분명하게 불순종의 죄악을 회개하고 마귀의 가난 저주를 끊고 악한 귀신을 대적해야합니다. 그리고 하나님의 성령을 가득히 채워야 합니다.

둘째, 살아있는 성령의 역사가 있어야 한다. 가난의 근본은 무의식과 잠재의식에 숨어있습니다. 무의식과 잠재의식에 숨어있는 가난의 근본원인은 하나님의 말씀대로 살지 못한 죄 때문에 생긴 것입니다. 죄는 영의차원에 문제가 생기게 하는 것입니다. 이를 해결하려면 반드시 영의 차원에서 해결이 되는 것입니다. 그래서 성령의 역사가 일어나야 영의차원의 문제를 해결할 수가 있다는 것입니다. 영의차원은 사람의 무의식과 잠재의식이라고 생각하면 쉽습니다. 사람이 아무리 능력이 있고 대단해도 무의식 잠재의식의 문제는 해결할 수가 없는 것입니다. 그래서 가난에서 영원히 해방이 되려면 성령을 세례를 받아야 합니다. 성령으로 세례를 받아 성령님이 자신의 영-혼-육체의 전인격을 장악해야 무의식에서 숨어서 역사하는 가난의 근본이 정체를 드러내기 시작을 하는 것입니다. 일반적으로 하는 가난을 끊는 기도문이나 외우고 감정을 건드려서 물병이나 두드리는 차원을 넘어서, 성령의 임재가운데 영의차원에서 문제를 해결해야 근본이 없어지는 것입니다. 가난을 끊는 기도문을 외우는 것은 지극히 순간적이고 임시방편에 불과한 것입니다. 마음에 안심을 가지게 하는 소극적인 행동에 불과한 것입니다. 가난은 자신이 생명의 말씀과 성령으로 바뀌어야 해결이 되는 것입니다.

다시 말해서 성령으로 충만한 영의차원에서 원인을 찾아 해결해야 근본적인 가난이 해결이 되는 것입니다. 예수를 믿었으니 가난과 상관이 없다. 이것은 정말로 큰 문제를 야기하는 것입니다. 자범죄에 역사하면서 가난으로 저주하기 때문에 반드시 자신이 찾아서 해결해야 합니다. 우리 성도들은 담임목사의 말을 하나님의 말씀이라고 믿어버리기 때문입니다. 예수를 믿었으니 새사람이다. 가난은 없다. 예수 이름이 있으므로 가계에 저주하는 귀신이 얼씬도 못한다. 이런 말은 한마디로 영적인 세계를 모르는 무지에서 비롯된 것입니다. 반드시 성령으로 세례를 받아 성령께서 전인격을 장악하는 영적인 생활을 해야 합니다.

셋째, 사람의 말에 현옥되지 말라. 분명하게 가난에서 해방을 받으려면 종교적인 신앙생활에서 탈피해야 합니다. 종교적인 신앙생활이란 말씀을 지식적으로 알고 습관적인 행위로 예배를 드리고, 자신의 생각으로 기도하는 것을 말합니다. 자기만 인정하고 자기만 알아주는 믿음의 행위로 자기만족을 누리는 생활입니다. 이런 종교적인 신앙생활로는 절대로 가난에서 해방이 될 수가 없습니다. 가난을 일으키는 존재는 보이지는 않으나 살아있는 실제적인 존재입니다. 가난을 일으키는 살아있는 존재는 사람의 힘으로는 어찌할 수 없는 강한자입니다. 이 존재들보다 강한 자가 자신을 점령해야 물러가기 시작을 하는 것입니다. 그러므로 가난에서 해방이 되려면 하나님께서 자신의 전인격(영-혼-육)을 장악해야 합니다. 예수를 믿어 자신 안에 들어오신 성령님이 자신의 영-혼-육의 전인격을 지배해야 가난의 저주를 일으키는 살아있는 존재가 물러가기 시작을 하는 것입니다.

좀 더 쉽게 설명한다면 자신이 생명의 말씀과 성령으로 바뀌어야 한다는 것입니다. 많은 목회자들이 예수를 믿고 교회에 나와서 예배에 빠지지 않고 열심히 드리고, 새벽기도 잘하고, 봉사 잘하고, 십일조 잘 드리고, 신구약 성경을 많이 알면 가난에서 해방이 된다고 합니다. 필자는 이렇게 설교하시면서 목회하신 분들이 은퇴하고 불면증으로 잠을 자지 못한다고 하소연을 하시는 분들을 많이 봅니다. 자신이 목회할 때 교회에는 예수님의 이름이 있기 때문에 귀신이 없다. 교회에 무슨 귀신이 있느냐? 교회에서 귀신을 거론하는 것은 무속신앙이다. 하면서 목회를 했는데 은퇴를 하고 3년째 불면증에 시달리면서 깨달은 것은 귀신이 있다는 것입니다. 귀신이 자신을 잠을 자지 못하게 한다는 것입니다. 그러면서 한방에 귀신을 쫓아낼 수가 없느냐고 질문을 합니다.

　필자는 이렇게 대답을 합니다. 저도 40대에 목사님과 같은 경우를 당했습니다. 3년이 넘는 기간을 잠을 제대로 자지 못하면서, 성령으로 기도하면서, 귀신과 싸워서 해방이 되었습니다. 목사님은 연세가 있으셔서 더 많은 시간이 필요합니다. 한방에 귀신을 쫓아내지 못합니다. 물론 한방에 될 수도 있습니다. 그러나 무의식 잠재의식에 숨어있는 가난의 근본은 해결이 안 되는 것입니다. 재정에 저주하는 것들은 보이지는 않으나 살아있는 실체입니다. 이들은 사람보다 강한 존재들입니다. 반드시 살아있는 성령의 역사가 있어야 정체를 폭로하고 떠나가기 시작을 합니다.

넷째, 자신이 하늘의 사람으로 바뀌려고 하라. 요즈음 성도들이 자신의 육적이나 정신적으로 편안하게 이성적으로 은혜 받으면서 믿음생활을 하려고 합니다. 가난으로 고통을 당하는 분들도 쉽게 편안하게 가난을 해결하려고 합니다. 다시 말해서 다른 능력자의 힘을 빌려서 가난을 끊으려고 합니다. 자칭 능력이 있다는 분들이 자신이 기도하면 가난이 끊어진다고 감언이설로 속입니다. 순진한 성도들과 목회자들이 이런 사람의 말에 현혹이 되어서 자신의 재정에 역사하는 가난을 다른 사람의 힘을 빌려서 해결하려고 합니다. 그리고 가난을 끊는 기도문을 줄줄 외우면 가난이 끊어지는 줄로 착각하고, 주문을 외우는 것과 같이 기도문을 외웁니다. 죄송합니다만 이렇게 기도문을 외운다고 가계에 저주하는 귀신이 물러가지 않습니다. 이렇게 세상에서 삶을 마감하고 죽을 때까지 떠나가라. 떠나가라. 해도 가난에서 해방이 안 됩니다. 인간적인 차원에서는 재정에 저주하여 가난하게 하는 살아있는 존재들이 꿈적하지도 물러가지도 않기 때문입니다. 가난을 일으키는 존재들은 살아있는 존재이면서 무의식과 잠재의식에 숨어서 역사합니다. 이들은 사람보다 강한존재들입니다. 기도문을 외운다고 자신보다 강한 존재가 꿈적이나 하겠습니까? 오히려 더 악랄하게 역사할 지도 모릅니다. 보이지 않기 때문에 더 강하게 역사해도 알아낼 도리가 없는 것입니다. 자꾸 보이는 면만 가지고 문제를 해결하려고 합니다.

다른 사람을 이용해서 가난을 끊은 것도 마찬가지입니다. 자기 안에서 성령의 권능이 나오지 않기 때문에 설령 떠나갔다고 하더라도 다시 들어옵니다. 자신이 하나님의 나라가 되지 않아 여전하게 땅의 사람이기 때문입니다. 그럼 어찌해야 할까요? 자신이 성령으로 세례를 받고 마음 안에 계신 하나님께서 자신의 영-혼-육을 지배하게 해야 합니다. 자신의 마음 안에 계신 하나님을 주인으로 인정해야 합니다. 관심을 가지고 자신 안에 성령님께서 전인격을 지배 받기 위하여 노력을 해야 합니다. 특별한 사람에게 의지하여 가난을 끊으려고 하지 말고 자신이 특별한 사람, 성령의 지배를 받는 사람이 되려고 해야 합니다.

예수를 믿은 성도는 모두 특별한 사람들입니다. 자신 안에 하나님이 임재 하여 계시기 때문입니다. 자신의 마음이 하나님께서 계시는 성전이기 때문입니다. 자신 안에 계신 하나님께서 혼과 육체를 점령하여 밖으로 나오시기 해야 합니다. 일반적으로 성도들에게 임재하신 성령님께서 주무시는 경우가 많습니다. 자신 안에 임재하신 성령님이 주무시기 때문에 종교인이 되는 것입니다. 자신 안에 계신 성령님께 관심을 가지고 부르짖고 찾아서 성령님이 잠에서 깨어나시게 해야 합니다. 마치 예수님이 거라사인의 지방에 군대 귀신들린 자를 구원하시려고 갈릴리 호수를 지날 때에 제자들이 예수님께 관심을 두지 아니하고 자기들끼리 세상이야기를 할 때 주님이 주무신 것과 같은 이치입니다.

　성경은 이렇게 말하고 있습니다. "그 날 저물 때에 제자들에게 이르시되 우리가 저편으로 건너가자 하시니, 그들이 무리를 떠나 예수를 배에 계신 그대로 모시고 가매 다른 배들도 함께 하더니, 큰 광풍이 일어나며 물결이 배에 부딪쳐 들어와 배에 가득하게 되었더라. 예수께서는 고물에서 베개를 베고 주무시더니 제자들이 깨우며 이르되 선생님이여 우리가 죽게 된 것을 돌보지 아니하시나이까 하니, 예수께서 깨어 바람을 꾸짖으시며 바다더러 이르시되 잠잠하라! 고요하라! 하시니 바람이 그치고 아주 잔잔하여지더라. 이에 제자들에게 이르시되 어찌하여 이렇게 무서워하느냐 너희가 어찌 믿음이 없느냐 하시니, 그들이 심히 두려워하여 서로 말하되 그가 누구이기에 바람과 바다도 순종하는가 하였더라(막4:35-41)" 성도들도 마찬가지입니다. 예수님이 자신 안에 주인으로 임재하여 계셔도 찾지 아니하고 관심을 두지 아니하면 자신의 삶에 일진광풍이 일어날 수도 있는 것입니다. 그렇기 때문에 자신 안에 예수님이 주무시지 못하도록 관심을 가지고 찾아야 합니다. 자신 안에 계신 주님과 관계를 열어야 합니다. 자신 안에 계신 예수님을 찾고 찾아야 합니다.

많은 성도들이 영의통로를 열겠다고 능력자에게 안수를 받습니다. 사람을 의지하여 영의통로를 열겠다는 것입니다. 그러나 하나님은 자신과 직접적인 관계를 열기를 소원하십니다. 다른 사람을 이용해서 어느 정도까지는 될 수가 있습니다. 분명하게 다른 사람을 의지해서 하나님께서 원하시는 수준에 도달할 수가 없습니다. 하나님은 직접 관계를 열리기를 원하십니다. 그래서 하나님과 대면할 수 있는 영적인 사람으로 변화되기를 원하십니다. 그렇기 때문에 자신이 생명의 말씀과 성령으로 변화를 받아 성령의 지배와 인도와 동행하는 사람이 되어야 가난에서 영원히 해방이 될 수가 있습니다. 일부 성도들의 의식이 하루에 10분 기도하고, 쉽게 성령체험 한번하고 영적인 사람이 되려고 합니다. 그러나 하나님은 온전히 지배를 받기를 원하십니다.

필자는 TV에서 나오는 달인을 아주 좋아합니다. 이분들은 자신이 추구하는 분야에 10년 이상을 집중하고 몰입하여 눈을 감고도 할 수 있는 수준에 이른 것입니다. 밤잠을 설 처가면서 오로지 한 분야에 집중한 결과 달인이 된 것입니다. 하나님께서도 이렇게 하기를 원하십니다. 이렇게 되어야 가난에서 해방이 될 수가 있는 것입니다. 그래서 아브라함은 25년, 야곱은 20년, 요셉은 13년, 모세는 40년, 다윗은 13년이 걸린 것입니다. 우리가 생각하는 것과 같이 쉽게 하나님의 사람으로 변화되지 못합니다. 온몸과 마음과 정신과 영이 하나님 화 되려고 관심을 가져야 합니다. 어렵다고 생각하면 어려운 것이고, 쉽다고 생각하면 쉬운 것입니다. 달인을 생각하고 자신이 온전하게 하나님의 형상으로 변화되는 것을 목적으로 가난에서 해방되려고 하시기를 바랍니다.

성경에 보면 이런 말씀이 있습니다. 하나님께서는 "오직 내 종 갈렙은 그 마음이 그들과 달라서 나를 온전히 좇았은즉 그의 갔던 땅으로 내가 그를 인도하여 들이리니 그 자손이 그 땅을 차지하리라(민14:24)"고 말씀하셨습니다. 하나님은 갈렙의 마음이 멸망했던 다른 사람과 완전히 달랐다고 말씀하신 것입니다. 온전하게 하나님을 쫓았다는 것입니다. 온전하다는 것은 인간적인 것이 전혀 섞이지 않고, 하나님의 수족 같이 하나님을 쫓는 성도는 가난에서 영원히 해방이 되는 것은 물론이고, 인생살이의 만사가 형통하다는 것입니다. 하나님은 온전하게 변화되기를 원하십니다. 가난만 끊으려고 노력하지 말고 자신의 전인격이 하나님의 형상으로 변화되려고 노력하시기를 바랍니다.

다섯째, 교회와 목회자를 잘 만나라. 목회자가 혈통의 문제로 고통을 당하다가 영적인 것을 깨닫고 해방을 받은 체험이 중요합니다. 담임 목회자가 혈통의 문제를 인정해야 합니다. 목회자의 마음 속에 교회가 견고하게 지어지고, 가정이 성전된 목회자라야 혈통의 문제가 어떤 것인지 알고 성도들을 바르게 인도할 수가 있습니다.

목회자 자신이 실제적으로 체험이 없으니 가난을 무시하거나 등한히 하는 것입니다. 그래서 목회자의 관심이 중요합니다. 목회자가 종교적이면 성도들도 종교적이 되기 쉽습니다. 종교적이라는 것은 행위와 열심과 말씀을 인간적인 수준에서 해석하는 것입니다. 말씀은 분명하게 성령의 임재가운데 성령으로 해석을 해야 합니다. 그래야 정확합니다. 영적인 믿음 생활은 성령의 인도와 지배를 받으면서 하나님의 자녀로서 동행하는 믿음 생활을 말합니다. 목회자가 성령의 인도를 받으면서 하나님의 자녀로서 살아있는 믿음 생활을 하면 성도들도 성령의 인도를 받으면서 살아있는 크리스천이 되는 것입니다. 필자는 항상 이렇게 생각을 하고 실천하려고 노력을 하고 있습니다. 담임목사는 한 성도를 살릴 수도 있고 죽일 수도 있다는 것입니다. 성도들은 담임목회자의 영성을 넘어설 수가 없다는 것입니다. 담임목사의 성령 충만이 성도들의 성령의 충만의 수준이 동일하게 되는 것입니다.

　영적인 것도 마찬가지입니다. 담임목사의 영성을 능가하기가 쉽지 않다는 것입니다. 필자는 영적인 사역을 오랫동안 했습니다. 그동안 나름대로 체험한 바로는 담임목사의 영적인 깊이만큼 성도들이 되어 진다는 것입니다. 그래서 일부성도들이 영적인 깊이가 있는 목사가 집회하는 곳에 가서 영을 깨우고 성령충만을 받으려고 하는 것입니다. 이와 같이 담임목사가 중요합니다. 담임목사가 예수만 믿으면 새사람이니까, 가난은 해방되는 것이다. 하면 성도들이 그대로 믿는 것입니다. 가난을 끊는 사역은 잘 못된 것이라고 하면 가계의 문제에 관심을 두지 않습니다. 관심을 두지 않으니 고통을 당하는 것입니다. 그러면서 이유를 모르는 것입니다.

가난 때문에 고통을 당해본 담임목사는 혈통에 문제에 관심을 갖도록 성도들을 인도할 것입니다. 그렇기 때문에 하나님께서 세상에 교회들과 목회자들을 많이 세우신 것입니다. 자신이 추구하고 자신의 문제를 해결하면서 하나님께서 원하시는 수준에 도달하라는 것입니다. 세상의 모든 교회는 하나님의 교회입니다. 그렇기 때문에 성도들은 각각 자신의 처지에 맞는 교회를 선택하여 믿음 생활을 하면 되는 것입니다.

그래서 가난에서 영원히 해방을 받으려면 목회자와 교회를 잘 만나야 합니다. 영적인 세계에 관심이 있어야 교회도 목회자도 잘 만날 수가 있습니다. 담임목회자가 가난으로 고통을 당하다가 해방 받은 목사라면 금상첨화일 것입니다. 자신이 고통을 당해보았기 때문에 성도들에게 경각심을 주어서 당하지 않도록 예방하게 할 것입니다. 가난으로 고통이 심한 분들은 잘 판단해야 할 것입니다.

24장 가난의 원인을 입체적으로 찾아내라

(갈3:14)"이는 그리스도 예수 안에서 아브라함의 복이 이방인에게 미치게 하고 또 우리로 하여금 믿음으로 말미암아 성령의 약속을 받게 하려 함이라"

하나님은 믿는 우리를 축복하시는 하나님입니다. 그런데 왜 믿는 우리가 물질의 문제로 고통을 당합니까? 이번 장에서는 예수를 믿는 성도가 왜 물질의 문제로 고통당하는지를 알고 물질의 문제를 치유 받고 아브라함의 축복 받은 성도답게 마음에 위로와 부요의 소망을 갖는 시간을 가지시기를 바랍니다. 하나님은 예수를 믿고 성령님의 인도를 받는 성도를 축복하시는 하나님이십니다. 예수 믿고 성령 세례 받아 성령의 인도를 받는 여러분, 모두 하나님이 원하시는 영성 있는 성도가 되시어 하늘의 복을 받으면서 사시기를 바랍니다. 우리가 예수를 믿고 세상에서 나와 성령의 인도를 받으면 하나님이 인도하시면서 복을 허락하시는 것입니다. 어떻게 복을 주십니까?

첫째, 믿음의 조상들은 다 부요한 생활을 하였다.

1)아브라함은 하나님에게 축복을 받아 은과 금이 풍부했습니다. "아브람이 애굽에서 나올새 그와 그 아내와 모든 소유며 롯도 함께 하여 남방으로 올라가니 아브람에게 육축과 은금이 풍부하였더라." (창13:1-2). 아브라함이 고향 하란에서 나올 때 빈 손들고 나왔습니

다. 그런데 설상가상으로 기갈이 심하여 먹을 것이 없으니, 애굽에 들어간 것입니다. 애굽에 들어가 부인 사라를 빼앗길 수도 있었으나 하나님이 도우셔서 무사히 애굽에서 나올 수가 있었습니다. 나올 때 하나님이 허락한 육축과 은금이 풍부했다고 했습니다.

2)이삭을 하나님이 축복하셨습니다. 이삭이 가뭄으로 고통당하며 애굽으로 이주하려 했으나 하나님이 지시한 땅에 농사하여 그해 백배나 얻었다고 했습니다(창26:12-13). 하나님은 하나님의 음성을 듣고 순종하는 성도에게 지금도 이와 같은 복을 허락하십니다. 그래서 하나님은 "너희가 내 양이 아니므로 믿지 아니하는 도다. 내 양은 내 음성을 들으며 나는 그들을 알며 그들은 나를 따르느니라" (요10:26-27). 말씀하시는 것입니다. 그리고 하나님의 말씀을 믿고 따르는 성도에게는 말뿐만이 아니고 눈으로 보이고 인정받게 축복을 하시는 것입니다. "너는 우리를 해하지 말라 이는 우리가 너를 범하지 아니하고 선한 일만 네게 행하며 너로 평안히 가게 하였음이니라, 이제 너는 여호와께 복을 받은 자니라."(창26:29). 이삭은 이방 사람이 눈으로 보고 인정하는 부자가 되었습니다. 하나님은 이렇게 하나님의 말씀을 믿고 순종하며 따르는 사람에게 전인적인 복을 하락하시는 것입니다.

3)다윗 시대에 하나님의 축복으로 부하게 지내며 은과 금이 풍부했습니다. 역대상 29장 7-17에 보면 다윗의 신앙고백이 나옵니다. 하나님의 성전 공사를 위하여 금 오천 달란트와 금 만 다릭 은 만 달란트와 놋 만 팔천 달란트와 철 십만 달란트를 드리고 보석을 가진 모든 사람은 게르손 사람 여히엘의 손에 맡겨 여호와의 성전 곳간

에 드렸더라(7-8절). 백성들은 자원하여 드렸으므로 기뻐하였으니 곧 그들이 성심으로 여호와께 자원하여 드렸으므로 다윗 왕도 심히 기뻐하니라(9절). 다윗이 온 회중 앞에서 여호와를 송축하여 이르되 우리 조상 이스라엘의 하나님 여호와여 주는 영원부터 영원까지 송축을 받으시옵소서(10절). 나와 내 백성이 무엇이기에 이처럼 즐거운 마음으로 드릴 힘이 있었나이까 모든 것이 주께로 말미암았사오니 우리가 주의 손에서 받은 것으로 주께 드렸을 뿐이니이다(14절). 나의 하나님이여 주께서 마음을 감찰하시고 정직을 기뻐하시는 줄을 내가 아나이다. 내가 정직한 마음으로 이 모든 것을 즐거이 드렸사오며 이제 내가 또 여기 있는 주의 백성이 주께 자원하여 드리는 것을 보오니 심히 기쁘도소이다(17절). 저가 나이 많아 늙도록 부하고 존귀하다가 죽으매 그 아들 솔로몬이 대신하여 왕이 되니라(대상29:28).

성도는 주일날이 가장 중요합니다. 하늘의 능력과 복을 받는 날이기 때문입니다. 그리고 천국 가는 날이 가장 좋아야 합니다. 다윗은 나이가 많아 늙도록 부하고 존귀하다가 죽었다고 합니다. 사람은 가는 날이 좋아야 합니다. 당신도 천국 가는 날이 다윗과 같이 다 좋으시기를 바랍니다. 다윗은 하나님이 택하여 하나님이 훈련하고 기름을 부어 세운 하나님의 종입니다. 하나님이 기뻐하시는 자입니다. 다윗은 하나님의 음성을 듣고 순종하여 온 이스라엘 나라를 통일 시킨 왕입니다. 당신도 다윗이 환상을 열어 하나님의 권능으로 쳐들어가서 빼앗아 온 것같이 마귀와 영적인 전쟁을 하시기를 바랍니다. 그리하여 지금까지 마귀에게 빼앗겼던 여러 가지를 되찾아

오시기를 바랍니다. 그러면 물질적인 문제는 서서히 풀어지기 시작할 것입니다. 저 역시도 교회를 개척하여 벌침이나 놓고 입으로 목회를 할 때는 물질 문제로 지지리도 고통을 많이 겪었는데 성령의 음성을 듣고 내적치유 받고 성령의 불을 체험하고 성령으로 치유목회를 하니 물질이 서서히 풀렸습니다. 그래서 저의 임상적인 견해로는 교회나 성도들의 사업이나 말씀과 성령으로 충만하여 마귀와 영적인 전쟁을 해야 물질이 풀린다는 것입니다. 다윗 왕이 하나님에게 순종하니 다윗시대에 나라가 풍성하게 지낸 것입니다. 이렇게 하나님의 마음에 합한 자는 하나님의 복이 따르는 것입니다. 당신도 절대로 복을 잡으려고 따라가지 말고 하나님의 마음에 합한 자가 되어 하나님의 복이 따르는 성도가 되시기를 바랍니다. 하나님은 축복의 하나님이십니다.

4) 우리가 축복을 받게 하려고 부요한 주님이 빈곤함의 고난을 당하셨습니다(고후8:9). 예수님은 하늘나라의 부귀와 공명을 친히 소유하고 계셨던 분이지만 세상의 고통당하는 하나님이 택한 자들을 구원하시려고 빈곤의 고통을 감당하신 것입니다. 예수를 믿는 성도들이여! 지금 당하는 빈곤은 예수님이 십자가에서 다 청산 하셨습니다. 고로 당신이 지금 당하는 빈곤은 마귀가 불법 주차를 해 놓은 것입니다. 예수 이름으로 불법 주차한 빈곤을 몰아내시고 다윗과 같이 하나님의 복이 따르는 성도가 되시기를 바랍니다.

둘째, 왜 믿는 자가 물질의 고난을 당하나 진단을 해보자.

1) 하나님을 멀리하고 우상을 숭배하므로 귀신이 들어와 재정의

고통이 찾아옵니다.

① 오므리의 아들 아합 왕이 이세벨을 아내로 취하여 우상을 숭배하니 이스라엘에 기근이 찾아왔습니다(왕상16:29-31). 이세벨을 아내로 삼은 아합 왕의 우상숭배로 인하여 온 나라 백성이 3년 기근으로 고생을 하게 됩니다. 그래서 우리는 지도자를 위하여 기도를 많이 해야 합니다. 한 나라의 지도자가 타락하여 우상을 숭배하므로 이스라엘 나라에 기근이 찾아 온 것입니다.

② 여로보암 왕의 우상숭배 죄는 자신의 자녀들 및 전 국가에 저주를 몰고 왔습니다(왕상14:8-10). 이처럼 조상의 삶이 자손들에게 반드시 어떤 종류의 영향 즉 죄의 결과를 끼친다는 것입니다. 인류의 조상 아담과 하와의 범죄를 통해 전 인류는 죄인이 되었습니다.

그렇다고 우리는 조상 탓만 할 것이 아니라 예수를 믿어 새 사람이 되었으니 예수 이름으로 조상의 죄악을 회개하고 끊어내고 축사하여 예수를 믿는 성도답게 하늘의 복을 받아야 합니다. 절대 조상 탓만 하지 말고 예수 이름으로 대적하여 승리하며 살아가시기를 바랍니다. 예수님이 나에게 허락한 권세를 이용하여 빈곤의 원인을 찾아 적극적으로 해결하시기를 바랍니다.

③ 다른 사람들에게 고통을 주어도 기근을 당합니다. 기브온 족속과의 계약을 어긴 사울 때문에 다윗 때에 전 민족이 삼년 동안 기근을 당하였습니다(삼하21:1-14). 다윗의 시대에 해를 거듭하여 3년 기근이 있으므로 다윗이 여호와 앞에 간구합니다. 그러니까 여호와께서 이르시되 "이는 사울과 피를 흘린 그의 집으로 말미암음이니, 그가 기브온 사람을 죽였음이니라."라고 말씀하십니다. 그래

서 다윗이 기브온 사람을 불러 그들에게 물어봅니다. "내가 너희를 위하여 어떻게 하랴 내가 어떻게 속죄하여야 너희가 여호와의 기업을 위하여 복을 빌겠느냐?"라고 합니다. 그러니까 기브온 사람들이 다윗 왕께 아룁니다.

"우리를 학살하였고 또 우리를 멸하여 이스라엘 영토 내에 머물지 못하게 하려고 모해한 사람의 자손 일곱 사람을 우리에게 내어 달라고 합니다. 그러면 여호와께서 택하신 사울의 고을 기브아에서 우리가 그들을 목매어 달겠나이다."라고 합니다. 그러니까 다윗 왕이 그렇게 하겠다고 합니다.

그래서 사울의 후손 일곱을 기브온 사람의 손에 넘기니 기브온 사람이 그들을 산 위에서 여호와 앞에 목을 매어 달았습니다. 그들 일곱 사람이 동시에 죽으니까 하늘에서 비가 내리기 시작했다고 기록되어 있습니다. 그러므로 성도가 다른 사람의 마음에 상처를 주어도 기근을 당할 수가 있습니다. 그러므로 모든 사람들과 함께 거룩함과 화평함을 좇아 살아야 합니다.

2) 예수를 믿은 후 믿기 전에 와 있던 영적인 문제를 해결하지 못한 연고 입니다.

① 믿기 전에 했던 세상 풍속을 쫓고 우상 숭배를 했던 모든 것을 자르지 못한 연고로 자신도 모르게 당하는 고통일 수도 있습니다. "그 때에 너희가 그 가운데서 행하여 이 세상 풍속을 좇고 공중의 권세 잡은 자를 따랐으니 곧 지금 불순종의 아들들 가운데서 역사 하는 영이라."(엡2:2).

제가 지금까지 성령치유 사역을 하다가 보니까, 예수를 믿기 전에 우상을 숭배했던 모든 것을 인정하고 회개하고 청산하지 않으면 아무리 예수를 오래 믿었어도 청산될 때까지 악한 영의 영향을 받으며 알지 못하는 고통을 당하면서 살아가더라는 것입니다. 이는 제가 한 두 성도를 보고 말하는 것이 아닙니다. 안수집사가 되고, 장로가 되고, 권사가 되고, 목사가 되어도 믿기 전에 행했던 우상숭배를 해결하지 않으니까, 자기도 모르게 고통을 당하면서 살아가더라는 것입니다. 조상의 무당의 영으로 고생하다가 치유 받은 목사님의 이야기입니다.

이 목사님은 성령의 역사를 인정하는 ○○○ 교단에서 목사 안수를 십년전에 받으시고 교회를 개척하여 10년 째 목회하시는 목사님이십니다. 우리 교회에 치유 받으러 오신 이유가 이렇습니다. 첫째는 교회가 부흥되지 않아서 재정적인 고통이 심하고, 둘째는 자신이 혼자 있을 때는 괜찮은데 이상하게 사람들 앞에 서서 칠판에 글씨를 쓰려고 하면 오른 손이 떨려서 글씨를 쓸 수가 없다는 것입니다. 사람들이 없을 때는 조금 나은데 성도들 앞에만 서면 오른 손이 떨려서 글을 쓸 수가 없었다는 것입니다. 그래서 무슨 원인인가를 알고 치유를 받으려고 지난 10여 년 동안 이곳저곳 성령의 역사가 있고 치유하고 축사하는 곳이라면 안 가본 곳이 없을 정도로 다녔다고 합니다.

그러다가 소문을 듣고 우리 교회에 오신 것입니다. 그래서 상담을 요청하여 저에게 사정을 이야기 하셨습니다. 그래서 제가 성령님에게 물었습니다. 대관절 이 목사님이 무슨 이유로 사람들 앞에 서서 칠판에 글씨를 쓸 수가 없었습니까? 하고 질문하였더니 성령께서 감동을 주시기를 조상 중에 무당이 있었는가 물어보아라, 그래서 목사님 가정에 혹시 무당과 관련된 분이 있거나 목사님이 어렸을 때에 무당에게 간적이 없습니까? 하고 질문을 했습니다. 그랬더니 목사님이 한참 기도를 하시더니 이렇게 대답을 했습니다.

아주 어렸을 때에 외할머니가 무당이라 자신이 아프면 어머니가 데리고 가서 기도를 받고 어깨에도 손을 자주 얹어 기도를 받았다는 것입니다. 그래요, "내가 나사렛 예수 이름으로 명하노니 대물림되는 무당의 영은 정체를 밝힐지어다." 했더니, 오른 손을 마구 흔드는 것입니다. 마치 TV에 나오는 무당이 굿거리 하는 장면같이 손을 마구 흔들어 댔습니다. 그래서 이제 내가 "예수 이름으로 명하노니 혈통을 타고 들어온 무당귀신의 대물림의 줄은 끊어질지어다." "이제 내가 예수 이름으로 명하노니 혈통을 타고 들어온 무당 귀신은 묶음을 풀고 나올지어다." 했더니 이 목사님이 한참 괴성을 지르시더니만 입에서 맑은 물을 막 토하면서 귀신이 떠나가는 것이었습니다. 그리고 다시 "교회성장을 방해하고 재정적인 고통을 주고 있는 혈통으로 대물림되는 악귀는 재정의 결박을 풀고 떠나갈지어다." "교회성장을 방해하고 재정적인 고통을 주고 있는 혈통으로 대물림되는 악귀는 재정의 결박을 풀고 떠나갈지어다." "교회성장을 방해하고 재정적인 고통을 주고 있는 혈통으로 대물림되는 악귀는 재정의 결박을 풀고 떠나갈지어다." 하며 성령의 권능으로 명령을 했더니, 막 소리를 지르고 악을 쓰고 통곡을 하면서 악귀들이 떠나갔습니다. 그리고 "이제 교회가 성장하고 재정에 복이 임하는 영이 임할 찌어다." "이제 교회가 성장하고 재정에 복이 임하는 영이 임할 찌어다." 하며 안수기도를 했습니다.

　이렇게 하기를 이틀 동안 했습니다. 우리 교회 치유집회는 시간 시간 개인별로 안수기도를 하면서 치유를 합니다. 그리고 목사님에게 물어보았습니다. 지금도 사람들 앞에 서면 손이 떨립니까? 목사님이 웃으시면서 지금은 그렇지 않습니다. 정말 이 문제 때문에 제가 고생을 많이 했습니다. 목사님 감사합니다. 하고 치유 받고 가셨습니다. 이 분이 최근에 저희 교회에 매주 목요일 날 하는 예언 사역자 훈련에 오셨습니다. 그래서 제가 물어 보았습니다. 교회는 부흥되고 있습니까? 예 여기서 치유 받고 간 다음부터 서서히 교회가 부흥되고 물질도 풀리고 있습니다. 목사님 감사합니다. 그래서 제가 내가 한 일이 아니고 하나님이 하신 일입니다. 하나님에게 감사하시기를 바랍니다. 하고 대화를 나누었습니다. 방심은 금물입니다. 제가 사역할 때 장로, 안수집사, 권사 할 것 없이 대물림되는 무당의 영으로 고통을 당하다가 치유 받고 간 성도가 많은 수입니다. 나는 권사이기 때문에 나는 장로이기 때문에 해당이 없다. 귀신이 장로나 권사나 목사를 보면 무서워서 도망간다. 천만에 말씀입니다. 자아는 의를 이루지 못합니다. 말씀과 성령의 역사로 자신을 성찰하는 시간을 가지시기를 부탁합니다. 자신에게도 혈통을 타고 대물림되는 빈곤의 문제가 있을 수 있다고 인정하시고 성령으로 찾아내어 치유하시기를 바랍니다. 그러나 성령 충만한 예배와 말씀의 묵상과 찬송과 기도와 교회 봉사는 악한 영의 힘을 약화시키는 방편이 됩니다. 그러므로 영과 진리로 예배를 드리고 영으로 기도하고 말씀을 묵상하고 성령의 감동에 따라서 교회 봉사 등의 영의 활동을 지속적으로 하면 악한 영의 세력이 약화되어 때가 되면 기침 한번으로 또는 재채기나 호흡을 통하여 나도 모르게 떠나가기도 합니다. 이와 같은 영적인 원리들을 인정하시고 말씀과 성령으로 찾아서 해결하시기를 바랍니다.

② 옛사람 아담이 성령으로 장악 당하지 못하여 성령 충만을 받지 못하므로 당합니다. 말씀과 성령으로 치유되어 땅의 사람 아담이, 하늘의 사람 성령의 사람으로 변해야 되는데 그렇지 못한 연고입니다. 즉 구습이 치유되지 못하니 남아있는 육성을 타고 악한 것이 역사한다는 것입니다. 악한 영이 역사하니 무엇 하나 되는 것이 없는 것입니다. 옛사람 아담을 말씀과 성령으로 치유하여 영의 사람으로 변화되시기를 소원합니다.

③ 영적인 문제를 해결하지 못하고 등한시한 결과입니다. 저는 항상 이렇게 강조를 합니다. 예수를 믿고 교회에 들어왔으면 성령으로 세례를 받고 말씀과 성령으로 자신의 영적인 문제와 상처를 적극적으로 해결해야 한다고 강조를 합니다. 즉 성령으로 세례를 받고 성령의 충만함을 받으며 성령의 역사로 영육의 문제를 치유하고 악한 영의 역사를 말씀과 성령으로 찾아서 축사하고 심령을 성령으로 장악해서 영안을 열어가야 한다는 것입니다. 그런데 예수 믿고 교회에 들어와 자신에게 영향을 미치는 영육의 문제를 적극적으로 해결하지 못해서 자기도 알지 못하면서 당하는 고통입니다.

④ 예수만 믿으면 영적인 문제가 완전히 해결된다는 이론을 믿은 결과 입니다. 예수를 믿으면 모든 영적인 문제가 해결되었다는 정확하지 못한 이론을 철석같이 믿고 빈곤의 문제를 찾아 원인을 적

극적으로 해결하지 않아 당하는 고통일 수가 있습니다. 빈곤의 문제는 예수 이름으로 끊어집니다. 그러나 자동으로 끊어지는 것이 아니고 문제의 원인을 성령으로 찾아 본인이 인정하고 회개하고 끊어내야 해결이 되는 것입니다. 예수님은 너희가 내 이름으로 귀신을 쫓아내라고 하셨지, 나만 믿어라 그러면 귀신이 자동으로 떠난다고 말씀하시지 않았습니다. 말씀과 성령으로 문제의 원인을 찾아 해결하여 아브라함의 복을 받으시기를 바랍니다.

3) 조상들의 우상 숭배로 악한 영의 저주일 수도 있습니다. 재정적인 고통, 압박과 빈곤 등 짧은 기간의 궁핍은 하나의 연단이라고 할 수 있지만 항상 빈곤한 것은 마귀의 저주일 수 있습니다(학 1:6).

지금 빈곤의 고통을 당하면서 사시는 분, 혹시 이것이 하나님의 연단이라고 생각하며 지내지는 않습니까? 잠깐 오는 고난은 하나님의 연단이라고 할 수 있지만, 항상 빈곤한 것은 마귀의 저주입니다. 빨리 말씀과 성령으로 찾아서 해결하시고 저주하던 마귀 귀신을 쫓아내시고 축복으로 채우시기를 바랍니다. 그리하여 빈곤의 고통에서 해방되시기를 소원합니다.

4) 조상들이 이웃이나 하나님에게 심어 놓은 것이 없을 경우도 있습니다(고후9:6). 될 수 있는 대로 많이 심으시기를 바랍니다. 제가 지금까지 목회하면서 체험한 바로는 하나님에게 많이 심은 성도들의 자녀들이 다 잘되더라는 것입니다. 후대를 위해서라도 하나님에게 풍성하게 심으시기를 바랍니다. 하나님은 심은 대로 역사하시는 하나님이십니다.

5) 자신이 하나님과의 관계를 열지 못한 이유일 수도 있습니다

(렘 2:12-13). 하나님과의 관계는 심령을 깨끗하게 하여 마음 중심으로 하나님을 사랑하며 하나님의 계명을 순종하며 지키는 것입니다. 하나님을 사랑하는 성도는 하나님의 계명에 순종하는 성도입니다. 그리고 순수한 마음을 가지고 하나님의 음성에 어떠한 일이 있더라도 순종해야 하나님을 가까이 하는 성도입니다. 성도가 하나님과 가까이 지내면 모든 것이 형통하게 풀린다는 것을 아시기를 바랍니다.

6) 우환질고(사고, 질병, 재해)가 끊이지 않아 물질이 새어 나가므로 당할 수도 있습니다. 우환질고는 마귀가 일으키는 것입니다. 이는 욥의 경우를 보면 우리가 잘 알 수 있습니다. 우환질고를 일으키는 원수 마귀를 성령의 임재 하에 찾아내어 예수 이름으로 몰아내고 아브라함의 복을 받으시기를 바랍니다.

7) 게을러서 오는 결과일 수도 있습니다(살후 3:10). 자신의 성격이나 상처, 조상으로부터 대물림되는 게으름의 영이 역사하여 게으르게 하므로 당하는 고통일 수가 있습니다. 하나님의 말씀에 순종하고 성령으로 충만한 성도는 부지런합니다. 게으르다는 것은 무엇인가 잘못된 영의 장난일 수가 있습니다. 찾아서 해결해야 빈곤의 고통이 떠나갑니다.

25장 가난의 원인을 적극적 해결하라.

(왕하2:19-22)"그 성 사람들이 엘리사에게 고하되 우리 주께서 보시는 바와 같이 이 성읍의 터는 아름다우나 물이 좋지 못하므로 토산이 익지 못하고 떨어지나이다. 엘리사가 가로되 새 그릇에 소금을 담아 내게로 가져오라 하매 곧 가져온지라. 엘리사가 물 근원으로 나아가서 소금을 그 가운데 던지며 가로되 여호와의 말씀이 내가 이 물을 고쳤으니 이로 좇아 다시는 죽음이나 토산이 익지 못하고 떨어짐이 없을지니라 하셨느니라 하니 그 물이 엘리사의 말과 같이 고쳐져서 오늘날에 이르렀더라"

하나님은 우리를 축복하시기를 원하십니다. 현재 당하고 있는 재정의 문제를 주님의 능력으로 치유 받고 축복을 체험하는 시간이 되기를 바랍니다. 하나님의 종 엘리사가 여리고에 갔을 때 여리고 사람들이 엘리사에게 나와서 이렇게 말했습니다. 선생님이여 이 여리고 성은 참으로 좋은 땅인데 물 근원이 나빠서 이 물이 흐르는 곳마다 열매를 맺지 못하고 다 떨어집니다. 짐승들도 이 물을 마시면 낙태를 해 버리고 심지어는 부녀들까지도 이 물을 마시면 어린아이를 낙태합니다.

그러므로 이 물 근원에 독이 있은 즉 이 땅이 저주로 가득하니 우리를 도와주소서. 엘리사가 이 말을 듣고 하나님의 지시를 받아서 소금을 가져오라고 했습니다. 소금을 담아 오매 그것을 가지고 물 근원에 가서 하는 말이 여호와께서 말씀하시기를 이 물 근원이 치료되었으니 이제는 열매를 맺을 것이라고 말했습니다.

그러자 과연 그 때로부터 여리고에 있는 물 근원이 치료를 받아 그 물이 흐르는 곳마다 열매를 맺고 짐승들도 새끼를 낳고 사람들도 낙태하지 않았습니다. 하나님의 치료가 물 근원에서 넘쳐 나와 생명의 역사가 일어 난 것입니다. 하나님께서 그 물의 근원을 치료하기 전에는 물 근원에서 사망과 저주가 넘쳐 났는데 물이 치료 받고 난 다음에는 생명과 부요가 그 물 근원에서 넘쳐 나게 된 것입니다.

우리 인간들은 아담이 선악과 하나 먹고 하나님과 같이 되려는 욕심 때문에 마귀의 유혹에 속아 타락함으로 인간의 마음이 죄의 누룩으로 말미암아 만물보다 부패하고 사망과 저주가 가득하게 되었습니다. 그 때문에 인간의 노력으로 만든 인간 세계의 문화는 부패와 사망과 고통이 가득한 문화인 것입니다. 인간의 마음이 고침을 받기 전에는 이 사망과 저주를 벗어 날 도리가 없습니다. 바로 우리 개인들의 마음이 생사화복의 생명의 근원이 된다는 사실을 우리가 분명히 알아야 합니다.

여리고성 전체가 샘 근원으로 말미암아 죽고 사는 일이 일어나는 것처럼 성경에는 생명의 근원이 우리 마음에 있다고 말했습니다. 그러므로 지킬만한 것보다 내 마음을 지키라고 강하게 말씀하고 계신 것입니다. 그런데 2천 년 전에 예수님께서 오셔서 갈보리 십자가에서 우리를 대신하여 죄의 부패와 사망을 멸하시고 청산하신 것입니다. 바로 예수 그리스도의 십자가의 보혈이 엘리사가 가지고 샘 근원을 정결케 한 소금과 같은 것입니다. 이 때문에 이제 십자가의 보혈을 통하여 마음의 샘 근원을 치료하면 우리의 마음속에 사망과 고통이 넘쳐 나온 곳에 생명과 부요가 넘쳐 나올 수 있게 되는 것입니다.

그러므로 오늘 이 시간 생명의 근원이 마음에 있다는 것을 잊지 마십시오. 우리가 주를 모를 때는 이 마음에서 사망과 고통이 넘쳐 납니다. 우리 집도 여리고요, 우리 직장도 여리고요, 세상도 여리고인데 우리 속에서 독의 샘물이 넘쳐 나니 사망과 불행이 꽉 들어차서 집안에도 사망과 고통이 있고 직장에도 사망과 고난이 있고 생활에도 사망과 고통이 있습니다.

오늘날 온 세상에 사망과 저주가 꽉 들어차 있지 않습니까? 그래서 이 여리고 같은 이 세상에서 우리 마음속이 샘의 근원인데 이 샘 근원에 소금을 던져야 됩니다. 이 소금이 바로 예수 그리스도의 보혈과 성령의 능력인 것입니다. 내가 회개하고 예수를 구주로 모시고 입으로 시인하고 감동에 순종하며 성령님을 의지할 때에 예수님의 보혈이 나의 샘 근원을 고쳐 주시고 성령이 와서 나를 새롭게 하는 것입니다.

물과 성령으로 거듭나지 아니하면 하늘나라를 볼 수 없는데 성령이 와서 우리를 새롭게 함으로 우리의 샘 근원이 고쳐집니다. 우리 마음이 고쳐지면 이 마음속에 용서와 의의 샘이 넘쳐나고 이 마음속에 천국과 성령의 샘이 넘쳐 나고 이 마음에서 기쁨과 치료의 샘물이 넘쳐나고, 이 마음속에 아브라함의 축복과 번영의 샘이 넘쳐나고, 이 마음속에서 영생의 축복이 넘쳐 나게 되는 것입니다.

마음의 샘물이 달라집니다. 마음의 샘물이 달라지니 그 샘물을 받아 이루어지는 가정이 달라지고 직장이 달라지고 사회가 달라지고 영혼이 잘됨 같이 범사에 잘 되며 강건하고 생명을 얻되 넘치게 얻는 역사가 일어나게 되는 것입니다.

우리들의 삶에 사망과 고통이 있어 삶이 축복과 행복의 열매를 맺지 못하는 이유는 생명의 근원인 마음이 오염되고 썩어 있기 때문인 것입니다. 마음이 새롭게 되지 않고는 축복과 결실의 삶은 절대로 불가능합니다. 그러나 마음은 예수 그리스도를 구주로 모시고 보혈과 성령의 능력을 의지할 때에 변화되는 것입니다. 치료받는 것입니다. 엘리사가 여리고성 샘의 근원을 고치고 난 다음에 열매를 맺고 짐승들은 새끼를 낳고 사람들은 자녀를 건강히 낳아서 길렀다고 말했습니다. 이와 같은 축복을 우리가 받기 위하여 어떻게 하여야 합니까?

첫째, 하나님에 대한 사고를 바꾸어야 한다. 하나님은 저주하시는 하나님이 아니십니다. 하나님은 예수를 믿고 나오는 자들의 문제를 해결하여 주시기를 원하십니다. 하나님에 대한 개념을 바꾸시기를 바랍니다. 오늘 여리고 성의 사람들을 보시기를 바랍니다. 이 여리고의 문제를 하나님이 고치실 수 있다고 믿었습니다. 그래서 열왕기하 2장 19절에 "그 성읍 사람들이 엘리사에게 말하되 우리 주인께서 보시는 바와 같이 이 성읍의 위치는 좋으나 물이 나쁘므로 토산이 익지 못하고 떨어지나이다." 하고 하나님의 사람에게 문제를 가지고 나와서 고쳐주기를 사모합니다. 하나님은 축복의 하나님이십니다. 하나님은 우리에게 소원을 두고 일을 행하시는 분이십니다. "너희 안에서 행하시는 이는 하나님이시니 자기의 기쁘신 뜻을 위하여 너희에게 소원을 두고 행하게 하시나니."(빌2:13).

이와 같이 하나님은 인간을 저주하시는 하나님이 아니시고 축복하시는 하나님이십니다. 우리가 축복을 받으려면 축복의 대상이 누구인지를 바로 알아야 합니다. 그래야 그 대상으로부터 축복을 받을 수가 있습니다. 사람은 사모하는 대상을 닮게 되어있습니다. 하나님이 나를 축복하시는 분이라는 확실한 믿음이 있어야 합니다. 예수님은 부요하신 자인데 우리를 위하여 가난하게 되셨다는 것을 믿으시기를 바랍니다. "우리 주 예수 그리스도의 은혜를 너희가 알거니와 부요하신 이로서 너희를 위하여 가난하게 되심은 그의 가난함으로 말미암아 너희를 부요하게 하려 하심이라."(고후8:9). 예수님의 소원은 우리들이 모두 부자가 되어 하나님나라 확장에 큰일을 감당하기를 원하시는 것입니다.

둘째, 가족이 성령으로 하나가 되어야 한다. 오늘 여리고 성의 사람들은 하나가 된 것이 분명합니다. 하나님만이 이 문제를 해결하실 수가 있다고 생각하고 하나님의 사람에게 문제를 들고 나온 것입니다. "그 성읍 사람들이 엘리사에게 말하되 우리 주인께서 보시는 바와 같이 이 성읍의 위치는 좋으나 물이 나쁘므로 토산이 익지 못하고 떨어지나이다."(왕하2:19).

그 성 사람들이 엘리사에게 고했다고 하는 것으로 보아 하나된 것이 분명합니다. 우리 가정도 마찬가지입니다. 가족이 모두 하나가 되어야합니다. 내가 해결해야지 하나님이 어떻게 문제를 해결하느냐 말도 안 되는 소리 하지마라. 이러면 안 됩니다. 먼저는 부부가 하나가 되어야 합니다. 부부가 서로 마음이 하나 되어 하나님만이 이 어려움을 해결하실 수가 있다고 믿고 하나님에게 전폭적으로 매달리며 기도해야 합니다. 무작정 달라고 기도한다고 되는 것도 아닙니다. 우선 부부가 마음이 하나 되어야 합니다. 부부화목에 대하여는 "결혼 어떡하면 행복할까요"를 참고하시기를 바랍니다.

왜냐하면 우리들의 삶에 사망과 고통이 있어, 삶에 축복과 행복의 열매를 맺지 못하는 이유는 생명의 근원인 마음이 오염되고 썩어 있기 때문인 것입니다. 마음이 새롭게 되지 않고는 축복과 결실의 삶은 절대로 불가능하기 때문입니다. 그러나 부부가 마음이 하나 되어 예수 그리스도를 구주로 모시고 보혈과 성령의 능력을 의지할 때에 변화되는 것입니다. 성령의 지지와 인도와 역사가 있어야 문제가 풀어지기 시작합니다. 문제를 일으키는 근원이 허상이 아니고 영적인 실체이기 때문에 성령의 실체가 역사해야 풀리는 것입니다.

그리고 자녀들도 하나가 되어야 합니다. 자녀들이 부모가 하는 일이나 믿음생활에 협조적이지 못하고 반항적이거나 비협조적이면 그곳에 악한 역사가 일어나고 있기 때문에 성령의 역사에 의한 치유가 불가능한 것입니다. 그래서 재정과 환경의 문제를 풀려면 무엇보다도 중요한 것이 가정이 하나 되는 것입니다. 아무리 노력을 해도 하나 되지 못한다면 그것은 연단의 기간입니다. 시간이 필요합니다. 하나님은 개인과 가정이 하나가 될 때까지 기다리십니다.

그러므로 가족 모두가 하나님의 역사가 있어야 이 문제가 풀어질 수 있다는 필요성을 절박하게 느낄 때까지 기도하며 기다리는 것입니다. 때가 이르면 하나가 될 것입니다. 하나 되기 위하여 기도하시기를 바랍니다.

셋째, 문제의 원인을 바르게 진단해야 한다. 오늘 여리고 성의 문제는 물 근원지에 있었습니다. "엘리사가 가로되 새 그릇에 소금을 담아 내게로 가져오라 하매 곧 가져온지라. 엘리사가 물 근원으로 나아가서 소금을 그 가운데 던지며 가로되 여호와의 말씀이 내가 이 물을 고쳤으니 이로 좇아 다시는 죽음이나 토산이 익지 못하고 떨어짐이 없을지니라 하셨느니라 하니 그 물이 엘리사의 말과 같이 고쳐져서 오늘날에 이르렀더라."(왕하2:20-22). 문제의 원인이 어디에 있는지를 정확히 알아야 불필요한 시간을 낭비하지 않습니다. 우리에게 문제가 오는 이유는 제가 지금까지 사역하면서 임상적으로 터득한 바에 의하면 대략 이렇습니다.

1) 하나님을 멀리하고 우상을 숭배하므로 당하는 고통입니다.

① 오므리의 아들 아합의 아내 이세벨이 우상을 숭배하여 이스라엘에 기근이 찾아옵니다(왕상16:29-31). 이로 인하여 온 나라 백성이 3년 기근으로 고생을 당합니다.

② 여로보암 왕의 우상숭배 죄는 자신의 자녀들 및 전 국가에 저주를 몰고 왔습니다(왕상14:8-18). 이처럼 조상의 삶이 자손들에게 반드시 어떤 종류의 영향 즉 죄의 결과를 끼친다는 것입니다. 인류의 조상 아담과 하와의 범죄를 통해 전 인류는 죄인이 되었습니

다. "그러므로 한 사람으로 말미암아 죄가 세상에 들어오고 죄로 말미암아 사망이 들어왔나니 이와 같이 모든 사람이 죄를 지었으므로 사망이 모든 사람에게 이르렀느니라."(롬5:12). "한 사람의 범죄로 말미암아 사망이 그 한 사람을 통하여 왕 노릇 하였은즉 더욱 은혜와 의의 선물을 넘치게 받는 자들은 한 분 예수 그리스도를 통하여 생명 안에서 왕 노릇 하리로다."(롬5:17).

③ 다른 사람들에게 고통을 주어도 기근을 당합니다. 기브온 족속과의 계약을 어긴 사울 때문에 다윗 때에 전 민족이 삼년 동안 기근을 당하였습니다(삼하21:1-13).

2) 예수를 믿은 후 믿기 전에 와 있던 영적인 문제를 해결하지 못하므로 당합니다.

① 믿기 전에 했던 세상 풍속을 쫓고 우상 숭배를 했던 모든 것을 말씀과 성령의 역사로 자르지 못한 연고로 당하는 것입니다(엡2:2).

② 전인격이 성령으로 장악 당하지 못하여 성령 충만을 받지 못한 연고로 당합니다(행1:8).

③ 영적인 눈이 열리지 않아 깨닫지 못하므로 인하여 문제의 원인을 찾지 못하여 문제의 근본을 해결하지 못하고 등한시한 결과입니다.

④ 예수만 믿으면 영적인 문제가 자동으로 해결된다는 이론을 믿고 영적인 면을 등한시하여 당합니다. 오늘날 예수를 믿는 많은 분들이 예수님만 믿으면 모든 영적인 문제가 자동으로 해결되었다는 정확하지 않은 이론을 믿고 치유를 등한시하여 당하는 분들이 많이 있습니다. 그러나 성경은 밝히 말씀하고 계십니다. "믿는 자들에

게는 이런 표적이 따르리니 곧 그들이 내 이름으로 귀신을 쫓아내며 새 방언을 말하며 뱀을 집어올리며 무슨 독을 마실지라도 해를 받지 아니하며 병든 사람에게 손을 얹은즉 나으리라 하시더라."(막 16:17-18).

이는 예수 이름으로 자신이 귀신을 쫓아내라는 것입니다. 고로 자신이 영안을 열어 문제와 원인을 진단하고 예수님의 권세를 주장하여 치유 받아야 영육의 문제가 해결이 됩니다. 고로 자신에게 나타나는 문제를 찾아서 예수 이름으로 해결해야 하는 것입니다.

3) 조상들의 잘못으로 악한 영의 저주일 수도 있습니다. 재정적인 고통, 압박과 가난 등 짧은 기간의 궁핍은 하나의 연단이라고 할 수 있지만 항상 가난 한 것은 마귀의 역사일 수 있습니다(학1:6).

4) 조상들이 이웃이나 하나님에게 심어 놓은 것이 없을 경우도 있습니다(고후9:6).

5) 자신이 하나님과의 관계를 열지 못한 이유일 수도 있습니다(렘 2:12-13).

6) 우환질고(사고, 질병, 재해)가 끊이지 않아 물질이 새나가므로 고통을 당할 수도 있습니다(학1:6).

7) 게으르게 하는 영이 역사하므로 게을러서 오는 결과일 수도 있습니다(살후3:10). 이로보아 모든 문제의 뒤에는 원인이 있습니다. 성령으로 원인을 찾아서 자신이 직접 치유해야 하나님이 예비하신 복을 누리면서 살아갈 수가 있습니다.

8) 잠재의식의 상처로 인하여 영육의 고통을 당합니다.

넷째, 문제를 적극적으로 해결해야 한다. 본문에 여리고 성의 사람들은 문제를 해결하려고 나름대로 많은 노력을 했을 것입니다. 그러나 인간의 힘으로 인간의 문제를 해결할 수가 없습니다. 인간은 육입니다. 육은 미완성입니다. 육은 마귀의 종이였습니다. 모든 문제에는 아담의 죄악으로 마귀의 저주와 결부가 되어있기 때문에 하나님이 오셔야 해결이 됩니다. 이 인간의 문제를 해결하려고 예수 그리스도가 육신의 몸을 입고 이 땅에 오신 것입니다.

1) 하나님에게 문제를 가지고 빨리 나오라. 하나님이 함께하는 사람을 만나야 합니다. 이 여리고 성의 사람들은 하나님이 고치 실 수 있다는 믿음을 가지고 하나님의 사람 엘리사에게 나온 것입니다. 그래서 엘리사에게 사정을 소상하게 아룁니다. 여리고 성은 참으로 좋은 땅인데 물 근원이 나빠서 이 물이 흐르는 곳마다 열매를 맺지 못하고 다 떨어집니다. 짐승들도 이 물을 마시면 낙태를 해 버리고 심지어는 부녀들까지도 이 물을 마시면 어린아이를 낙태합니다. 하고 엘리사 에게 사정을 정확히 고하며 말합니다.

이 여리고 사람들은 물에 문제가 있다는 것을 알았습니다. 그래서 하나님의 사람 엘리사에게 문제를 내놓아 치유를 받은 것입니다. 이와 같이 문제를 알았으면 하나님의 사람의 전문적인 지도를 받아 치유하는 것이 좋습니다. 자신이 해결한다고 밤낮기도하고, 철야기도하고, 교회에서 살다시피 하고, 또 산에 가서 산기도하고, 100일 천일 작정 철야기도하고, 서원기도도 해보고, 능력 있다는 목사에게 안수 기도도 받고, 예언기도도 받아보고, 금식기도도 하고, 각종예물도 드리고, 별별 인간적인 처방을 해도 절대로 문제는 풀리지 않습니다.

정확한 영적인 원리를 가지고 문제와 원인에 성령으로 권위를 주장하는 영적인 치유를 해야 문제가 풀립니다. 문제를 풀려면 먼저 공인된 하나님의 사람에게 오셔서 정확한 진단을 받아야 하고, 진단에 따라 전문적인 치유를 받아야 합니다. 절대 안수 한번 받았다고 해결되지 않습니다. 예언 기도 받는 다고 해결되지 않습니다. 속아서 시간만 오래되어 더 묶이지 마시고 정확한 치유를 해야 합니다. 그 다음 어떻게 해야 합니까?

2) 우리의 문제의 근원은 나의 마음 안에 있습니다. 우리의 마음을 말씀과 성령으로 내적치유 합니다. 엘리사도 물 근원에 소금을 던져서 고쳤습니다(왕하2:21). 왜 우리의 마음을 치유해야 합니까? 우리의 근본은 아담의 육체를 가지고 있기 때문에 예수 믿고 교회에 들어오면 먼저 말씀과 성령의 역사로 마음을 치유 받아야 합니다. 그래서 육체가 성령의 지배를 받아야 합니다. 제가 지금까지 성령치유 사역을 하다가 한 가지 깨달은 것은 모든 문제의 원인은 자신의 마음 안에 있다는 것입니다. 그래서 문제의 원인이 자신의 마음에 있다는 것을 인정하고 말씀과 성령으로 치유하여 육체가 성령의 지배를 받으면 영의 사람으로 영이신 하나님과 교통하므로 하늘의 권세로 문제가 해결되기 시작합니다. 우리의 문제의 근원지인 마음의 상태가 어떠합니까?

가난의 마귀의 저주로 오염된 생명의 근원은 마음입니다. 우리가 사는데 가난의 고통이 다가오고, 하는 일이 다 안 되고, 이를 어떻게 해야 되느냐, 그래서 예수를 믿는 사람들이라도 정 안되면 능력이 있다는 사람을 찾아가서 상담도 해보고, 안수도 받아보고, 예물도 드려보고, 예언도 들어보고 그럽니다. 세상에 믿지 않는 사람들은 사주팔자를 보기도 하고, 무당을 불러서 굿도 하고, 온 산천초목에 가서도 빌기도 하는데 몰라서 그렇습니다. 여리고성에 열매가 떨어졌는데 무당에 가서 굿하고 우상에게 절한다고 해서 여리고성 열매가 안 떨어지겠습니까?

여리고성에 열매가 떨어진 것은 여리고에 물 근원이 사망과 독이 가득하게 차있기 때문인 것입니다. 우리에게 일이 안 되는 것은 우리 마음에 사망과 독이 있기 때문에 그렇지 환경에 가서 빈다고 일이 되는 것이 아닙니다. 지킬만한 것보다 더 네 마음을 지켜라 생명의 근원이 이에서 난다고 함으로 복과 화가 우리 마음에서 나는 것입니다. 마음을 통해서 복을 주시고 또 우리 마음을 통해서 하나님께서 심판도 하시는 것입니다.

그렇기 때문에 우리 마음이 하나님이 복을 주시는 파이프라는 것을 우리가 알아야 합니다. 예수님이 십자가에 못 박혀 저주를 대신 짊어지셨으므로 예수를 구주로 믿고 모시고 행위로 순종하고 나아가면 그리스도가 우리 마음속에서 저주를 제해 버리기 때문에 우리가 생각하는 것이나 말하는 것이나 행하는 모든 일에 하나님의 축복이 넘쳐 나서 환경이 변화되어 버리고 만다는 것입니다. 우리의 마음을 먼저 말씀과 성령으로 내적 치유하여 풀어야 합니다. 용서할 것은 용서하고 회개 할 것은 회개하여 먼저 마음을 평안하고 안정되게 하여 성령의 전이 되게 해야 합니다. 그리고 난 다음에 영적 싸움을 하는 것입니다.

3) 재정과 환경의 문제를 풀어내고 축복의 근원이 되기 위한 영적전쟁을 해야 합니다. "엘리사가 가로되 새 그릇에 소금을 담아 내게로 가져오라 하매 곧 가져온지라. 엘리사가 물 근원으로 나아가서 소금을 그 가운데 던지며 가로되 여호와의 말씀이 내가 이 물을 고쳤으니 이로 좇아 다시는 죽음이나 토산이 익지 못하고 떨어짐이 없을지니라 하셨느니라 하니, 그 물이 엘리사의 말과 같이 고쳐져서 오늘날에 이르렀더라."(왕하2:20-22).

지속적인 영적 싸움을 하라. 물질의 축복이 임하도록 사후관리를 잘해야 합니다. 우리가 하나님의 축복을 받기 위해 성령으로 충만하여 축복 받을 그릇이 되어야 합니다. 계속 입술로 선포하며 명령하라. 악한 영은 떠나가고 물질의 축복은 올지어다. 가정이나 사업장에서 예배와 대적기도하며 지역과 장소를 장악하는 적극적인 활동을 하라는 것입니다. 성령의 역사가 일어나 장소를 성령이 장악해야 마귀가 떠나니 형편이 풀립니다. 가정이나 사업장에서 강한 성령의 역사를 일으키고, 장악하는 활동을 적극적으로 해야 부자가 됩니다.

26장 가난의 근원을 정화하고 배출하라.

(고전2:10)"오직 하나님이 성령으로 이것을 우리에게 보이셨으니 성령은 모든 것 곧 하나님의 깊은 것까지도 통달하시느니라."

하나님은 성도들의 혈통에 역사하며 지옥 같은 삶을 살게 하는 근본 원인을 성령으로 찾아서 해결하기를 소원하십니다. 왜 혈통에 흐르는 가난의 원인을 찾아서 해결해야 되는지 바르게 알아야 합니다. 보수적인 목회자들과 신학자들이 예수를 믿었으면 새사람인데 혈통의 문제를 들추어내서 시간을 허비할 필요가 없다는 것입니다. 물론 이론적으로 보면 맞는 말입니다. 그러나 체험적으로 보면 다르다는 것을 알 수가 있습니다. 영의 세계는 육적인 눈으로 볼 수가 없고, 영의 눈으로만 볼 수 있는 세계입니다. 보이지는 않지만 빼앗고 빼앗기는 실제적인 역사가 일어나는 세계입니다.

물론 혈통의 문제가 아무런 문제를 일으키지 않는다면 들추어내서 해결하려고 할 필요가 없습니다. 무엇 때문에 아무런 문제를 일으키지 않는데 무의식과 잠재의식을 터치하면서 해결하려고 하겠습니까? 그런데 분명하게 문제를 일으키고 영적인 성장을 하지 못하도록 방해하기 때문에 사역을 하는 것입니다.

첫째, 가난하게 하는 증상을 찾아보라. 혈통에 대물림되는 마귀의 저주가 있으면 이해할 수가 없는 이상한 일들이 일어납니다. 문제가 자꾸 꼬이고 금방 될 것 같은데 마지막에 사람의 방해로 일이 틀어지고 맙니다. 내가 이제 영적인 것을 깨닫고 지난날을 되돌아 보면 이상하게 일이 결정적인 순간에 꼬였다는 것입니다. 그것도 한번이 아니고 여러 번 그런 경험을 했습니다. 내가 대물림되던 마귀저주로 인하여 당한 고통은 이렇습니다.

1) 방해하는 사람만 만납니다. 내가 지난날을 회상하여 보면 조상이 하나님을 멀리하고 우상숭배 할 때 들어온 귀신의 영향으로 인하여 저에게 손해를 끼치는 사람만을 만났다는 것입니다. 앞길을 방해하는 사람을 만나게 합니다. 그래서 내가 군대생활을 접었다는 것이 아닙니까? 이상하게 결정적인 순간에 방해를 하게 합니다. 친척들이 방해를 합니다. 말을 악하게 합니다. 정말 지금생각하면 저를 쓰러지게 하려고 주변 사람들을 동원하여 방해를 했습니다. 그런데 신기한 것은 내가 말씀과 성령으로 대물림을 끊고 치유를 받으니까, 그동안 방해하던 사람들이 모두 잘못되거나 세상을 떠나더라는 것입니다. 봄에 눈이 녹아서 없어지듯이 하나하나 사라지더라는 것입니다. 이것을 보면 저의 앞길을 방해한 것들이 귀신역사라는 것이 판명이 난 것입니다.

3년 동안 성령을 체험하며 조상의 우상숭배를 회개하며 대물림의 줄을 끊고 귀신을 쫓아내자 주변에 저를 도와주려는 사람들이 찾아오더라는 것입니다. 이 성도들이 헌금을 하여 사택이 밖으로 나가게 됐습니다. 서울로 교회를 이전하게 됐습니다. 참으로 기적 같은 역사입니다. 우리 아이들이 지금 우리가 서울에 올라온 것은 기적이라는 것입니다. 자신들이 우리 가정의 상태를 볼 때 도저히 사람의 능력으로는 해결할 수 없는 상황 이었습니다. 하나님은 어린아이들이 이렇게 간증하게 한 것입니다. 이렇게 하나님의 기적을 체험한 아이들이 둘 다 서울에 있는 대학에 들어갔습니다. 남들은 한 시간씩 차를 타고 학교를 가는데 이 아이들은 30분 만에 학교를 갔습니다. 하나님이 필요한 시기에 역사하셔서 둘 다 대학을 졸업했습니다. 한 아이는 과 수석으로 졸업하여 대학원에 장학생으로 졸업하고 고등학교 교사로 쓰임을 받고 있습니다. 또 한 아이는 유치원 교사가 되어 쓰임받고 있습니다. 하나님은 축복의 하나님이십니다. 하나님은 기적의 하나님이십니다.

2) 결정적인 순간에 일이 틀어집니다. 저는 정말로 설명하기 힘이 드는 일을 많이 당했습니다. 잘 되어 가다가 결정적인 때가 되면 사람의 방해로 일을 그르쳤다는 것입니다. 그것도 한번이 아니고 네 번이나 당했습니다. 다되었다고 마음을 놓고 결과를 보면 틀어져버린 것입니다. 내가 강남에 갔다가 택시를 타고 교회에 오면서 택시 기사가 하는 말이 자기는 일이 결정적인 순간에 틀어져버린다는 것입니다. 경매를 받아서 이사를 가려고 있던 집을 팔았는데 경매한 집의 주인이 돈을 갚아 버려서 진퇴양난에 빠졌다는 것입니다. 그러면서 하는 말이 이것이 자신의 운명인 것 같다는 것입니다. 그래서 내가 그것은 운명이 아니고 귀신의 역사입니다. 반드시 예수를 믿어야 이런 일을 다시 당하지 않습니다. 하고 조언을 한 일이 있었는데 내가 지난 세월 이분과 같이 결정적인 순간에 일이 틀어져 버렸다는 것입니다. 그런데 말씀과 성령의 역사로 삼년이란 세월동안 대물림되던 귀신의 저주를 끊고 나니 이런 일이 봄에 눈이

없어지는 것과 같이 사라지더라는 것입니다.

   3) 충격적인 일들을 당합니다. 필자는 첫아이를 교통사고로 천국에 보냈습니다. 그것도 교회 앞에서 말입니다. 정말 생각하면 도저히 일어날 수 없는 일이 일어났습니다. 차가 다니는 대로도 아닌데 그것도 버스에 아이가 사고를 당한단 말입니까? 조상의 우상숭배로 인하여 혈통에 귀신이 역사하면 충격적인 일들을 많이 당합니다. 이해할 수 없는 일들을 당합니다. 어느 여 목사님은 화재가 발생하여 부모님이 모두 돌아가셨다는 것입니다. 그때 충격을 받아서 우울증에다가 심장병으로 고생을 하다가 오셔서 성령을 체험하고 대물림의 문제들을 찾아서 끊어내고 귀신을 축사했습니다. 그래서 우울증과 심장병이 치유가 되었습니다. 일 년 동안 우리 교회에 상주하다시피 하면서 은혜를 체험하고 25년 동안 고통당하던 질병과 대물림을 치유 받았습니다.

   4) 항상 물질이 곤고합니다. 군대에서 영관장교로 있었기 때문에 봉급이 그렇게 적은 것이 아닌데 항상 마이너스가 되더라는 것입니다. 이상하게 물질이 새나갑니다. 멀쩡한 곳에서 교통사고가 납니다. 그래서 물질이 나가게 합니다. 돈이 모여지지를 않는 것입니다. 항상 가난한 것입니다. "너희가 많이 뿌릴지라도 수확이 적으며 먹을지라도 배부르지 못하며 마실지라도 흡족하지 못하며 입어도 따뜻하지 못하며 일꾼이 삯을 받아도 그것을 구멍 뚫어진 전대에 넣음이 되느니라"(학 1:6). 마귀가 역사하여 사고나 질병이 발생토록 하면서 물질이 새게 하는 것입니다. 원인이 없는 문제는 없습니다.

둘째, 가난의 끊기 위한 적극적인 활동을 하라. 하나님은 복을 주시는 하나님이십니다. 우리에게 닥친 짧은 기간의 가난은 하나님의 연단이라고 볼 수 있지만 늘 가난한 것은 마귀의 저주가 분명합니다. 성령의 임재 가운데 글을 읽으면서 진단하여 보시기를 바랍니다.

1) 늘 물질 문제로 어려움과 고통을 당합니까? "너희가 많이 뿌릴지라도 수확이 적으며 먹을지라도 배부르지 못하며 마실지라도 흡족하지 못하며 입어도 따뜻하지 못하며 일꾼이 삯을 받아도 그것을 구멍 뚫어진 전대에 넣음이 되느니라"(학 1:6). 재물에 하나님의 보호가 없기 때문에 마귀가 역사하여 구멍 뚫린 전대가 되는 것입니다.

2) 채무가 자꾸 늘어만 갑니다. "여호와께서 너를 위하여 하늘의 아름다운 보고를 여시사 네 땅에 때를 따라 비를 내리시고 네 손으로 하는 모든 일에 복을 주시리니 네가 많은 민족에게 꾸어 줄지라도 너는 꾸지 아니할 것이요"(신 28:12). 하나님이 함께하면 꾸어 줄지라도 꾸지 않는 자가 됩니다. 당신이 만약에 채무가 자꾸 늘어만 간다면 당신에게는 지금 하나님의 보호가 약하고 마귀의 지배가 강한 것입니다. 원인을 찾아 치유해야 합니다.

3) 벌기는 잘 버는데 저축되지를 않습니다. "너 하늘아 이 일로 말미암아 놀랄지어다 심히 떨지어다. 두려워할지어다. 여호와의 말씀이니라. 내 백성이 두 가지 악을 행하였나니 곧 그들이 생수의 근원되는 나를 버린 것과 스스로 웅덩이를 판 것인데 그것은 그 물을 가두지 못할 터진 웅덩이들이니라"(렘 2:12-13). 마귀가 역사하니 물질이 자꾸 새는 것입니다. 원인을 찾아서 적극

적으로 해결해야 합니다.

4) 사고나 질병으로 물질이 자꾸 새어나갑니다. "너희가 많이 뿌릴지라도 수확이 적으며 먹을지라도 배부르지 못하며 마실지라도 흡족하지 못하며 입어도 따뜻하지 못하며 일꾼이 삯을 받아도 그것을 구멍 뚫어진 전대에 넣음이 되느니라"(학 1:6). 마귀가 역사하여 사고나 질병이 발생토록 하면서 물질이 새게 하는 것입니다. 원인이 없는 문제는 없습니다. 말씀과 성령으로 원인을 찾아서 해결해야 합니다. 그냥 두면 계속적으로 마귀가 더 강하게 역사합니다.

5) 사업이나 장사나 직장 생활이 잘 되는 일이 없습니다. "네가 악을 행하여 그를 잊으므로 네 손으로 하는 모든 일에 여호와께서 저주와 혼란과 책망을 내리사 망하며 속히 파멸하게 하실 것이며"(신 28:20). 하나님의 자녀가 하는 사업은 곧 하나님의 사업입니다. 그렇기 때문에 하나님의 자녀가 하는 일은 안될래야 안 될 수가 없습니다. 만약에 잘 되지 않는다면 분명하게 원인이 있습니다. 성령님에게 문의하여 원인을 찾아 사업이나 직장 생활을 방해하는 세력들을 예수 이름으로 박살내시기를 바랍니다.

6) 꿈에 조상이나 부모가 거지 행색을 하고 나타납니다. 어느 여집사님이 저에게 이런 상담을 했습니다. "목사님 얼마 전에 한 꿈을 꾸었는데 돌아가신 우리 시아버지가 거지가 되어 나타났습니다. 우리 방문을 열고 들어오려는 것을 보고 꿈에서 깨었습니다." 그래서 제가 이렇게 대답 해주었습니다. "그것은 조상으로부터 전이되는 거지의 영입니다. 집사님의 가정 경제 형편이 지금 어떻습니까?" "예! 목사님 말씀이 맞습니다. 우리 지금 거지가 되었습니다. 남에

게 빌어다가 먹고 사는 형편입니다." "집사님 빨리 영적인 전쟁을 하십시오. 조상 대대로 전이되는 가난의 영과 일전을 하셔서 몰아내시기를 바랍니다. 그렇지 않으면 가난이 떠나가지 않습니다." 그후 집사님이 한 일 년 동안 거지의 영과 영적 전쟁을 한 결과 지금은 모든 물질의 문제가 풀리고 잘 지내십니다.

우리는 이것을 알아야 합니다. 꿈에 거지 모습으로 나타난 시아버지는 진짜 시아버지가 아닙니다. 대대로 빌어먹게 하던 거지의 영이 시아버지 모습으로 나타난 것입니다. 왜냐하면 미혹하기 위해서 그러는 것입니다. 자손들에게 환영을 받으면서 활동하려고 그러는 것입니다. 죽은 사람의 영은 천국이 아니면 지옥에 가있습니다. 나오지 못합니다. 당신은 무속 같은 이론에 속지 마시기를 바랍니다. 이것은 성경에 어긋나는 잘못된 이단의 이론입니다. 절대로 현혹되지 마시기를 바랍니다. 절대로 죽은 사람의 영은 세상에 나올 수가 없습니다.

누가복음 16장 23-26절에 보면 이렇게 기록되어 있습니다. "그가 음부에서 고통중에 눈을 들어 멀리 아브라함과 그의 품에 있는 나사로를 보고 불러 이르되 아버지 아브라함이여 나를 긍휼히 여기사 나사로를 보내어 그 손가락 끝에 물을 찍어 내 혀를 서늘하게 하소서 내가 이 불꽃 가운데서 괴로워하나이다. 아브라함이 이르되 얘 너는 살았을 때에 좋은 것을 받았고 나사로는 고난을 받았으니 이것을 기억하라 이제 그는 여기서 위로를 받고 너는 괴로움을 받느니라. 그뿐 아니라. 너희와 우리 사이에 큰 구렁텅이가 놓여 있어 여기서 너희에게 건너가고자 하되 갈 수 없고 거기서 우리에게 건너올 수도 없게 하였느니라"(눅 16:23-26). 한번 죽어 천국이나 지옥에 가있는 영은 세상에 절대로 왔다 갔다 할 수가 없습니다. 꿈에 나타난 시아버지는 타락한 천사가 가장하고 나타난 것입니다. 만약에 이런 경우에 처한 분이 계시다면 강하게 영적인 투쟁을 하시기를 바랍니다. 그래야 가난의 문제가 풀립니다. 제가 지금까지 치유 사역을 하면서 깨달은 것은 모든 문제에는 이유가 있다는 것입니다. 이유와 원인을 찾아 해결하면 문제는 해결되는 것입니다. 하나님은 성도에게 복을 주시는 하나님이십니다.

셋째, 조상의 죄악을 파악하여 회개하라. 물질의 어려움은 조상들의 우상숭배와 불순종으로 오는 경우가 많습니다. 성령으로 물질의 문제의 근원을 찾아서 회개해야 합니다. 많은 분들이 죄는 조상들이 짓고 다 죽어 세상을 떠났는데 왜 내가 그분들의 죄악을 회개해야 되느냐고 의구심을 갖습니다. 그러나 "우리는 선조의 죄를 대신해서 회개하는 것이 아니고, 선조의 죄 때문에 회개하는 것입니다." 선조의 죄를 통하여 마귀가 합법적으로 들어와 저주하기 때문에 마귀를 몰아내기 위하여 죄를 회개하는 것입니다. "이제 종이 주의 종들인 이스라엘 자손을 위하여 주야로 기도하오며 우리 이스라엘 자손이 주께 범죄한 죄들을 자복하오니 주는 귀를 기울이시며 눈을 여시사 종의 기도를 들으시옵소서 나와 내 아버지의 집이 범죄하여 주를 향하여 크게 악을 행하여 주께서 주의 종 모세에게 명령하신 계명과 율례와 규례를 지키지 아니하였나이다"(느1:6-7). 이와 같은 회개의 기도는 사탄이 선조의 죄를 통하여 우리들에게 저주할 수 있는 법적 근거를 끊기 위한 목적입니다.

"하나님, 저는 이 시간 저의 선조 부모의 불의를 회개하고 용서를 빕니다. 조상들의 죄가 삼사대까지 이르도록 저주를 초래하게 한 저 스스로와 조상들의 모든 죄들을 회개합니다. 모든 불순종, 반항, 우상숭배, 점과 우상에게 복을 빌은 죄, 무당에게 굿을 한 죄를 회개합니다(그런데 회개할 때 이렇게 한꺼번에 하는 것이 아니라, 구체적으로 한 가지씩 찾아서 회개해야 합니다). 주 예수 그리스도를 통한 하나님의 용서와 죄 씻음을 구합니다. 아버지께서 그리스도의 이름으로 조상의 죄를 사해 주심을 믿고 감사드리며, 예수 그리스도의 이름으로 기도드립니다. 아멘."

넷째, 마귀에 의한 가난의 대물림을 끊어야 한다. 나에게 임한 사탄의 물질의 고통을 끊어라. 가난의 고통을 끊어라.

① "갈라디아서 3장 13절에 의하여 나는 예수의 희생으로 가난의 저주에서 속량되었다. 나와 나의 자손들에게 임한 가난 마귀의 저주는 끊어질지어다. 예수 이름으로 명하노니 가난의 영의 줄은 끊어질지어다."

② "나는 예수의 이름으로 나와 가족 위에 내린 가난의 저주를 끊노라! 가난, 궁핍, 부채의 모든 마귀의 역사는 끊어질지어다. 예수 이름으로 명하노니 부채를 늘어나게 하는 마귀의 저주의 줄은 끊어질지어다."

다섯째, 가난을 대물림하는 악한 마귀, 귀신을 쫓아내야 한다.

① "나의 경제상태, 대인관계, 가난, 궁핍, 부채, 환난의 영은 예수의 이름으로 명하노니 내게서 떠나갈지어다!"

② 우리는 단호하게 마귀를 향하여 꾸짖어야 합니다. 그러한 권세가 우리에게 있습니다. 마귀는 우리의 힘으로 어찌할 수 없는 영적 존재이지만 사망 권세를 이기신 예수 그리스도의 이름 앞에서는 무력한 존재입니다. 그 이름을 힘입어 믿음으로 사탄을 꾸짖고 명할 때 마귀는 물러갑니다.

③ 마귀에게 단호하게 명령하라. "내가 예수의 이름으로 명하노니 가난의 영은 떠나갈지어다. 채무의 영은 떠나갈지어다. 지금까지 가지고 간 재물을 다 돌려놓고 떠나갈지어다."

여섯째. 감사하고 축복하라. "나는 믿음을 실천하며 또 입으로 시인하여 구원에 이름을 알고 있다. 그러므로 나는 아브라함의 복이 나의 것임을 시인한다. 나는 마귀의 지배 아래 있지 않고 복을 받았다. 나는 꼬리가 아니고 머리다. 나는 밑에 있지 않고 위에 있다. 나는 들어와도 복을 받고 나가도 복을 받는다. 나는 복을 받았다. 또 하나님께서 앞으로 더욱 복을 주실 것이다. 주님, 마귀의 역사로 인하여 저의 인생에 역사했던 모든 가난의 고통에서 저를 자유하게 하심을 진심으로 감사드립니다. 예수님의 이름으로 기도합니다. 아멘." 계속하여 선포하라! "가난의 영은 떠나가고 재정에 복을 주는 영이 임할지어다."

일곱째, 가난 궁핍의 고통을 끊는 기도. 성령이여 임하소서. 성령이여 충만하게 사로잡아주옵소서. 성령이여 우리 가문을 사로잡아 주옵소서. 아버지 하나님 이 시간 우리 가문의 가난과 채무의 결박을 끊고 풀기 위하여 기도합니다. 이 시간 우리 조상들의 죄악을 회개합니다. 성령이여 우리 가문을 지배하고 장악하여 주옵소서.

나와 나의 조상들이 유해한 직업과 하나님께서 주신재물을 선하게 사용하지 못한 죄, 우상 앞에 바친 제물과 제물을 만드는 데 재물을 사용한 죄, 자신의 욕심과 정욕과 쾌락을 위해 재물을 탕진한 죄, 남의 것을 떼어먹은 죄, 말의 저주 속에 가난을 초청한 죄악으로 인하여 가문에 가난의 영과 채무의 영이 흐르게 되었음을 인정하며 자백합니다.

진실로 이 모든 죄를 회개합니다. 용서하여 주옵소서! 이제 내가 예수 그리스도의 이름으로 잘못된 직업과 잘못된 재물 사용의 모든 죄악의 결박들을 끊고 풀기를 선언하고 선포한다. 그리고 예수의 보혈을 뿌리고 바르고 덮는다. 이 더러운 가난의 악한 영들아, 거지의 영들아, 채무의 영들아, 내가 예수 이름으로 명하노니 이제부터 나와 내 가정과 내 자녀와 생업 위에 접근할 수 없고, 공격할 수 없고, 상관할 수 없음을 예수의 이름으로 선포하노라.

나와 우리 가정과 가문에서 영원히 떠나갈지어다. 지금까지 손해나게 하고 가지고 간 모든 물질을 돌려놓고 영원히 떠나갈지어다. 우리 가문에 재정에 복을 주는 영이 임할지어다. 우리 주 예수 그리스도의 이름으로 기도합니다. 아멘.

27장 받은 축복관리를 바르게 하라

(출34:7)"인자를 천대까지 베풀며 악과 과실과 죄를 용서하리라 그러나 벌을 면제하지는 아니하고 아버지의 악행을 자손 삼사 대까지 보응하리라"

하나님은 자신과 직접적인 관계가 열리기를 원하십니다. 자신 안에 임재하신 하나님과 직접적인 관계를 열어야 합니다. 많은 성도들이 하나님과의 관계는 뒷전으로 하고 문제만 해결 받으려고 합니다. 그렇기 때문에 7년이 되어도 혈통의 마귀저주가 해결되지를 않는 것입니다. 세상에서 인생의 문제로 고통을 당하면서 이 방법 저 방법을 다 동원합니다. 그렇게 해도 해결이 되지를 않는 것은 영적인 문제가 결부되어있기 때문입니다. 영적인 문제가 해결이 되어야 인생의 문제가 해결이 되는 것입니다.

그렇기 때문에 하나님과 관계를 먼저 열어야 한다는 것입니다. 그런데 그렇게 하지를 않습니다. 영적인 원리를 잘 모르고 교회에서 지도자가 무조건 기도하고 열심히 하면 문제가 해결된다고 했기 때문입니다. 그래서 세상에서 고통을 당하다가 예수를 믿으면 해결이 된다고 하여 예수를 믿고 교회에 다닙니다. 교회에 들어와서 열심히 예배를 드리면서 봉사도 합니다. 철야도 하면서 하나님께 문제를 해결하여 달라고 합니다. 오로지 하나님께서 문제를 해결하여 주기를 바라는 애절한 기도를 합니다. 그러나 하나님은 문제를 해결하실 수가 없습니다. 왜냐하면 육적인 상태에서 하는 기도는 영이신 하나님이 알아들으실 수가 없기 때문입니다. 이렇게 소극적인 방법으로 믿음 생활을 하니 7년이 되어도 혈통의 마귀저주에서 해방되지 못하는 것입니다.

　가난하게 하는 마귀저주를 해결하려면 이렇게 해야 합니다. 예수를 믿고 교회에 들어왔으면 영과 진리로 예배를 드리는 것입니다. 예배를 드리면서 기도하여 성령세례를 받아야 합니다. 성령으로 세례를 받음과 동시에 무의식과 잠재의식의 상처를 치유합니다. 상처가 치유되면서 자아가 부수어집니다. 점점 자신이 없어지는 것입니다. 영적인 사람이 되어간다는 날입니다. 그러면서 육체에 역사하던 세상 신들이 떠나가면서 하나님과 관계가 열리는 것입니다. 주인이 바뀌는 것입니다. 이 원리를 예수님은 이렇게 말씀하셨습니다. 누가복음 11장 20-22절에서 "그러나 내가 만일 하나님의 손을 힘입어 귀신을 쫓아낸다면 하나님의 나라가 이미 너희에게 임하였느니라. 강한 자가 무장을 하고 자기 집을 지킬 때에는 그 소유가 안전하되, 더 강한 자가 와서 그를 굴복시킬 때에는 그가 믿던 무장을 빼앗고 그의 재물을 나누느니라." 초자연적인 성령께서 주인으로 좌정하시니 지금까지 주인노릇을 하던 세상신이 물러가는 것입니다. 이제 하나님과 관계가 열리기 시작하는 것입니다.

　이제 하나님께 기도하면서 마귀의 저주로 고통당하는 원인을 알아내는 것입니다. 영적인 상태가 되면 하나님께서 반드시 알려주십니다. 하나님께서 자신을 통하여 일을 해야 하기 때문입니다. 한 가지 한 가지씩 하나님께 하문하여 혈통에 역사하는 가난하게 하는 마귀저주를 풀어가는 것입니다. 그러므로 성도들이 우선해야 하는 것은 하나님과 관계를 여는 것입니다. 그래서 성령 세례가 중요한 것입니다. 성령으로 영적인 상태가 되어야 자신 안에 계신 하나님과 관계가 열리기 때문입니다.

그래서 우리가 다른 사람의 도움을 받아 문제를 해결 받고, 치유 받는 것은 어느 시점까지만 가능한 것입니다. 종국에서 자신에게 와있는 성령의 권능을 가지고 스스로 끊어내야 합니다. 저는 우리 교회에서 성령치유 집회를 할 때 오신 분들이 스스로 영적 자립을 하도록 훈련을 하고 있습니다. 자신의 혈통으로 역사하는 가난하게 하는 마귀의 대물림을 이렇게 끊으시기를 바랍니다.

하나님은 저주하는 하나님이 아니고 축복하시는 사랑의 하나님입니다. 그러므로 우리 가문에 대대로 흐르는 영육의 문제는 하나님이 하신 것이 아닙니다. 하나님과 사람의 사이에 틈이 생길 때 마귀가 들어와 저주한 것입니다. 절대로 하나님이 저주 한 것이 아닙니다. 그래서 이 마귀의 저주문제를 성령의 능력으로 적극적으로 다루어서 해방 받고 하나님이 예비한 축복을 받고자 이렇게 스스로 치유하는 비결을 알려드리는 것입니다.

첫째, 스스로 인정하라. 자신에게 일어나는 현상이 혈통에 대물림되는 귀신의 역사로 일어나는 것이라는 것을 인정하라는 말입니다. 절대로 본인이 인정하지 않으면 귀신은 떠나가지를 않습니다. 본인이 인정하고 성령의 임재 하에 명령을 하면 시간이 오래 걸려서 문제지 다 떠나갑니다. 그래서 자신에게 일어나는 비정상적인 일들의 배후에 악한 영이 있다는 것을 알고 인정하는 것이 중요합니다. 나의 그동안 사역경험으로 보아 본인이 인정하고 성령의 임재 하에 본인이 명령할 때 모두 귀신이 떠나갔습니다. 분명하게 선조들의 죄악을 통해서 역사하는 귀신이 있습니다. 인정합시다. 인정하는 것이 빨리 귀신의 역사로부터 해방되기 시작하는 수단입니다.

둘째, 영안을 열어 영적인 사고를 하라. 제가 그렇게 혈통에 대물림되던 귀신의 역사로 고통을 당하다가 서서히 해결을 받은 것은 영적인 눈을 뜬 후부터입니다. 영적인 원리들을 알고 적용하면 적용할수록 환경에 보이도록 변화가 나타났습니다. 영적인 원리들을 알고 성령의 권세를 주장하니 물질이 서서히 풀렸습니다. 교회가 부흥을 했습니다. 재력이 있는 성도들이 교회에 등록을 했습니다. 성령의 역사가 일어나니 성령께서 하나님의 사람들을 보낸 것입니다. 천사들입니다. 저는 항상 이렇게 생각을 합니다.

성도가 성령의 세례를 받으면 성령의 인도로 영의 눈이 떠집니다. 영의 눈이 떠지니 영적인 세계가 보이게 됩니다. 모든 문제의 배후에는 귀신이 역사한다는 것을 알게 됩니다. 귀신을 쫓아내려고 하니 성령의 권능을 받는 것입니다. 그래서 영적인 원리들을 아는 만큼씩 저주하던 귀신이 떠나가는 것입니다. 영적인 지식을 얻기 위하여 노력을 해야 합니다. 말씀의 비밀을 깨닫기 위하여 성령 충만을 받아야 합니다. 성령의 인도로 말씀 속에 있는 영적인 원리들을 찾아서 적용하면 혈통에 역사하며 저주하던 귀신들이 떠나갑니다.

셋째, 성령의 세례와 권능을 받으라. 혈통에 역사하며 저주하던 귀신은 우리보다 강합니다. 반드시 성령의 역사로 장악이 되어야 떠나가는 것입니다. 그러므로 성령의 권능을 받아야 합니다. 성령의 권능을 받으려면 먼저 성령으로 세례를 받아야 합니다. 성령으로 세례를 받으려면 성령의 역사가 일어나는 장소에 가야 합니다. 성령의 역사가 일어나는 장소에 가서 뜨겁게 기도할 때 성령의 세례를 체험하게 됩니다. 성령의 세례는 이론이 아니고 실제로 체험하는 역사입니다. 자신이 직접 몸으로 감각으로 느껴야 합니다. 성령의 세례를 받게 되면 다음으로 성령의 불세례가 나타나기 시작을 합니다. 성령께서 불로 역사하면서 자신의 상처를 치유하고 자아를 부수십니다. 혈통에 역사는 귀신을 축사합니다. 귀신이 떠나가니 영안이 열리기 시작을 합니다. 성령의 권세로 귀신이 떠나가는 것입니다.

넷째, 성령의 깊은 임재 안에 들어가라. 치유를 받거나 사역을 하려면 먼저 성령의 임재가 되어야 합니다. 성령의 임재가 장악한 평안한 상태가 되어야 합니다. 성령의 깊은 임재가 중요합니다. 이를 위하여 평소에 내가 성령의 임재가 깊으면 어떠한 현상이 나타나는지 체험하고 숙지해야 합니다. 이를 위해 평소 성령의 임재 훈련을 많이 하여야 합니다. 그리고 성령의 임재를 체험해 보아야 합니다. 성령의 깊은 임재 안에서 가문에 대물림되는 문제들을 찾아내고 회개하고 끊어내고 몰아내야 깊은 치유가 일어납니다.

머리로 외워서 입으로 하는 기도를 효과가 적습니다. 육적인 상태에서는 우리를 저주하는 마귀가 떠나가지 않습니다. 영적인 상태, 성령의 임재 하에서 예수 이름으로 명령한 때 저주의 영들이 물러갑니다. 성령의 임재 하에 죄를 짓는 장면을 눈으로 직접 그리면서 깊은 차원의 기도가 성령의 역사로 마귀의 저주가 끊어집니다. 우리 가계에 대물림하면서 저주하는 마귀를 우리보다 강한 영적인 존재입니다. 고로 성령의 깊은 임재 하에 예수 이름으로 회개도 하고 용서도해야 저주하던 마귀, 귀신이 성령의 권세로 떠나가는 것입니다.

다섯째, 현재 알게 모르게 일어나는 마귀저주를 찾아라. 나와 우리 가문에 대물림의 문제가 무엇인가를 진단하여야 합니다. 그것은 하나님의 말씀으로 하는 것입니다. 말씀은 가문에 대물림되는 영육의 문제를 찾아내는 잣대입니다. 하나님의 말씀과 성령의 역사로 자신의 가문을 진단하는 것입니다. 오늘 이 말씀들을 잘 읽는 것도 하나님의 말씀입니다. 그것으로 나와 내 가정을 점검하여 진단하는 것입니다.

1)무엇이 문제입니까? ①대대로 영적인 질병으로 고통을 당하고 있습니까? ②가문에 대대로 흐르며 대물림되는 질병이 있습니까? ③이유모를 불순한 일들이 가문 대대로 전수되고 있습니까? ④가문 대대로 자녀들이 이유모를 질병으로 사망하고 있습니까? ⑤가문 대대로 홀아비나 홀어미가 많아 가정이 분열되고 있습니까? ⑥대대로 이혼하는 가정이 있습니까? ⑦대대로 가문이 가난하게 살고 있습니까? ⑧대대로 채무로 고통을 당하고 있습니까? ⑨

가문에 대대로 정신지체아가 태어나고 있습니까? ⑩이것 때문에 도무지 하나님께로 나아가지 못하고 예수님을 내 영혼의 깊숙한 그곳까지 모셔 들이지 못하는 다른 것이 있습니까?

　2)육체적인 질병과 환경의 문제도 여기에 해당됩니다. ①가족력으로 나타나는 불치병이 있지는 않습니까? ②원인 모를 정신 질환이 있지는 않습니까? ③우울증과 조울증에 시달리고 있지는 않습니까? ④죽고 싶은 충동이 자주 일어나지 않습니까? ⑤대인관계가 잘되지 않아 친구가 없습니까? ⑥아니면 아무리 노력하여도 사업에서 실패합니까? ⑦가정이 무너져 내리고 있습니까? 자녀가 문제를, 남편이 바람을, 부인이 바람을 피워서 가정에 불화가 있습니까? ⑧부모의 안 좋은 모습이 나에게서 강하게 나타나 자학하고 있지는 않습니까? ⑨기타 추가로 무엇이 문제입니까?

　성령의 임재가운데 자신에 대하여, 사랑하는 부모님에 대하여, 가문에 대하여, 진지하게 말씀으로 진단하여 보시기 바랍니다. 그리고 그것을 하나님께 아뢰시기 바랍니다. 하나님 아버지에게, 예수님에게, 특히 성령님에게 아뢰시기 바랍니다. 구체적으로 아뢰시기 바랍니다. 우리가 때로는 자신의 문제조차도 모르는 경우가 의외로 많습니다.

　나도 모르고 당하는 경우도 많습니다. 무엇이 문제인지 모르는 경우입니다. 그럴 때 성령님 가르쳐 주세요! 성령님 알려주세요! 성령님 생각나게 하세요! 이렇게 도움을 구하십시오! 병원에도 가면 자기가 아픈데도 어디가 아픈지를 설명 못하는 분들이 있을 수가 있습니다. 그럴 때는 어떻게 합니까? 저를 진단하여 주세요! 그렇게 말합니다. 그러면 의사가 그 사람의 형편을 알고, 여러 가지 첨단 장비를 활용하여 세밀하게 진단하여 줍니다. 성령님께 세밀하게 진단해 달라고 요청하시기를 바랍니다.

여섯째, 마귀저주의 근본 원인을 성령으로 찾아라. 성령의 임재 하에 선조들의 특정한 죄악을 찾아내야합니다. 우상숭배, 그와 관련된 직업, 부정행위, 직업적인 죄, 성적인 죄, 금전적인 죄, 학대한 죄, 미움, 원수맺음과 같은 죄가 있었는지 찾아내십시오. 절이나 무당에게 내 이름을 올린 것이라도 찾아내어 대신 회개하고 계약을 예수 이름으로 파기해야 합니다. 그렇게 함으로 이로 말미암은 마귀의 저주를 끊어내야 합니다. 그리고 그때 들어온 귀신을 축사해야 합니다. 친가, 외가의 가족들에게서 사단의 저주를 찾으세요. 부부관계, 재산관계, 건강상태, 자녀와의 관계, 형제 친지와의 관계, 죽음상태 등을 조사하여 사단의 저주가 있었는지를 찾으시기 바랍니다.

일곱째, 마귀저주의 근원을 찾기 위해 문제의 뿌리를 찾아라. 가족 계보를 작성하고 그 관계성을 살펴라. 임신과 출산 과정을 살펴보라. 병력을 살펴라. 건강, 질병, 입원, 치료, 투약실태 등. 어렸을 때의 정서적 보살핌에 대하여 살피라. 성장기의 친구들과의 관계를 조명하라. 신앙생활 상태로서 예수님의 누림, 영적성장, 성령 세례의 체험, 방황 등. 교회 관계로 권위자에 대한 태도, 교우들과의 관계. 성적인 문제로 불임, 불감증 등. 결혼, 자녀, 부부 문제를 조명하라. 상처가 어떤 종류가 있었으며, 충격이나 사고를 당한 경험을 없는지 살피라. 신비술의 관여 정도, 거짓 맹세, 무속의 참여 등. 다른 종교와의 관련성을 찾아라(잡신이나 이단참여).

여덟째, 마귀저주의 원인에 대한 영적조치를 하라. 자신에게 일어나고 있는 문제의 원인에 따라 회개하고 용서하라는 말입니다. 성령의 깊은 임재 안에서 자신에게 일어나고 있는 영육의 문제들을 찾아내고 회개하고 끊어내고 귀신을 몰아내야 합니다. 머리로 외워서 입으로 하는 기도를 효과가 적습니다. 육적인 상태에서는 혈통에 역사하는 귀신이 떠나가지 않습니다. 영적인 상태, 성령의 임재 하에서 예수 이름으로 명령한 때 저주의 영들이 물러갑니다. 성령의 임재 하에 선조나 자신이 죄를 짓는 장면을 눈으로 직접 그리면서 깊은 차원의 기도를 해야 합니다. 깊은 차원의 기도를 하면서 회개할 것은 회개하고, 용서할 것은 용서해야 성령의 역사로 귀신이 떠나갈 수 있는 조건이 됩니다. 우리에게 역사하는 마귀는 우리보다 강한 영적인 존재입니다. 고로 성령의 깊은 임재 하에 예수 이름으로 회개도 하고 용서도해야 역사하던 마귀, 귀신이 성령의 권세로 떠나가는 것입니다. 성령이 자신을 완전하게 장악을 해야 혈통에 역사하던 귀신이 떠나가는 것입니다.

아홉째, 마귀의 저주를 예수 이름으로 끊어내라. 저주의 줄을 끊으면 악령들이 작용할 수 있는 법적 권리를 박탈해 버리게 됩니다. 법적인 근거들을 멸한 뒤에 주 예수의 이름으로 명령해야 저주하던 마귀 귀신들이 쫓겨나갑니다. 법적인 근거는 죄입니다. 마귀의 저주를 끊으면 상황에 따라서 끊음과 함께 바로 회복, 치유, 변화를 경험하는 경우가 있으며, 또 시간이 점차 지나면서 저주를 끊은 효력이 나타납니다.

열 번째, 혈통을 타고 역사하는 저주의 영들을 축귀하라. 말씀과 성령으로 찾아서 반드시 축귀해야 합니다. 하나님은 마귀에게는 직설화법을 사용하시고 믿는 자에게는 비유를 사용하십니다. 그러므로 직설화법을 사용하여 명령하라는 것입니다. 반드시 성령의 임재 하에 이렇게 명령하세요. 나사렛 예수 이름으로 명하노니 대물림되는 질병의 귀신은 물러갈지어다. 대물림되는 더러운 귀신아 물러가라. 대물림되는 악한 귀신아 물러가라. 대물림되는 거짓된 귀신아 물러가라. 대물림되는 점치는 귀신아 물러가라. 대물림되는 가난의 귀신아 물러가라. 대물림되는 불신의 귀신아 물러가라. 예수의 이름으로 명하노니 대물림되는 원수 귀신아 물러갈지어다. 이때 중요한 것은 직접 나에게 대물림의 고통을 주는 귀신의 이름을 부르면서 명령해야 합니다. 귀신은 직접 자신의 이름을 부르며 명령을 해야 떠나갑니다. 막연하게 예수 이름으로 명하노니 귀신아 떠나가라. 하면 어느 귀신이 떠나가야 하는 것인지 귀신이 알지 못하여 떠나가지 않습니다. 그러므로 영분별이나 성령께서 주시는 레마를 가지고 직접 명령을 해야 합니다. 우리가 성령의 임재 하에 예수 이름으로 우리의 권세를 사용할 수 있는 것입니다.

열한 번째, 끝장 보는 믿음생활을 하라. 필자가 지금 뒤를 돌아보면 혈통에 역사하는 귀신의 저주를 끊어내기 위하여 3년이 걸렸다는 것입니다. 3년이란 세월동안 집중적으로 혈통에 역사하는 귀신을 몰아내기 위하여 시간을 투자한 것입니다. 이것은 귀신만 쫓아낸 것이 아니고, 성령으로 세례를 받고 성령의 이끌림을 받으면서 전인격을 치유했습니다. 이렇게 성령으로 충만한 삶을 살면서 영적으로 변하니 혈통에 역사하던 귀신의 역사가 서서히 약해졌다는 것입니다. 귀신의 역사가 약해지니 눈에 보이게 환경이 열렸다는 것입니다. 하루 이틀 영적인 전쟁을 한 것이 아니고 3년을 했다는 것입니다.

혈통에 역사하던 귀신을 축귀하기 시작을 했다면 귀신이 완전하게 떠나 강건하게 될 때까지 싸우라는 것입니다. 절대로 중간에 포기하지 말아야 합니다. 내가 지금까지 성령치유사역을 하다가 보니까, 의지가 약하여 중도에 포기하는 사람이 있다는 것입니다. 이런 사람들은 문제를 완벽하게 해결 받지 못합니다. 그러나 끝장을 보겠다는 의지를 가지고 귀신과 싸우는 목회자나 성도들은 모두 승리하였습니다. 혈통에 대물림되는 귀신을 쫓아내려면 끝장 보는 기도를 해야 합니다.

열두 번째, 저주의 영들이 떠나간 곳에 반대 영으로 축복하라. 떠나가게 기도만 할 것이 아닙니다. 이제 떠나보내고 성령으로 채워야합니다.

열세 번째, 대물림하던 귀신을 몰아낸 후 관리를 잘해야 합니다. 쫓겨난 귀신은 자신이 나온 집에 대하여 강한 집착과 미련을 가집니다. 마귀는 영적 존재이나, 제한적인 존재이기에 자신이 거했던 사람의 성품과 습관에 익숙하여 자신의 일을 행하기에 매우 쉽고 효과적으로 죄를 짓게 만들 수 있으며, 마귀는 자신의 거할 장소를 찾아야 하기에 다시 거했던 그곳을 찾아옵니다.

단순히 축귀만 한 상태는 병원에서 수술을 받은 것과 같은 상태입니다. 계속 투약과 건강관리를 하지 않으면 병이 재발하는 것처럼 축사후의 삶이 매우 중요합니다. 영적치유도 중요하지만, 치유 후의 관리도 매우 중요합니다. 성령으로 충만한 믿음생활을 해야 다시 귀신이 침입하지 않습니다.

충만한교회에서는 매주 토요일 10:00-12:30 정한 선교헌금을 하고 1주전 예약하여 2시간 30분씩 특별 개별집중내적치유 시간이 있습니다. 대상자는 여기서도 저기서도 치유와 능력을 받지 못한 분/ 지금 천국을 만끽하고 싶은 분/ 불치병, 귀신역사를 빨리 치유 받을 분/ 목, 허리디스크, 허리어깨통증, 근육통, 온몸이 아프고 무거움에서 치유해방 받고 싶은 분/ 자녀나 본인의 우울증, 공황장애, 조울증, 불면증을 빨리 치유 받을 분/ 가슴이 답답하고 기도하기가 힘이 드는 분/ 생업과 목회로 영육의 탈진에 빠져서 고통당하시는 분/ 축복과 영의 통로를 뚫고 싶은 분/ 성령의 불세례를 체험하고 싶은 분/ 최단기간에 성령치유 능력 받고 싶은 분이 참석하시면 기적적인 영육의 치유와 능력을 받습니다. 반드시 1주 전에 전화하시고 예약해야 합니다.

28장 이렇게 사업해야 부자가 된다.

(욥8:7) "네 시작은 미약하였으나 네 나중은 심히 창대하리라"

하나님은 예수를 믿는 성도가 하는 사업을 잘되기를 원하십니다. 지금 경재가 어려워서 개인 사업을 하시는 분들이 문을 많이 닫는다고 합니다. 다수의 개척교회가 재정의 어려움을 극복하지 못하고 문을 닫고 있는 실정입니다. 우리가 이런 소식을 들으면 자연스럽게 두려움에 사로잡히게 됩니다. 또 몸을 움츠리게 됩니다. 그러나 하나님은 창조의 하나님이십니다. 하나님의 창업 원리를 적용하여 창업하면 지금도 자영업이 될 수가 있다는 것이 저의 믿음입니다.

믿음이 없이는 하나님을 기쁘시게 할 수가 없습니다. 믿음이 없으면 안 된다고 미리 겁을 먹고 포기하기 쉽습니다. 이런 성도는 하나님의 복을 받을 수가 없습니다. 지금도 하나님이 허락을 하시면 된다는 믿음을 가지고 시작을 해야 합니다. 불경기는 어제와 오늘의 이야기만이 아닙니다. 구약성경에도 불경기가 있었습니다. 대표적인 이야기가 이삭의 이야기입니다.

"아브라함 때에 첫 흉년이 들었더니 그 땅에 또 흉년이 들매 이삭이 그랄로 가서 블레셋 왕 아비멜렉에게 이르렀더니, 여호와께서 이삭에게 나타나 가라사대 애굽으로 내려가지 말고 내가 네게 지시하는 땅에 거하라. 이 땅에 유하면 내가 너와 함께 있어 네게 복을 주고 내가 이 모든 땅을 너와 네 자손에게 주리라 내가 네 아비 아브라함 에게 맹세한 것을 이루어 네 자손을 하늘의 별과 같이 번성케 하며 이 모든 땅을 네 자손에게 주리니 네 자손을 인하여 천하 만민이 복을 받으리라. 이는 아브라함이 내 말을 순종하고 내 명령과 내 계명과 내 율례와 내 법도를 지켰음이니라 하시니라. 이삭이 그랄에 거하였더니, 그곳 사람들이 그 아내를 물으매 그가 말하기를 그는 나의 누이라 하였으니, 리브가는 보기에 아리따우므로 그곳 백성이 리브가로 인하여 자기를 죽일까 하여 그는 나의 아내라 하기를 두려워함이었더라. 이삭이 거기 오래 거하였더니 이삭이 그 아내 리브가를 껴안은 것을 블레셋 왕 아비멜렉이 창으로 내다본지라. 이에 아비멜렉이 이삭을 불러 이르되 그가 정녕 네 아내여늘 어찌 네 누이라 하였느냐 이삭이 그에게 대답하되 내 생각에 그를 인하여 내가 죽게 될까 두려워하였음이로라. 아비멜렉이 가로되 네가 어찌 우리에게 이렇게 행하였느냐 백성중 하나가 네 아내와 동침하기 쉬웠을뻔 하였은즉 네가 죄를 우리에게 입혔으리라. 아비멜렉이 이에 모든 백성에게 명하여 가로되 이 사람이나 그 아내에게 범하는 자는 죽이리라 하였더라. 이삭이 그 땅에서 농사하여 그 해에 백배나 얻었고 여호와께서 복을 주시므로 그 사람이 창대하고 왕성하여 마침내 거부가 되어 양과 소가 떼를 이루고 노복이 심히 많으므로 블레셋 사람이 그를 시기하여 그 아비 아브라함 때에 그 아비의 종들이 판 모든 우물을 막고 흙으로 메웠더라."(창 26:1-15).

어떻습니까? 이삭이 하나님의 말씀에 순종하니 백배나 얻어 거부가 되고 하나님의 보호도 받았다는 말씀입니다. 그러므로 불경기를 두려워하지 말고 하나님의 음성을 들으시기를 바랍니다. 하나님이 자신이 하려고 하는 일을 어떻게 하라고 하는 지를 말입니다. 하나님이 하라고 하면 두려워하지 말고 이삭처럼 순종하시기를 바랍니다. 절대적으로 합리로 판단하지 말고 믿음으로 나가시기를 바랍니다. 그러면 하나님이 믿음을 보시고 역사하십니다. 하나님이 열면 닫을 사람이 없고 닫으면 열 사람이 없습니다. 지금 창업을 준비하고 있습니까? 믿음을 가지고 기도 하시기를 바랍니다.

여기 창업하여 빈곤을 탈출한 한 여 집사의 간증을 들어보기를 바랍니다. 평소에 남편이 벌어다가 주는 물질을 가지고 생활을 했습니다. 풍족하지는 않았지만 매달 지내는 것에는 문제가 없었습니다. 자녀가 아들이 한명, 딸이 두 명 세 자녀가 있었습니다. 남편의 사업이 그런대로 되어서 평단하게 지냈습니다. 그런데 이 가정에 소리 없이 문제가 찾아왔습니다. 남편이 절친한 친구가 은행 대출을 받는데 보증을 선 것입니다. 그래도 이자를 잘 내면서 사업을 하여 별로 문제를 느끼지 못하고 지냈습니다. 그런데 IMF가 찾아온 것입니다. 친구가 은행 대출금의 이자를 내지 못한 것입니다. 급기야 은행에서 보증을 선 남편의 사업장을 차압을 하기에 이르렀습니다. 경매에 들어가 모두 날리게 된 것입니다. 남편이 스트레스를 이기지 못하고 그만 심장마비로 죽게 되었습니다. 그래도 다행인 것은 전세살고 있는 집은 명의가 부인 앞으로 되어 전셋집은 남은 것입니다.

　여 집사는 남편만 바라보면서 살림을 하다가 남편이 세상을 떠나버리니 자식들하고 살길이 막막해진 것입니다. 그래서 남편 따라서 죽겠다고 기도원에 올라갔습니다. 기도원에 가서 하나님에게 죽여 달라고 기도를 했다고 합니다. 일주일을 금식하며 기도를 하니 하나님의 응답이 온 것입니다. 하나님의 응답이 무엇이라고 하느냐. 죽지 말고 살라는 것입니다. "죽지 말고 살아라. 죽지 말고 살아라. 너마저 죽으면 어린 자식들은 어떻게 되겠느냐" "죽지 말고 살아라. 죽지 말고 살아라. 너마저 죽으면 어린 자식들은 어떻게 되겠느냐" 하시면서 자식들을 보아서라도 살라는 것입니다.

그래서 죽지 못하고 기도원에서 내려왔습니다. 내려와서 자식들을 보니 기가 막힙니다. 먹고 살길이 막막한 것입니다. 그래서 다시 기도원에 갔습니다. 하나님에게 기도를 했습니다. "하나님 무슨 일을 해서 돈을 벌어 자식들과 살아갑니까? 하나님 무슨 일을 해서 돈을 벌어 자식들과 살아갑니까? 하나님 무슨 일을 해서 돈을 벌어 자식들과 살아갑니까?" 집중적으로 물어보는 기도를 3일을 했습니다. 새벽이 되었는데 황홀한 중에 아이들의 옷을 보여주시는 것입니다. 다시 "하나님 무슨 일을 해서 돈을 벌어 자식들과 살아갑니까?" 기도하니까, 또 아이들의 옷을 보여주시는 것입니다.

그래서 아이들의 옷 장사를 하라고 하시는 모양이로구나! 마음을 먹고 기도원에서 내려왔습니다. 내려와서 장소를 물색하러 다녔습니다. 한 이틀을 돌아다녔습니다. 미장원 옆에 작은 가게가 비어있었습니다. 순간 감동이 오기를 여기서 아이들의 옷 장사를 하라는 것입니다. 그래서 임대료를 물어보니 감당할 수가 있는 금액입니다. 집주인에게 이야기를 해서 일부를 월세로 돌리고 돈을 빼다가 계약을 했습니다. 수리를 하고 가게를 열었더니 미장원에 오시는 분들이 하나 둘씩 들어오셔서 옷장사가 잘되었습니다. 나중에는 미장원이 옮긴다고 해서 세를 주고 가게를 확장했습니다.

장사가 아주 잘되었다고 합니다. 왜 그렇습니까? 하나님이 알려주는 사업을 하니, 하나님이 역사하여 장사가 잘된 것입니다. 장사가 정말 잘 되어가지고 나중에는 그 건물을 통째로 샀다는 것입니다. 자녀들 대학까지 다 보내고 잘 지냈다고 합니다. 하나님에게는 길이 있습니다. 불경기라고 지레 겁을 먹고 포기하지 마시고 하나님께 기도하여 응답을 받기를 바랍니다. 반드시 하나님이 예비한 일이 있습니다.

예수를 잘 믿던 성도가 고난을 당하다가 하나님의 은혜로 창업하여 빈곤을 탈출한 간증입니다. 우리 교회에 오기 전에 상황은 일정한 직장이 없어 전에 다니던 교회 목사님이 기도원 사찰을 하라고 했는데 하지 않는다고 거부 했습니다. 교회에서 부인 집사에게 하나님의 말씀을 어겨서 하늘 문이 막혀 재정문제가 풀리지 않는다고 공공연하게 말을 하여 마음을 상하게 했다고 합니다. 그래서 내가 절대로 기도원 사찰하지 않았다고 하나님이 하늘 문을 막는 분이 아니라고 안심을 시키고 열심히 치유 받을 것을 권했습니다. 삼 년 전에도 일자리를 두 서 너 군데 옮기면서 일을 했다고 했습니다. 일자리를 잡아도 그곳에서 4-6달을 넘기지를 못했다고 합니다. 그러다가 일자리가 없어서 삼 년 전 10월부터 본 교회에 와서 치유를 받으면서 하나님의 뜻을 구했습니다.

기도하던 중에 식당을 해보겠다는 감동이 와서 놓고 기도하는 중에 웰빙 시대이니 먹을거리로 건강에 특별한 것을 하면 잘 될 수 있을 것 같은 성령의 감동이 와서 계속 기도하는 중에 새해 1월 말경

시장에서 가게가 하나 나왔습니다. 왜냐하면 부인집사가 요리사 자격증이 있기 때문에 할 수가 있고, 또 자신은 지금까지 채소가게 배달을 해왔기 때문에 배달은 자신이 있었습니다. 그 가게는 조그마한 가게인데 앞사람이 장사를 하다가 세 식구가 모두 허리가 아파서 장사를 하지 못하고 내놓았다고 합니다. 권리금 없이 보증금 천만 원만 주면 넘기고 간다고 했습니다. 감동이 와서 계약을 했습니다. 그러나 막상 가게를 준비하는데 재정에 문제가 되었습니다. 약 이천만원이 부족하였습니다. 그래서 본가의 형제들과 처가의 형제들에게 빌려달라고 했으나 모두 거절을 당했습니다. 왜냐하면 지금까지 무엇 하나 제대로 하는 것이 없었으므로 당연한 결과이었습니다. 또 불경기에 식당을 한다고 하니 망할까봐 그랬을 것입니다.

그래서 필자가 조언을 했습니다. 사람은 다 그런 것이니 절대로 원망이나 앙심을 품지 말고 하나님에게 기도하라고 했습니다. 땅에서 매이면 하늘에서도 매이는 법이니 마음에 절대 응어리가 없게 해야 성령의 역사로 문제가 잘 풀린다고 당부를 했습니다. 기도하는 중에 하나님이 지혜를 주셔서 살고 있던 집을 월세로 돌리고 부족한 것은 사업대출을 받아 해결하여 가게를 열었습니다.

하나님에게 기도하여 가게를 준비하니 기도할 때 마다 응답이 잘 되었습니다. 집이 나가야 돈을 돌려서 사용하는데 심방 가서 기도하니 그 날로 집이 나가고, 대출 등 여러 가지 일이 술술 잘 풀렸습니다. 가게를 열자마자 장사가 아주 잘되었습니다. 한 달 두 달 지나니 물질도 풀리고 마음먹은 대로 잘되었다고 합니다. 그래서 06년 말에는 여 집사님의 소원이 아파트에서 사는 것이었다고 하는데 하나님이 소원을 들어 주시어 아파트를 사서 지난 2007년 1월에 입주를 하였습니다. 이는 창업을 한 후 2년만의 축복입니다. 그래서 필자가 항상 입버릇처럼 하는 말이 사람팔자 시간 문제다. 성령님의 음성을 듣고, 성령의 인도만 받으면 아무리 불경기가 찾아와도 하나님의 말씀에는 불경기란 없다. 고로 예수를 믿는 자에게는 불경기란 없다, 불경기는 마귀가 일으키는 것이다, 라고 힘주어 설교하고 있습니다. 이렇게 하나님은 성도를 축복하시는 분입니다. 이 말씀을 믿으시고 빈곤을 물리치고 아브라함의 복을 다 받으시기를 바랍니다. 나도 할 수 있다는 희망을 가지시기를 바랍니다.

경제적으로 안정되게 살던 한 남자가 있었습니다. 그런데 갑자기 망하게 되었습니다. 집을 저당 잡히고 친구의 보증을 섰는데, 친구의 사업이 잘못되는 바람에, 자기 집까지 날리는 신세가 되었습니다. 처음에는 가깝게 지내던 친구로 인해 망하게 되어 낙심이 되었습니다. 그러나 계속 낙심하고 있을 수 만은 없었습니다. 그는 "어떻게 하면 잃어버린 것을 되찾을 수 있을까, 어떻게 하면 새롭게 재기할 수 있을까?" 하고 생각했습니다. 그러다 자기를 도울 수 있는 분은 하나님밖에 없다는 결론을 내렸습니다. 이 남자는 하나님, 하나님만을 의지하기로 결심을 했습니다. 평소에는 새벽 기도도 한 번도 안 나가던 사람이 매일 새벽 기도를 나갔습니다.

철야 기도도 안 나가던 사람이 철야 기도도 나갔습니다. 밤새도록 하나님 앞에 기도했습니다. "하나님, 나를 도와주시옵소서. 저는 하나님밖에 의지할 곳이 없습니다. 앞으로 하나님 나라 부흥을 위하여 살겠사오니 기적을 베풀어주시옵소서." 그렇다고 이미 나간 돈이 어떻게 다시 들어오겠습니까? 그러나 그 남자는 열심히 기도를 했습니다. 그 남자의 주변 사람들도 "만약 이 상태에서 저 사람이 다시 일어설 수 있다면, 진짜 하나님은 살아계시는 거야." 이렇게 말할 정도로 열심히 기도를 했습니다.

    그렇게 기도한지 한 1년쯤 되는 어느 날이었습니다. 자본 없이 할 수 있는 일이 없을까 생각하고 있는데, 하나님께서 그에게 좋은 지혜 아이디어를 주셨습니다. 평소에는 생각조차 해 보지 않은, 장난감을 만드는 일이었습니다. 자기 집의 방 한 칸을 장난감 가게로 개조했습니다. 두 평도 안 되는 조그만 가게에서 "배추 머리인형"이라는 아주 못생긴 인형을 만들기 시작했습니다. 대개 인형이라고 하면 예쁘게 생긴 인형을 생각하지만, 그는 아주 못생긴 인형을 만들었습니다. 그런데 그 못생긴 인형을 사러 동네 아이들이 몰려들었습니다. 못생긴 인형을 보고 그래도 자기는 잘 생겼다는 위안을 받으려는 심리 때문인지 아이들은 배추머리인형을 많이 사갔습니다. 그래서 그 남자는 인형의 총 판권을 따냈습니다. 가게가 점점 자리가 잡히고 일어서기 시작했습니다. 이 남자 성도는 모든 것이 부족한 상태에서, 연약한 상태에서 하나님 앞에 간절히 기도만 했습니다. 그랬더니 하나님께서 아이디어를 주시고 용기를 주시고 믿음을 주시고 다시 사업을 일으켜 주셨습니다. 다시 재물을 주시고 하나님 나라 부흥을 이루며, 영광 돌리며, 살도록 축복해 주셨습니다.

    창업에 하나님의 원리는 대략 이렇습니다. 빈곤을 탈출하고 물질에 형통의 복을 받으려면 이렇게 해보시기를 바랍니다.

1) 성도를 축복하시는 하나님이라는 것을 믿어야 합니다. 하나님은 축복의 하나님이십니다. 절대 하나님은 성도를 저주하는 하나님이 아니십니다.

2) 준비 기도하는 시간을 가져야 합니다. 자신의 영육의 문제를 치유하고, 하나님과 막힌 것 푸는 시간을 말합니다. 하나님과의 영의 통로를 여는 시간을 말합니다. 시간 여유를 가지고 지속해야 합니다. 급하다고 되는 것이 아닙니다.

3) 하나님께 영광을 돌리는 사업을 구해야합니다. 하나님에게 예배를 잘 드리고 기도생활을 잘 할 수 있는 사업이 하나님이 원하시는 사업입니다. 하나님은 한 달에 십일조를 천만 원씩 한다고 하더라도 예배를 제대로 드리지 못하는 사업은 원하시지 않습니다. 하나님은 우리의 심령을 원하시지 물질을 원하시지 않습니다.

4) 자신이 가진 재능(달란트)과 능력 범위 내에서 하나님의 뜻을 구해야 합니다. 재능, 재정 등 하나님은 모든 것을 여러분이 가진 범위 안에서 가진 것을 가지고 사업 하기를 원하신다는 것을 믿으시기를 바랍니다. 남에게 꾸어서 하기를 원하는 하나님이 아니십니다. 하나님은 적게 시작하여 크게 되게 하시는 하나님이십니다. "네 시작은 미약하였으나 네 나중은 심히 창대하리라."(욥 8:7). 결코, 하나님은 얼토당토 않은 일을 하게하지 않습니다.

5) 억지가 아니라 하나님이 하시는 보증의 역사를 찾아야 합니다. 이것을 붙임의 역사라고 하기도 합니다. 하나님이 밀어주는 사업이나 사역에는 사람들이 찾아온다는 것입니다. 제가 하는 치유사

역은 전폭적으로 하나님이 하신다고 생각합니다. 꾸준하게 치유 받고 능력 받을 사람들을 보낸다는 것입니다. 그리고 물질이 쪼들리지 않게 하신다는 것입니다. 이것이 하나님이 원하시는 사업입니다. 절대로 사람을 믿거나 의지하지 말고 하나님에게 만 의지해야 합니다. 사람에게 먼저 찾아가지 말고 기도하다가 감동이 오면 사람에게 찾아가는 믿음을 가지시기를 바랍니다.

6) 보증의 역사가 나타나고 마음에 확신이 오면 일을 저질러야 합니다. 하나님이 하십니다. 속도를 내는 것도 중요합니다. 일을 신속하게 추진하며 최고의 속도로 달려가야 합니다.

7) 지속적으로 하나님과 관계를 잘 맺어야 합니다. 내가 내 재능으로 하는 것이 아니고 하나님이 하십니다. 잘 되었어도 내가 한 것이 아닙니다. 하나님에게 영광을 돌리시기를 바랍니다. 하나님은 하나님이 하신 것을 눈으로 보고 체험하게 하신다는 것을 믿어야 합니다. 성령 충만한 믿음생활을 하는 것이 중요합니다. 성령의 역사가 재정의 복을 끌어들이고 빈곤의 문제를 몰아내십니다.

8) 지속적으로 기도하며 당신의 잠재력을 개발해야 합니다. 자신이 하는 분야에서 최고가 되겠다는 생각을 가지는 것입니다. 남이 하는 대로 따라가면 이등으로 얼마가지 못합니다. 지속적으로 최고의 상품을 개발하십시오. 상품을 개발하여 특허를 내십시오. 특별한 상품은 자신이 하는 일에 몰입을 하면 개발할 수가 있습니다. 현실 안주는 자신을 망하게 합니다. 부단하게 노력하여 자신이 하는 분야에 모두 인정하는 신상품을 개발하는 것입니다. 하나님께 기도하여 지혜를 구하면 개발할 수가 있습니다. 노력을 해야 합니다.

저는 얼마 전에 이런 분하고 상담을 한 적이 있습니다. 창업을 하여 아주 잘되었다고 합니다. 종업원을 15명을 두고 사업을 했다는 것입니다. 부족함이 없이 잘 돌아갔다는 것입니다. 그래서 항상 잘 될 줄 알고 골프를 치러 다녔습니다. 강에 낚시를 하러 다녔답니다. 아예 사업에는 신경을 쓰지 않고 즐겼다는 것입니다. 그런데 서서히 하향 길을 걷다가 망했다는 것입니다. 이 말을 다른 사람의 말로 들으면 안 됩니다. 바로 당신도 이렇게 될 수 있다고 생각하고 잘될 때 일수록 집중해야 합니다. 하나님에게 기도하여 특별한 것을 개발하려고 해야 합니다. 자기가 하는 일에 집중하지 않으면 소리 없이 망하는 것입니다.

출간된 강요셉목사 저서안내입니다. 강 요셉 목사는 지난 20년간 한 사람 한 사람이 영적으로 변화되고 치유되는 사역을 몰두했습니다. 사역 간 직접 체험한 임상과 진리의 말씀과 성령의 역사를 종합하여 책을 집필해왔습니다. 그간 집필하여 출간된 서적들입니다. **10장에서 연결된 부분입니다.**

「귀신축사 차원 높게 하는 법(성령)」「영적인 궁금증과 명쾌한 답변(성령)」「내적치유 쉽게 하는 법(성령)」「신령함과 권능을 개발하는 법(성령)」「영적인 눈이 열리는 신비한 비밀(성령)」「교회개척 100명이상 성장하는 법(성령)」「예수 이름의 권능을 사용하는 법(성령)」「기도 쉽게 바르게 하는 방법(성령)」「강력한 성령치유 핵심요약(성령)」「자녀들을 성공시키는 하나님(성령)」「우울증 정신질병 치유 비밀(성령)」「방언기도의 오묘한 신비(성령)」「구원을 누리며 사는 비밀(성령)」「영들을 보는 눈을 개발하라(성령)」「대적기도로 문제 해결하는 비밀(성령)」「예수님이 만사형통이신 이유(성령)」「현실 문제를 하나님께 해결 받으려면(성령)」「강력한 능력을 이끌어내는 영적 비밀(성령)」「예언은사가 열리는 비결(성령)」「영의 눈이 열리는 영성개발(성령)」「영혼이 만족해야 성공한다(성령)」「영안열리면 귀신들이 보이나요(성령)」「천국을 눈으로 보며 누리는 비밀(성령)」「교회개척 이렇게 자립해요(성령)」「가계저주와 영원히 이별하는 길(성령)」「기적의 하나님과 통행하는 법(성령)」「살아계신 하나님을 증명하라(성령)」「백세시대 예수 안에서 장수하는 법(성령)」「카리스마로 영적세계를 장악하는 법(성령)」「귀신축사 속전속결(성령)」「카리스마의 극대화와 탈진극복(성령)」「방언기도로 분출되는 카리스마(성령)」「결혼 어떡하면 행복할까요(성령)」「신유은사와 고질병 순간치유(성령)」「부흥하는 대중목욕탕 같은 교회(성령)」「응답받는 기도습관 20가지(성령)」「자신 안을 능력으로 채우는 법(성령)」「예수 믿어도 건강치못한 원인과 치유(성령)」「내적치유 축귀능력 받는 비결(성령)」「천국은 언제 가는 곳일까요(성령)」「몸속 독소 배출하면 천국된다(성령)」「영혼 건강 상태 정밀 검진하는 법(성령)」「우울증 순간치유(성령)」등이 있습니다.

  전국 기독서점과 인터넷 서점에서 구입이 가능합니다. 충만한 교회에서는 3권이상 되어야 택배 발송해 드립니다.

  전화 02-3474-0675/ 메일 kangms113@hanmail.net

이 책을 통해 예수님이 땅끝까지 전파 되기를 소원합니다.
(출판으로 인한 이익금은 문서선교와 개척교회 선교에 사용합니다.)

부자되는 법 예수 안에서

발 행 일 l 2017. 10. 17초판 1쇄 발행

지 은 이 l 강요셉

펴 낸 이 l 강무신

편집담당 l 강무신

디 자 인 l 강요셉

교정담당 l 강무신

펴 낸 곳 l 도서출판 성령

신고번호 l 제22-3134호(2007.5.25)

등록번호 l 114-90-70539

주   소 l 서울 서초구 방배천로 4안길 20(방배동)

전   화 l 02)3474-0675/ 3472-0191

E-mail l kangms113@hanmail.net

유   통 l 하늘유통. 031)947-7777

ISBN l 978-89-97999-63-7 부가기호 l 03230

가   격 l 16,000원

이 책의 내용은 저자의 저작물로 복제,복사가 불가합니다.
복제와 복사시 관련법에 의해 처벌을 받게 됩니다.